HERMES

在古希腊神话中，赫耳墨斯是宙斯和迈亚的儿子，奥林波斯神们的信使，道路与边界之神，睡眠与梦想之神，亡灵的引导者，演说者、商人、小偷、旅者和牧人的保护神……

西方传统 经典与解释 HERMES
Classici et Commentarii

政治史学丛编
Library of Political History

刘小枫 ● 主编

克服历史主义

Die Überwindung des Historismus

［德］特洛尔奇 Ernst Troeltsch 等 ｜ 著

刘小枫 ｜ 选编

陈湛 郭笑遥 等 ｜ 译

华夏出版社

古典教育基金·"传德"资助项目

"政治史学丛编"出版说明

　　古老的文明共同体都有自己的史书，但史书不等于如今的"史学"——无论《史记》《史通》还是《文史通义》，都不是现代意义上的史学。严格来讲，史学是现代学科，即基于现代西方实证知识原则的考据性学科。现代的史学分工很细，甚至人文—社会科学的种种主题都可以形成自己的专门史，所谓的各类通史，实际上也是一种专门史。

　　不过，现代史学的奠基人兰克并非以考索史实或考订文献为尚，反倒认为，"史学根本不能提供任何人都不会怀疑其真实性的可靠处方"。史学固然需要探究史实、考订史料，但这仅仅是史学的基础。史学的目的是通过探究历史事件的起因、前提、形成过程和演变方向，各种人世力量与事件过程的复杂交织，以及事件的结果和影响，像探究自然界奥秘的自然科学一样，去"寻求生命最深层、最秘密的涌动"。根本而言，兰克的史学观还带有古典色彩，即认为史学是一种政治科学，或者说，政治科学应该基于史学，因为，"没有对过去时代所发生的事情的认知"，政治科学就不可能。亚里士多德已经说过，"涉及人的行为的纪事""对于了解政治事务"有益（《修辞术》1360a36）。正如施特劳斯在谈到古代史书时所说：

　　　　政治史学的主题是重大的公众性主题。政治史学要求这一重大的公众性主题唤起一种重大的公众性回应。政治史学

属于一种许多人参与其中的政治生活。它属于一种共和式政治生活，属于城邦。(施特劳斯，《修昔底德：政治史的意义》)

兰克开创的现代史学本质上仍然是政治史学，其品质与专门化史学截然不同，后者乃19世纪后期以来受实证主义思想以及人类学、社会学等学科影响而形成。在古代，史书向来与国家的政治生活维系在一起，现代史学主流虽然是实证式的，但政治史学的脉动并未止息，其基本品格是关切人世生活中的各种重大政治问题——无论这些问题出现在古代还是现代。

本丛编聚焦于16世纪以来的西方政治史学传统，译介20世纪以来的研究成果与迻译近代以来的历代原典并重，为我国学界深入认识西方尽绵薄之力。

刘小枫
2017年春
古典文明研究工作坊

目　录

编者前言

刘小枫

　　20世纪的第一次世界大战前夕(1913年),德国学界的国际知名学者特洛尔奇(1865—1923)发出警告,一场"历史主义危机"(die Krisis des Historismus)已经降临欧洲。战争结束时,德国爆发了一场革命(史称"1918年革命"),帝制改为共和制。紧接着,"历史主义危机"也在德国学界成为话题,最终引发了20世纪最富思想挑战的哲学提问:人世的政治伦理所依据的基本原则应该是自然正确还是自然权利? 什么是好的政治秩序?

　　引人深思的是,这样的提问出自流亡美国的德语哲人,而且他是在美国学界用英语写作提出这样的政治哲学问题。① 自然权利是美国的立国原则,而美国政制据说是世上迄今为止的最佳政制,流亡的德语哲人在美国提出"历史主义危机"问题,是不是选错了场合? 人类文明的基本原则因"历史主义"的出现而成了问题,这究竟是普世性的问题,抑或仅仅属于欧洲?

　　提出这样的问题,为的是提醒我们自己的如下意识:"历史主义危机"与我们中国文明的现代处境相干吗? 如果不相干,那么,我们

---

　　① 参见施特劳斯,《自然权利与历史》,彭刚译,北京:生活·读书·新知三联书店,2003,页10-36;沃格林,《新政治科学》,段保良译,北京:商务印书馆,2018。

就有理由认同某些美国的政治思想史学者的说法——他们认为在中国的语境中讨论"历史主义危机"因缺乏针对性而毫无意义,了解施特劳斯和沃格林等流亡美国的德语学人的研究,仅仅对"认识他们所置身的思想传统很有意义"。[①] 反之,如果相干的话,我们就应该锲而不舍地追究这个问题,即便我们对其严重性迄今还缺乏感觉。

一 何谓"历史主义"及其危机

所谓"历史主义危机",不是指"历史主义"自身的危机,而是指它引发的文明危机。要理解这究竟是一场怎样的危机甚或是谁的文明危机,首先得搞清何谓"历史主义",尽管这并非易事。[②]

"历史主义"首先呈现为一种学术-教育现象,即各种现代意识形态式的历史知识成了人文教育的主体,由此引发的实际政治现象是,个体权利至上、价值相对主义、多元主义等政治伦理主张成了拥有法制权威的政治正确原则。在一些人眼里,这一现象是"人类文明进步"的体现,在另一些人眼里则是"人类文明危机"的表征。

莫米利亚诺(1908—1987)是 20 世纪非常著名的古史学家、史

---

① 冈内尔,《政治理论:传统与解释》,王小山译,杭州:浙江人民出版社,1988,页 85。

② 关于"历史主义"的简要界定,参见伯恩斯编著,《历史哲学:从启蒙到后现代》,张羽佳译,北京:北京师范大学出版社,2008,页 85-106。有关"历史主义"的中译文献见:梅尼克,《历史主义的兴起》,陆月宏译,南京:译林出版社,2009;安东尼,《历史主义》,黄艳红译,上海:格致出版社,2010;施奈德巴赫,《黑格尔之后的历史哲学:历史主义问题》,励洁丹译,杭州:浙江大学出版社,2014。

学史家,他承认历史主义让人们陷入一种伦理的两难困境:

> 我们要么持有一种独立于历史的宗教或道德信念,从而允许我们对历史事件做出评判,要么必须放弃道德判断。①

面对这样的困境,莫米利亚诺的选择并不含糊,他紧接着就说:

> 正是因为历史告诉我们人类有着多少道德规范,所以,我们不能从历史中汲取道德判断。但即使是通过研究历史得出的历史变革观念,也暗含着一种超历史的(meta-historical)信念。我很难想象没有道德判断的历史写作,因为我还未曾见到过。无论如何,它会无端排除这样一种先验的史学可能性,即单纯出于求知欲或基于对技术成就的兴趣,而不关心任何道德价值。(同上)

莫米利亚诺说这番话的时候(1970年代初),欧美学界的民主化史学正在强劲崛起,"历史主义"现象再度引人注目:各色史书不断增多——这意味着所谓"史学家"越来越多,而且成了人世教育的权威。过去,人们从出自圣贤手笔的宗教经典获得对人世的理解,进而树立起正确的在世生活态度;如今,人们相信史学家从历史研究中得出的人世理解及其应该如何生活的法则,史书的教诲成了最让人信服的教诲。

问题来了:史学家或修史作家与古代圣贤在心性品质上属于同

---

① 莫米利亚诺,《重审历史主义》(荆腾译),见刘小枫编,《从普遍历史到历史主义》,谭立铸、王师等译,北京:华夏出版社,2017,页323。

一类人吗？"圣贤"必定是心性品质卓异之人，这种人极为稀有，如今的史学家越来越多，难道圣贤越来越多？为何把梳历史文献的学人说话口气越来越大？

人们相信史学家或修史作家也许并非没有道理，因为人们以为，史学家谙熟过去的成功经验或失败教训，掌握了应该如何生活的法则，因而有权教导人们。倘若如此，古今文明的差异就在于：古人依据圣贤提出的应该如何生活的法则来看待人世，今人则依据史学家从历史中得出的人们实际上曾经如何生活的法则来看待人世。

现代式的世界史写作以伏尔泰的《风俗论》为标志，这部史书最初的书名是《论通史和论诸民族国家的德风和精神》，1756 年正式出版时删掉了"论通史"（sur l'histoiregénérale），仅剩下"论诸国的德风和精神"（sur les mœurs etl'espritdes nations）。① 中译本译作《风俗论》让我们没法看到，伏尔泰写作这部史书意在取代波舒哀主教的《论普遍历史》，并提倡他所看到的某种新"精神"（l'esprit）。

1756 年版《论国的德风和精神》第一章的标题是"历史哲学"，篇幅很短且言之无物。七年后（1763），伏尔泰出版了长达两百页的《历史哲学》，作为《论诸国的德风和精神》的新导言。这篇新导言让我们看到，伏尔泰重述世界历史凭靠的其实是近代新物理学的理性精神，而他让自己显得——

> 他站在时代之巅，也站在了人类文明之巅。他考察了不同时期、不同地域的人类知识。他也拥有令人惊讶的丰富知识，涉及物理学、哲学、公共事务乃至宗教问题。他增强着自己的

---

① 伏尔泰，《风俗论》（三册），梁守锵译，北京：商务印书馆，2013。

智识能力和道德能力,以至于这些能力成为其他人的标准。①

如果说伏尔泰的智识气魄已经令人咋舌,那么,半个世纪后黑格尔(1770—1831)在柏林大学开讲"世界历史哲学"课程(1822—1823)的气魄,则让人觉得他比伏尔泰站得更高,有如一个"神"站在云端俯视人类文明的进程。面对近代自然科学的认识原则向人文和社会认识领域的推进,黑格尔力图让"精神科学"拥有属于自己的逻辑。凭靠自己构想的精神哲学,黑格尔的世界历史哲学展现了"世界大全式的知识"(Allweltswissen)。

黑格尔的世界史观被称为思辨的历史主义,其基本要点除了理性的历史进步之外,尤其重要的是,凭靠"世界大全式的知识"和理性进步的历史规律,黑格尔论证了何谓人世间的最佳政制。黑格尔的《法哲学原理》(1813)非常有名,最后一章题为"国家"(第三部分第三章),此章最后一节以扼要论述"世界历史哲学"结尾,而《世界史哲学讲演录》"导论"的结尾部分的论题正是"国家的本质"。显然,黑格尔的世界历史与他要论证的最佳政制有内在关联。②

20世纪末,中国的转型和苏联帝国的瓦解让日裔美国学者福山非常兴奋,他不仅凭靠黑格尔的历史主义宣告"历史的终结",而且以通俗的方式重述了黑格尔的"世界历史"进程:从"前人类时代"到"民主全球化"时代。法国大革命是世界历史进步最具标志

---

① 沃格林,《政治观念史稿(卷六):革命与新科学》,谢华育译,贺晴川校,上海:华东师范大学出版社,2019,页62(以下简称"沃格林/卷六",并随文注页码)。

② 详参拙文,《黑格尔的世界史哲学与权利哲学的内在关联》,见刘小枫,《普遍历史与欧洲》(将由华夏出版社出版)。

性的转折点,黑格尔就站在这个转折点上为人类历史的普遍进步指明了终点。[①]

普鲁士史学家德罗伊森(1808—1884)25 岁时就以《亚历山大大帝传》(1833)享誉学界,在随后 10 年里,他陆续完成了两卷本史书《希腊化时代史》(*Geschichte des Hellenismus*,1836/1843),记叙亚历山大继业者的行止。以此骄人的史学成就垫底,自 1857 年起,德罗伊森在大学里连续 17 次以各种名目讲授"历史知识理论",其大纲两次以小册子形式刊印(1875/1881),史称"19 世纪德国历史主义自我反省后的一个典范性的自我表达"。[②]

德罗伊森崇拜黑格尔,在他看来,史学不是仅仅收集和解读史料,而是一门"精神科学"。他告诉自己的学生们,人类心智的力量源泉来自过去的历史,通过研究历史而形成的历史知识当是指导人类政治实践的心智力量:

> 精神及心智力量照亮的是它所处的现实处境;它所借助的是那些除了能在人的精神中存在以外别无所寄的过去;借助它而照亮现实。(德罗伊森,《历史知识理论》,前揭,页 10)

黑格尔并非史学家,他的"世界历史哲学"不是史学而是哲学——或者说是哲学的史学化,毕竟,他并没有提出作为"科学"的

[①] 比较福山,《历史的终结与最后的人》,陈高华译,桂林:广西师范大学出版社,2014;福山,《政治秩序的起源:从前人类时代到法国大革命》,毛俊杰译,桂林:广西师范大学出版社,2012;福山,《政治秩序与政治衰败:从工业革命到民主全球化》,毛俊杰译,桂林:广西师范大学出版社,2015。

[②] 吕森,"罗伊森的《历史知识理论》引论",见德罗伊森,《历史知识理论》,胡昌智译,北京:北京大学出版社,2006,页 4。

史学的具体操作法则。自 18 世纪哥廷根学派的古典学家发展出实证的史学研究以来,德意志学界的实证史学已经取得了可观进展。对这些史学家来说,黑格尔的历史哲学无异于史学臆语。德罗伊森的《历史知识理论》要完成这样的使命:打通黑格尔式的"精神"与实证史料的关系。用他自己的话来说,

> 我们的出发点是:历史研究者并不是盲目任意地在史料堆中找寻。史家必须先有一个问题,作为收集材料的前导。(同上,页 21)

由于德罗伊森的讲稿在他离世半个世纪后(1937)才整理出版,他的历史知识理论更多影响的是 20 世纪的史学人。当时,仅比德罗伊森年长 13 岁的兰克(1795—1886)名气大得多。兰克虽然没有构拟一套"历史知识理论",但他考察欧洲国家早期史家的《近代史家批判》(1824),通常被视为史学在欧洲成为一门专业科学的奠基之作,而他最著名的主张("科学的客观性"和"无个人先入之见")显得与德罗伊森的观点格格不入。[1]

兰克不喜欢黑格尔,在他看来,作为认识过去的实证科学,史学并不能触击人类生活的普遍法则。因为,修史致力于重构的历史事实本身无不具有多样性和特殊性甚至不可重复性,而且无不处于无休止的流动之中。"人不可能两次踏入同一条河流"的格言,在史学中起着绝对的支配作用,尽管历史这条河流看起来总是同一条河流。

为了适应自己的观察对象,史学思维同样需要观察架构的多样

---

[1]　兰克,《近代史家批判》,孙立新译,"编者导言"(吕森),北京:北京大学出版社,2016,页 8。

性,这意味着任何史学观察都带有历史的局限性和相对性,纯粹理性在这里不可能建立起像观察自然现象那样的原则。毕竟,历史现象绝非自然现象,其中有太多而且过于复杂的人性欲望和意志冲动。即便过去的经历已经成为"历史事实"摆在那里,也不等于它就成了"客观事实"。

无论在黑格尔那里还是在德罗伊森或兰克那里,历史论述(所谓"史学")无不与现实政治相关。1854年初秋,兰克应邀为巴伐利亚国王马克西米安二世(1811—1864)上了19次世界历史课,从古罗马讲到美国独立战争和法国大革命。针对黑格尔的精神进步论历史哲学,兰克语重心长地对巴伐利亚国王说:

> 每一个时代的价值都不在于从它里面产生了什么,而是只在于它的存在、在于它自己本身。只有当人们必须把每一个时代都看作自身有效的,认为每一个时代都极具考察价值时,对历史的考察,尤其是对历史中个体生命的考察,才获得了完全特殊的吸引力。……[历史上的]每个时期都有自己特殊的趋势、特有的理想。既然每个时期自身便有存在的权利和价值,我们也就断乎不得忽视从其中发展出来的东西。①

但兰克紧接着就说:"史学家还必须意识到各个时期之间的不同,从而考察相继发生的历史事件的内在必然性。"人们难免会问:既然历史上的"每个时期都有自己特殊的趋势、特有的理想",所谓"相继发生的历史事件的内在必然性"究竟是什么,它又是怎么

---

① 兰克,《〈历史上的各个时代〉(1854)序言》(谷裕译),见本书,页198。

来的？

　　兰克多少意识到，史学家作为科学认知者的位置相当矛盾。他虽然声称自己在修史时会完全抹去"自我"，以便呈现历史的客观事实，但也不得不承认一切史书都是"主观的"。这意味着，历史科学的相对化不可避免，想凭靠历史认识来为生活实践的法则提供基础，根本就是成问题的。因此，兰克紧接着说了下面这句话：

　　　　人类教育的理念或许本身有真理可寻，然而在上帝面前，人类每一代都有平等权利，史学家必须这样看待问题。（同上）

　　思想史家们很容易在这里看到各种后现代主义精神的源头，这未必是兰克的教诲直接影响的结果，毋宁说，兰克的史学观体现了时代的某种"大趋势"。

　　兰克和德罗伊森都被后人称为"历史主义"，实际上两者的史学观点并不同调。事实上，"历史主义"是对德意志史学界出现的声调各异的史学主张的统称，而这些主张的共同之处，仅仅体现于以历史认识取代神学和哲学的规范认识的科学原则。毕竟，一切人类现象都是历史地形成的，由此产生的结果是思想的彻底历史化：唯有史学能为生活世界的变迁和所有文化现象提供科学的说明。最终，"历史主义"成了这样一种世界观：人对自己的生活世界、对自我乃至对超越世界的看法，都必须依据历史来理解和解释。世上没有绝对的世界法则，一切价值观念都是历史地相对的。

　　有哲人看不下去了，他愤然提出异议：应该如何生活的法则来自历史吗？1874 年，刚 30 岁出头的尼采（1844—1900）发表了第二篇"不合时宜的观察"——《论史学对生活的利弊》。1821 年，威廉·洪堡（1767—1835）曾发表"论史家的责任"的演讲，如果说这场演讲称得上是"历史主义宣言"，①那么，青年尼采的这本小册子就当之无愧地可以称为"反历史主义宣言"。

在《论史学对生活的利弊》第一节结束时，尼采对史学提出了这样的指控：

> 就史学服务于生活而言，它服务于一种非历史的力量，因而在这种隶属关系中永远不能也不应当成为像数学那样的纯粹科学。一般来说，生命在多大程度上需要史学的服务，这个问题是涉及一个人、一个民族、一种文化的健康的最高问题和最高忧虑（Sorge）之一。因为，史学到了某种过剩程度，就会使生活破碎、蜕化，最终，由于这种蜕化，史学本身也蜕化了。②

一个人被败坏，还不算什么，一个民族（作为政治共同体的人民）被败坏，事情就严重了，遑论是有"文明"传统的人民被败坏。问题在于，史学败坏"一个民族"也好，"一种文化"也罢，往往都是从败坏"一个人"开始的。当然，这不是普通的"个人"，而是有知识欲且有才智的"个人"，他相信根本不存在"非历史的"东西。

青年尼采极为敏锐地把握到历史主义现象的实质，并对历史主义发出了强硬的思想挑战，而且在"后来显示出划时代的重大意

---

① 吕森，"罗伊森的《历史知识理论》引论"，见德罗伊森，《历史知识理论》，胡昌智译，前揭，页 12。

② 尼采，《不合时宜的沉思》，李秋零译，上海：华东师范大学出版社，2007，页 149。

义",尽管他自己未必意识到这一点。① 尼采在文中也没有用到"历史主义"一词,30 多年前(1839),费尔巴哈(1804—1872)曾用 Historismus 来指称方兴未艾的史学热,并认为这种历史认知会给当下的实践生活带来损害,但他并没有像尼采那样专门撰文阻击史学热。②

尽管尼采的《论史学对生活的利弊》振聋发聩,历史主义现象开始受到关注,但 Historismus 这个语词仍然没有流行开来。狄尔泰(1833—1911)和韦伯(1864—1920)的学术都明显与历史主义现象有关,而他们也没有用过"历史主义"这个概念。直到 1890 年以后,Historismus 这个语词才开始逐渐频繁出现在学术文献中——据说始于经济学家华格纳的《政治经济学基础》,尽管含义仍然模糊。③

1892 年,德国学界十分活跃的"生命哲学"代表人物西美尔(1858—1918)发表了《历史哲学问题:认识论随笔》,十多年后(1905)再版时,他又几乎重写此书。继尼采的《论史学对生活的利弊》之后,西美尔的这部"随笔"算得上是最重要的讨论历史主义的论著。他声称要致力于"像康德把心灵及其形塑能力从自然中解放出来那样,将心灵从历史主义里拯救出来"。④ 人们读完此书才发现,西美尔实际上为历史主义做了最为强有力的辩护。从今天的

---

① 施特劳斯讲疏,《尼采如何克服历史主义》,维克利整理,马勇译,上海:华东师范大学出版社,2019,页 27-28。

② Annette Wittkau, *Historismus*:*Zur Geschichte des Begriffs und des Problems*,*Göttingen*,1992/1994,页 199。

③ Adolf Wagner, *Grundlegung der politischen Ökonomie*,1892;参见侯斯,《历史主义的危机》,见本书,页 203。

④ 西美尔,《历史哲学问题:认识论随笔》,陈志夏译,上海:上海译文出版社,2006,页 3。

史学风景线来看,西美尔堪称后现代史学精神的真正先驱。①

　　1922 年 10 月,特洛尔奇出版了《历史主义及其问题》,史称"历史主义"首次进入书名:"反历史主义"的号角终于吹响。② 此书有一个副标题叫"第一卷:历史哲学的逻辑问题",通过论析自康德以来至刚结束不久的欧洲大战之后的历史论述,特洛尔奇提供了一部批判性的现代欧洲史学思想史。开篇的小节标题是"史学的当今危机"(Die heutigeKrisis der Historie),这表明特洛尔奇的思想史考察是出于他对整个欧洲文明危机的深切忧虑。他甚至提到英国科幻小说家韦尔斯(1866—1946)刚出版不久的《世界史纲》(*The Outline of History*,1920),在他看来,这位"诗人和费边社的学生"的史书"动摇了英国的历史意识"。③

　　《历史主义及其问题》的副标题表明,接下来还有第二卷。但此书出版四个月后(1923 年 2 月),年仅 58 岁的特洛尔奇突然病逝,第二卷也就没有了下文。随即梅尼克(1862—1954)发表书评《特洛尔奇与历史主义问题》,算是对友人的悼念。④

------

① 比较赫勒,《激进哲学》,赵司空、孙建茵译,哈尔滨:黑龙江大学出版社,2011;赫勒,《碎片化的历史哲学》,赵海峰等译,哈尔滨:黑龙江大学出版社,2015;多曼斯卡,《邂逅:后现代主义之后的历史哲学》,彭刚译,北京大学出版社,2007。

② Ernst Troeltsch, *Der Historismus und seine Probleme*:*Buch I*, *Das logische Problem der Geschichtsphilosophie*,Tübingen1922/Aalen 1977 第三版。

③ Ernst Troeltsch, *Der Historismus und seine Probleme*, Kritische Gesamtausgabe,Band 16,Berlin 2008,S. 124,比较页 173–177,335–339;比较韦尔斯,《世界史纲:生物和人类的简明史》(第 15 版),吴文藻、谢冰心、费孝通等译,北京:人民出版社,1982/桂林:广西师范大学出版社,2001/2015。

④ F. Meinecke, "Ernst Troeltsch und das Problem des Historismus", in:*Deutsche Nation*,März 1923;今见 F. Meinecke, *Zur Theorie und Philosophie der Geschichte*,E. Kessel 编,Stuttgart 1959,S. 367–378。

不过,在写作《历史主义及其问题》第一卷的同时,特洛尔奇也写了一系列关于政治伦理(politischenEthik)和文化哲学方面的论文。出版《历史主义及其问题》之前(1922年初),他还发表了题为"历史主义危机"的文章。① 人们难免会由此推想,《历史主义及其问题》第二卷的标题很可能是"历史哲学的伦理问题"。

早在1913年,特洛尔奇就提出了"历史主义危机"问题,在他看来,历史主义将"重新唤醒彻头彻尾的相对主义"(völligrelativistischenWiedererweckung)。这尤其体现为种种激进的文化现象,比如,意大利出现的未来主义就是"以历史主义的暴力战胜历史主义"的文化行动,它"打响了反对一切史学的战争"。② 对特洛尔奇来说,"历史主义危机"是欧洲的统一文化价值衰落的标志,而近代史学对此负有不可推卸的责任。

特洛尔奇去世前(1922)本已接受邀请,拟在1923年3月前往英国做五场学术报告。由于突然病逝,这趟英国巡回讲学未能成行。值得庆幸的是,他在1922年年底已经写下讲稿。许格尔男爵(Friedrich von Hügel)是特洛尔奇的英国之行的组织者,他随即将讲稿译成英文,以《基督教思想的历史及其应用》的书名出版。③ 次年,讲稿的德文本出版,题为《历史主义及其克服:为英格兰和苏格兰而作的论宗教和历史哲学的五篇学术报告》。④

---

① Ernst Troeltsch, "Die Krisis des Historismus", in: *Neue Rundschau*, XXXIII (1922), pp. 572–590.

② Ernst Troeltsch, *Gesammelte Schriften IV*, Tübingen 1925, S. 628;原刊 RE3 Bd. 24, 1913, S. 250。

③ Ernst Troeltsch, *Christian Thought*, *Its History and Application*, 1923。

④ Ernst Troeltsch, *Fünf Vorträge zu Religion und Geschichtsphilosophie für England und Schottland*, *Der Historismus und seine Überwindung*), 1924。

二 清教伦理与历史主义

文史家们断定,这些报告就是特洛尔奇打算撰写的《历史主义及其问题》的第二卷。① 特洛尔奇是新教教义史教授,他提出的"克服历史主义"方案乃是基于欧洲基督教所遭遇的历史命运。

基督教欧洲的文明体有上千年的历史,它不会一夜之间退出历史舞台。17 世纪以来,人文主义者的圣经研究和早期基督教史研究已经开始侵蚀基督教的信仰根基,而教会的建制力量也在抵制、反抗直至垂死挣扎,历时差不多两个世纪。② 拿破仑战争以后,法国大革命的"权利"观念在欧洲广泛传播,工业化带来的经济、政治和社会生活形式的变化也让人目不暇接。尤其是欧洲新兴政治体在北美的争夺战结束后,欧洲知识人的全球地理视野更为明朗,基督教信仰开始面临如今所谓"多元文化"的冲击。

1892,德国的新教神学家克勒(1835—1912)发表了《所谓历史的耶稣与圣经的耶稣》,对现代史学式的新约研究做出强硬反击,开篇不久就用到"历史主义"这个语词。③ 克勒的书在当时引起了强烈反响,直到 21 世纪初的今天,德国还在重印此书。有神学界人士

---

① Ernst Troeltsch, *Der Historismus und seine Probleme*, Kritische Gesamtausgabe, Band 16, F. W. Graf, "Einleitung",前揭,页 77-78。

② 参见帕利坎,《历代耶稣形象》,杨德友译,上海:上海三联书店,1999,页 227-240。

③ Martin Kähler, *Der sogenannte historische Jesus und der geschichtliche*, *biblische Christus*, Leopold Classic Library, 2016;英译本 *The So-called Historical Jesus and the Historic*, *Biblical Christ*, Foreword by Paul J. Tillich, Philadelphia, PA: Fortress Press 1964。

甚至认为,历史的耶稣形象与圣经的耶稣形象的历史对决仍然没有分出胜负。①

1901 年 10 月,特洛尔奇在"基督世界"协会的聚会上作了题为"基督教的绝对性与宗教历史"的报告,次年经扩充后出版单行本。特洛尔奇深切感到,欧洲思想的彻底历史化动摇了基督教世界观的传统观念,而基督教神学的反应可谓节节败退。克勒坚持正统的超自然主义立场,拒绝世俗的历史观对耶稣生平的解释,等于无视历史思想的尖锐性。而黑格尔式的唯心主义精神史从历史思想出发来看待基督教,同时又把基督教视为超历史的绝对宗教,明显自相矛盾。对于历史思想来说,绝对宗教的概念根本就不成立。②

克勒的小册子发表 10 年之际,特洛尔奇发表了《耶稣的历史性对信仰的意义》(1911)。在特洛尔奇看来,如果接受历史思想的原则,就必须承认基督教是政治史现象而非救恩史现象,与历史中的其他宗教一样,是相对的历史宗教。基督教神学必须面对作为现代精神原则之一的历史原则,问题仅在于如何应对这一现

---

① 参见 A. Schweitzer, *Von Reimarus zu Wrede. Eine Geschichte der Leben-Jesu-Forschung*, Tübingen 1906(英译本 *The Quest of the Historical Jesus. A Critical Study of its Progress from Reimarus to Wrede*, 1910 / Johns Hopkins University Press, 1998);C. E. Braaten / R. A. Harrisville(edit. and trans.), *The Historical Jesus and the Kerygmatic Christ: Essays on the New Quest of the Historical Jesus*, New York: Abingdon Press, 1964, pp. 79-105;C. Braaten, *Christ, Faith, and History: An Inquiry into the Meaning of Martin Kähler's Distinction between the Historical Jesus and the Biblical Christ Developed in its Past and Present Contexts: A Thesis*, Cambridge, MA: Harvard Divinity School, 1990。

② Ernst Troeltsch, *Die Absolutheit des Christentum und die Religionsgeschichte*, Kritische Gesamtausgabe, Band 5, T. Rendorff 编, Berlin 1998, S. 121-123。

代原则的挑战。① 社会理论的适时兴起,让特洛尔奇看到了一线生机。

1903 年秋,韦伯因健康原因辞去大学教席,与同事松巴特(1863—1941,又译"桑巴特")创办"社会学和社会政策文库"辑刊。1904 至 1906 年间,韦伯在辑刊上分两次(第 7 卷和第 11 卷)发表了著名的《新教伦理与资本主义精神》。与此同时,特洛尔奇也出版了《新教对现代世界形成的意义》(1906),五年后又更新为第二版,与《耶稣的历史性对信仰的意义》形成呼应。② 可以看到,特洛尔奇作为基督教教义史家加入了韦伯和松巴特倡导的社会理论,一同关注资本主义精神的起源问题。

> 韦伯探究了今天经济史上重大的主要问题,亦即资本主义的实质和产生的问题,并追问这一制度在精神上、伦理上、世界观上的先决条件。若无某种起决定作用的精神基础,这样一种制度[273]不可能取得统治地位;或者如探究同一问题的松巴特所称,对于资本主义的大多数践行者尤其是先驱者来说,除了外在的起因、困境、动力之外,一定还存在某种奠基性的经济观念。
>
> 资本主义制度应与"资本主义精神"区别开来,没有后者,前者绝不会大行于世。这种精神带来的勤劳不倦完全对立于享乐、安逸和单纯谋求生计的自然本能。它使劳动和职业本身

---

① Ernst Troeltsch, *Die Bedeutung der Geschichtlichkeit Jesu für den Glauben*, 见 Kritische Gesamtausgabe, Band 6, T. Rendorff 编, Berlin 2014, S. 820–852。

② Ernst Troeltsch, *Die Bedeutung des Protestantismus für die Entstehung der modernen Welt*, 见 Kritische Gesamtausgabe, Band 8, T. Rendorff 编, Berlin 2001, S. 183–316。

成为目的,使人成为劳动的奴隶,使得所有生活和行动处于一种合理而有计划的计算安排之下。它将所有手段结合在一起,利用每一分钟、使用每一种力量、利用科学技术和统筹计算安排一切,因此赋予生活一种透明的计算性和抽象的精确性。①

通过锁定新教与资本主义精神的历史关联,特洛尔奇将基督教的绝对性问题转换成了现代欧洲历史的动力性问题。1912年,特洛尔奇重新修订《基督教的绝对性与宗教历史》,出了第二版,明显受到社会理论及其取向的影响。② 换言之,资本主义精神问题挽救了基督教的绝对性问题面临的困境。

1920年,韦伯出版《新教伦理与资本主义精神》的单行本时,作了许多修改,在注释中加入不少新材料,还回答了各种批评。特洛尔奇则在他的临终报告《历史主义及其克服》中延续了他在《新教对现代世界形成的意义》中的论题,但思考方向与韦伯并不相同。毕竟,特洛尔奇是基督教神学家,他不可能像韦伯那样对信仰问题持"价值中立"态度。

在《新教对现代世界形成的意义》结尾时,特洛尔奇提到,

现代文化总是以自由思想和个性思想的巨大扩张性和强烈性为其特征,而我们则能在现代文化中看见自由思想和个性思想的最佳内涵。这种思想乃是在种种客观情况的配合下,在一切生活领域的影响之中自发地发展而成的,它所得自新教

---

① 特洛尔奇,《新教对现代世界形成的意义》,见本书页77。

② Ernst Troeltsch, *Die Absolutheit des Christentum und die Religionsgeschichte*, Kritische Gesamtausgabe, Band 5, 前揭, T. Rendorff, "Einleitung", S. 45。

的,只是一种非常强有力但就是其本身而论却是独立的宗教形
而上学基础。①

　　可见,特洛尔奇仍然试图让新教信仰与现代的"自由思想和个
性思想"撇清干系。基于这一论点,特洛尔奇才能够在临终报告的
开场白中首先挑明:历史相对主义是欧洲文明面临的最大威胁,而
自由思想和个性思想则是历史相对主义的温床。自欧洲国家自发
成长以来的几百年来,不仅宗教生活的规则,而且包括"国家、社会
和经济以及科学和艺术领域"在内的所有行为规则,都受"自然规
则"支配,而所谓"自然规则"其实是历史的规则,它"并不比所谓的
超自然规则有任何更坚实的依据"。因此。自法国大革命以来,欧
洲所经受的"最内在的战栗和最深层的变革",无不伴随着"近乎令
人不安的历史反思和历史比较的洞察"。随着殖民扩展的推进,这
些反思和洞察也越来越具有新的普遍历史视野——如今称为"全球
化视野"。

　　　　关于进化的文化比较研究如今汗牛充栋:从冰河世纪的原
　　始人到现代的欧亚文化,从澳大利亚和非洲内陆到欧洲、美洲
　　和东亚。比较材料之多样和惊人之处大大引起关注,并扩展了
　　人类心灵——只要我们尚能被排进进化序列,并且我们的优先
　　地位尚无疑议。但是,重构进化序列的工作随着研究精准度的
　　不断提高而越来越困难,我们令人骄傲的时代开始暴露出明显
　　的罅隙和断裂,于是我在之前所提及的问题就愈发棘手和令人
　　不安。欧洲人文理想以及相关的国家和社会秩序被相对化,乃

_____

① 特洛尔奇,《新教对现代世界形成的意义》,见本书,页107。

至被批判地瓦解了,于是屈服于林林总总的未来计划、悲观主义或者纯粹需要暴力实现的物质兴趣。尼采提及欧洲虚无主义的来临,俄国小说家们带着恐惧致力从西方人性中挣脱,而西方的本性被视作批判法、心理学、进化主义,还有对于所谓进步的绝望。①

特洛尔奇说这番话时,已经是1922年底,而韦伯在此前两年刚做过《学术作为志业》和《政治作为志业》的演讲。两相比较,特洛尔奇与韦伯的共同点在于,他们都有强烈的欧洲文明危机意识。显而易见的差异则在于,特洛尔奇比韦伯更为悲观地看到,欧洲国家的政治成长并没有完成,欧洲文明的伦理道德"在所有环节上都让人感觉到了历史相对主义"的威胁。

特洛尔奇毕竟是建制教会人士,即便他接受了社会学的原理,也不可能像社会学家韦伯那样接受历史主义。"一战"爆发时,据说特洛尔奇与韦伯因看待战争的政治立场不同而大吵过一场,长达30年的友谊几乎就此而断。其实,特洛尔奇与韦伯早就多有不合,只不过这时才爆发而已。②

战争爆发前,特洛尔奇已经致力于为重建欧洲的文明秩序寻找到一种具体方向。为此他提出了"文化综合理念"(die Idee der Kultursynthese),试图以此弥合各门科学(尤其史学)与伦理学的鸿沟,"对历史生活之流筑起堤坝和赋予形式",他甚至还设想提出一个"欧洲的普遍历史方案"(den Plan einer europäischen Universal-ge-

---

① 特洛尔奇,《历史主义及其克服》,见本书,页118。
② 玛丽安妮·韦伯,《马克斯·韦伯传》,阎克文等译,北京:商务印书馆,2010,页291。

schichte）。

特洛尔奇在临终演讲中承认，伦理文化价值"彻头彻尾是历史的产物，分属各种不同的庞大文化领域：家庭、国家、法律、经济上对自然的控制、科学、文化和宗教等等"：

> 这些不同的庞大领域都有着自己的历史发展，其庞大的种种历史展现都是与某种形势相适应的一种独特构成；该领域的一般趋势在这种独特构成中采取的种种形式，乃是特殊的、只与那一历史时刻和与总体情况相适应的形式。①

尽管如此，这些生活领域毕竟"具有一个共同根源和一个共同目的，致使这些成为精神之总体展现的各个生活领域，可以在特定的、重要的历史阶段整体之中，成为同一个过程的不同面相"，因此有必要重建欧洲的"文化综合理念"。

一百年后的今天，历史主义的危机不仅明显没有解除，反倒更让欧美的自由民主国家寝食难安，因为，后现代的民主化史学不断给"文化综合理念"拆台。毕竟，所有现代之后的各种实际上相对化的伦理主张，都让自己显得具有绝对宗教的神圣性。

关于这部文集

本文集除收入特洛尔奇的两部作品外，还收入兰克的《〈历史上的各个时代〉（1854）序言》。这篇重要的政治史学文献虽然已有

---

① 特洛尔奇，《历史主义及其克服》，见本书，页135。

中译本,但为了更准确地理解文本,特约请北大德语系谷裕教授重译,谨致谢忱。

侯斯(Karl Heussi,1877—1961)在 1932 年出版的《历史主义的危机》(*Die Krisis des Historismus*)是魏玛时期检讨历史主义问题的专著,非常贴近这一问题的历史语境。与特洛尔奇一样,侯斯是建制内人士——耶拿大学神学系的教义史教授,曾出任耶拿大学校长,《修院的起源》(*Der Ursprung des Mönchtums*,Tübingen 1936)是其代表作。《历史主义的危机》缘于他所做的两次学术报告,学理艰深、行文晦涩,这样的学术报告,受众居然是类似于我们的儒生群体,让我们难免心生感慨:德国曾有相当好的普通教化基础,如今,这个基础已经不复存在。

施密特的《德国历史主义与走向议会民主制》,是战后德国史学界检讨德国历史主义问题的一部杰作,作者从国际政治史的独特视角考察特洛尔奇、梅尼克、韦伯积极参与魏玛宪法的政治语境,对于我们了解这些著名学者与国家命运的实际关系非常有启发——这里选译的是该书的导言部分。

特洛尔奇的两部作品依据考订版特洛尔奇全集迻译,《新教对现代世界形成的意义》译自第 8 卷(pp. 109 - 316),《历史主义及其克服》译自第 17 卷(pp. 67-132),页码随文用方括号标注。

2020 年 12 月

古典文明研究工作坊

新教对现代世界形成的意义

[204]所有学术都与其前提条件绑定在一起。史学在其追求精确、公正和细节的一切努力中,也结合着这种前提在进行。前提条件的形成乃是由于,我们在进行历史研究时,必须时刻回归当前经历:我们对于已历往事之因果关系的理解,要由今天的生活类推而得,即使我们对于今天生活的认识尚浅,也必须如此。我们经常有意无意地把过去事件与眼前的事件联系起来,我们永远都要从往事之中得出或特殊或一般的结论,以此来形成我们对未来的判断。我们今日常常对历史事件序列作进化式阐释,也无非是为了使当下在该进化序列中变得可以理解。而当我们服从这一习惯,即从这一序列中抽象出历史规律时,之后的愿望[205]就是将现时的特殊性编排到历史过程的一般性之中去,以便更好地理解当下和未来。

这样,对当下的理解就总是一切史学的最终目的;历史就是我们族类总的生活经历,我们愈好、愈久远地回忆这一经历,就愈能使之与我们的此在发生切近的关联。每一项历史研究都默默伴随着这一效用而进行着,这显然成了史学的最高目的。

这样的任务所具有的特质明确地指向一种建构性的工作:它对当下加以概括,形成某种表征实质的一般性概念,并确定这种概念与过去,亦即与历史上种种力量和趋势的关系;而那种种力量和趋势,也同样必须用一般性的概念来加以说明和表征。没有任何一种历史研究——无论多么具体入微——能够避开这类一般性概念;关于概念化,历史研究仅仅能够用一个办法来避开,即认为概念都是不言自明的。

另一方面,那种建构性和概念性的特殊工作方式必须承认:它以细节探究为先决条件,并始终依赖这种探究;它也将面临因错误概括而产生的诸多特殊危险和陷阱;它应当小心谨慎地把自己限制在事实研究的学问之外。但这一切丝毫改变不了[206]概念研究必须不断更新自身的事实,而且真正的史学思想只有借助概念才能得以表达。只有通过概念,经过加工整理的材料才能排列起来以供进一步加工处理,使得种种关联明晰起来,材料也只有这样才能得到来自新的视角的审视。

最重要的是,那种建构性和概念性的工作会使一切史学都默默追求的首要目的,即对现实的理解,成为可能。若是能清醒地意识到威胁着它的种种错误的来源,它就可以信心十足地工作。这种建构性的思想当然不会遵循旧日各种神学学说的方式,对天意进行沉思;也不会按照黑格尔的方式,描摹理念展开的必然过程;也同样不会按照心理实证主义的方式,重构某些精神状态的必然的连续性。它只会为了我们经验生活中的各种力量构建一些一般性的概念,并阐明这些构建起文明世界的力量之间的实际因果关系。一切在这以外的历史哲学建构性工作,当然不再属于史学,而是属于哲学、形而上学、伦理学或者宗教信念。实际的历史构建将在前者的朴素意义上,[207]并且只在前者的朴素意义上,展开如下尝试。

一 何谓"现代世界"

[208]有一个我们的论题所预设了的一般性史学概念,看起来不证自明,事实上也常见有人不加思索地加以使用,那就是"现代世界"这一概念;或者,如果我们不想采用浮泛的、与我们此在无关的"世界"一词,那就不妨称此概念为"现代欧美文化"。首先,此概念需要有一个比较精确的限定,以便着手讨论我们对新教提出的问题——而新教正是现代文化来源之一。

不言而喻,这一文化包含着各种各样的不同流派,但也有某种我们人人都本能感觉到的共同特征。在这里,"现代"这一形容词当然只能后天地理解,因为它确实延续了很大一部分古代世界的因素;但也正是在反对那些古代因素的经久不息的斗争中,我们才意识到现代的特性。

不过,"现代"这一性质本身之所以格外难以确定,部分是由于那些表征它的因素和条件多种多样而且驳杂不纯,部分则是由于我们缺少一种方法去确定一个文化与其后继新文化(nachfolgende neue Kultureinheit)的关系,从而辨认出当下生活中那些最显眼的或者最清晰的因素。然而,我们基本上只有用扬弃之前时代的方法进行断代,尤其是扬弃刚刚过去的文化时代。而这根本上是消极的确定,正如初兴的现代文化本身也首先通过与此前以来的文化相对照才自觉其新,从而在其积极创新之中试验自身;至少,直到今天,只有在这样消极的确定之中,我们才能勉强辨认出某种时代的一般性特征。

现代文化乃是从伟大的教会文化时代产生出来的,那个时代原是基于绝对直接的神启信仰,基于为启示担当救赎和道德训诫功能的教会。信仰如果真是自然而且不证自明的,[209]它就具有无与伦比的力量。于是,神就无处不在,神的意志——它直接地、可以确认地由一个正确可靠的机关负责执行——就成为首要任务。于是,所有力量的努力方向,以及人生最终目的的全部保证,就都来自这种启示及其组织表现——教会。

随着这一强大机构的创建,古代世界便在基督教的决定性影响之下宣告结束,这一强大的机构成了整个所谓中世纪文化的中心。神的事物、神的律法、神的力量、神的目的,高高君临这个世界,与纯属自然的事物判然有别,对一切都起着决定作用。由此带来一种文化思想,它至少在理论上意味着教会及其威权须领导并统一人类;而且,不论在何处,超自然神的目的与自然性、世间性的人的目的之间的结合,都要由这一理想定出的规范来安排。

首先是神法(lex dei)统治着一切,它由摩西法(lex Mosis)或称十诫、基督法(lex Christi)以及教会法(lex ecclesiae)混合构成,但它将古代法律——伦理和学术方面的文化遗产——以及种种自然性的生活要求,都作为自然法(lex naturae)予以吸收容纳。这是一种宏大的、对一切起决定作用的理论:两套律法,圣经—教会的律法和廊下派式—自然性的律法,它们原本为一,在原初状态之中本来互相符合,只是现今在有罪的人类中才一分为二,所以就需要经由教会的领导使之重新归于均衡。这种均衡原是完美的,但由于原罪而仍然只能部分实现。

因此,这主要是一种极高程度的威权文化,它以其威权来激发对永恒福祉的最大热望,触及主观性灵魂生活的最深处,并将不变的神性与多变的人性,在一个各种功能井然有序的文化世界中加以协调。而且,这一宗教威权通过救世的教会机构的力量,引导人脱出深受原罪毒害的世界,向上趋往彼岸的高处。这样一来,尘世性即感性世界的价值就被贬低,整体人生观和生活形态就带上了禁欲主义的基本特征。

然而,禁欲主义[210]时而偏重神秘主义,希望在永恒的、超尘世的追求中反对一切有限的、感性的欲望,时而又偏重训导意义,后者乃是为了彼岸生活致力于严格的修为和行动。在前一种情况下,它起着促进清静无为的作用,在后一种情况下,则导致行事严守成规。天主教同样有着两方面的典范:一方面是神职和修院制度,另一方面是对平信徒日常生活的关注。而另一方面,现实生活需要取得意义,基督教有神论跟古代文明一样,必须关注世界的另一面。教会就在它所创造的精神世界和文化世界间,对这种种充满矛盾的势力加以调整。

在此世,这种生活方式的禁欲主义义务都落到了教会神职代表,即教士和志愿献身于此思想的僧侣头上,而受他们领导、由他们代理和为他们所激励的群众,则在其不同的社会角色中遵循自然法,他们仅仅偶尔且有限度地履行禁欲主义思想。正如教会权威很懂得应当承认身边的自然理性,禁欲生活也对自然生活予以容纳。这么一来,权威的禁欲主义生活与自由而自然的世俗生活的某种灵活的结合,便成了天主教的特征。在这一结合中,天主教教义变成了整个古代晚期以及罗马—日耳曼的中世纪起组织作用的文化观念。

天主教的整个世界图景以及它的全部教义,它的学术、伦理观、国家和社会学说、法律理论和经济理论,以及它的全部实践,都由此出发而构筑起来。这种文化既不自主追求新的真理,也不追求运用自觉的组织力来建立一个新的政治—社会结构,它只顺从那些已确定的自然真理和天启真理;而教会的在世王国,以及那些自然给定的、不可改变的政治—社会关系,则须由宗教生活控制并由教士直接或间接领导并出于和谐之中。因此,这也是一种妥协,但却是一种由救世机构的权威性,即禁欲主义—悲观主义的宗教力量所控制的妥协。

[211]当然,中世纪起决定作用的因素不只有以上所说的这些,还有各种各样完全独立于它们而辅助过教会文化的实际条件:中世纪晚期的政治和社会形式,日耳曼民族的法律和经济情况,在中世纪早期自然经济关系中实行教会领导的情况,新兴的城市货币经济和小工业经济通过金钱和行业协会结合起来的生活,中央权力的软弱——这些都使教会统治成为可能。所有这些情况的合力促使教会领导的文化生效,但其基始仍在于文化的精神内容与实质,因此,这整个时期都以教会文化为主。

与此相对照,就不难认清现代文化的实质。现代文化处处同教会文化作斗争,力图以主动创造的文化观念取代教会文化。那些现代文化的观念令人信服且具有内在力量,与教会的威权以及种种纯属外在或直接来自神的规范准则形成鲜明对照,因此,现代文化的自主性主宰了一切。即使人们有时有原则地树立起或实际依从一些新的威权,这些新威权本身也须纯属自主且合于理性;即使有些地方旧有的宗教信念仍然存在,那些信念所具有的真理性和使人膺服的力量,至少就新教教徒而论,也须首先以内在的个人信服而非支配性的威权为依据。

只有严格的天主教依然固守着旧日的威权观念,像一个可怕的外来物一样跨入现代世界,虽然它显然对此结论多有不服。但前述那种自主性直接产生的后果,[212]必然是种种日益高扬的个体主义,这些个人主义关乎信念、意见、理论和实际目标。一种绝对高于个体的约束,只能由某种与直接的、超自然的、神所启示的信仰一样巨大的力量来提供,天主教曾拥有这种力量,并一直把教会视为这种力量的延展和永久代言。这样的约束一旦消除,其必然的后果就是人的意见纷纭杂存的局面。要对之加以判断就不能运用神的绝对威权,而只能运用人的相对威权;而人的这种威权又应当具有充足的理性依据感,以期使人们在理性的基础上达成一致。只不过,理性的多种多样的理解和表达,又会继续不断地产生分歧。于是,人的相对性和宽容,必然取代神的绝对正确和教会的不宽容。

人们这时只要探求客观标准和安全保障,以求应付突兀的外加标准,便会发现,只有科学才是唯一的办法:它通过相对于古代的、原则上崭新的自然科学基础,有条理地确定方向,并运用技术来控制各种自然力量。科学取代神启,压倒了一切,受各种新方法引导的文化取代了教会的威权。由此生发出了现代文化的理性—科学特征,在这一特征中,现代文化的个体主义既得到了自由的表现,同时似乎也按自然法则有所限制。[213]各种科学和所谓理性生活的自然的、理性的体系,成了神学的接替者,同时也成了神学的对立面和仿制品。

当然,个体主义也并非时时处处都恪守这些限制。那些表面上很牢固的理性世界,就其形成而言,越是被当作历史思考的对象,历史思维在这样的思考中越是延伸到自然科学方面,那种牢固的体系就越会在变动不息和未来可能性不断推进的长流中被溶解。随着理性主义一同被引进的自主性终于认识到,一切表面上显得合理的事物均有其历史条件限制,于是思考便在看来合理的概念多样性上搁浅了。这样,理性主义的个体主义就越来越变成相对主义,其所产生的分散效应和裂变效应,我们今天已不陌生;但我们又感觉到它是种种极其巨大的力量和可能性的释放。

当然,对于这种分化趋势,不论在理论上,还是在实际的政治和经济生活上,都不缺乏社会化的反应。但是,这类反应也须理性地构建自己:或是根据历史信念,因为重要的历史趋势需要有机地继续发展;或是根据哲学洞见,因为社会需要发展出能够满足每个个体同样的生命冲动的秩序来。但是,那些仅仅主张超越个人之上的普遍理想,以及那种仅仅建立于无误神启的教会之上的宗教信念,处境就不太妙了。

随着这一切而来的,还有一个更深层的现代文化特征,即生活价值内在于世界性。如果说,曾使人神对立成为绝对的那一绝对性威权业已崩溃,一种自主性的、真理和德行的原则业已在人间受到重视,那么,所有定然首先会加深那道人神鸿沟的世界观,也都已随之崩溃。有关人类因原罪而趋毁灭,以及获救得登彼岸的人生教导都已站不住脚。

此岸的所有一切力量[214]都因此而变得更重要,生活的目的也因此而日益趋向于此岸及其理想的塑造。这一趋势如今或导致纯粹的此岸性和世俗化,或强调此生成就与彼岸生活有一种内在的有机联系,但不论怎样,教会禁欲主义的那些先决条件已归于瓦解。正如莱辛(Lessing)所说,人们能够预见未来的生活,就像从昨日预见明日一样。一旦不再可能将纯属尘世的生活与神性的生活分别开来并划清界限,那么,生活就会显得或是纯粹属于人的,或是四周充满神灵,而两者结果往往相同。

[215]泛神论的种种感受与现代生活交织着,表现在现代艺术和科学之中。那样的感受尽管还包含着许多纯哲学和纯科学上的难点和矛盾,但终究吐露出一种对现世的肯定,有了这一肯定,旧日宗教生活方式中的禁欲因素便在任何意义上都再也不可忍受。宗教禁欲作为对现世的否定,以及作为达到超越尘世的生活目的的自律,已从现代世界消失——尽管真正无所拘束地享受生活对于现代

世界说来还仅仅停留在理论上,尽管现代世界刚刚才借助反省和有计划的劳动突破了简单的本能生活。

但是,与现代精神的最终标志相关联的,是满怀自信和相信进步的乐观主义。这种乐观主义乃是启蒙的解放斗争的伴随现象,启蒙运动若无这样一种信心,就砸不碎旧日的枷锁,也不能通过大量的发现和新知识获得世人的认可。旧日的那些由堕落、救赎和末日审判观念所确定的世界图景,就这样坍塌了。

今天,一切都充满了发展和由未知的黑暗向着未知的高处上升的思想。罪深孽重的悲观心境,以及我们应受惩罚、力求涤罪的那种巨大的痛苦感——这两点原是人得救及教会成为救世机构的先决条件,如今已经化为乌有。畏缩不前的求进步之心和世间苦痛显然也处处都有,但已不再是旧日基督教的那种关于堕落的悲观主义,而是现实主义的怀疑论或是专讲人世痛苦的形而上学。

这并不是说,宗教生活原有的那些犹太—基督教力量已经变得没有根了。实际情况是,那些力量过去曾能建立起享有权威的救世机构,教育和训导世人向往彼岸教会,只是如今已经变得非常虚弱,不再能创造和承担任何一种教会文化了。

除了上述种种特征而外,现代精神还有一些特征对应于实际形势与情况,很难说清究竟它们在何种程度上决定了现代精神,还是相反,现代精神决定了它们。这些特征包括:许多庞大的军事大国逐渐形成,建立教会世界帝国的梦想归于彻底破灭;资本主义现代经济蓬勃发展,所向披靡;技术扩张在两百年中取得了先前两千年不曾取得的成就;由于以上种种现象,人口猛增并反馈这些现象;世界版图大开,与辽阔的非基督教世界发生了接触;世界政治中有了种种对外的人民斗争,[216]由此发展而产生出的许多新的阶层又将纷纷进行种种对内的斗争。

这一切与前面所述的精神方面的变革相交织,形成一种新的全貌,带着许多相对于基督教文化旧日世界而言全然崭新的任务和问题。在此形势下,旧有的教会及其世界观和伦理观均已不再具有任何坚实可靠的支柱,尽管不可破灭的信教渴望和坚定意志仍出于其需要,紧紧抱守着旧日基督教世界那些永远颇富影响力的残余。

［德文版编者注］在题为《路德对中世纪和近代的态度》(1907)的大学校长演说中,鲁弗斯(Loofs)对上述描述提出了最有学问和最富教益的批评。他首先反对现代世界和由之而来的宗教改革者的世界与现今世界的这一对比:

> 在路德和近代之间并没有特洛尔奇设想的那道鸿沟。我们难道不是直到1874年都还实行强制施洗吗? 渎神在今天不还是罪过吗? 我们不是今天还有基督教色彩的威权文化和很大程度上仍是强制性的宗教课程吗? 渎神的概念,就实质而论,现在确实已被理解得与路德大不相同。但是就形式而论,时代的差别并不太大:读者在想到"教会的强制性文化"时不也深感恐惧吗? (页19)

这很正确,对普鲁士人说来尤其如此。但是在我看来,这却是一种微弱无力的慰藉。鲁弗斯进而认为:

> 有些人,我承认这样的人在大学里占多数,对于超自然主义的想法与特洛尔奇一致。但是,即使他们正确,他们也并非现代世界本身,更不用说是现代世界两百年来思想核心的代表。特洛尔奇所构筑的现代世界在一些人身上或者某些圈子里的确存在。但是,泛神论内在想像的此岸性宗教与某种活跃的有神论传统,并没有进行过决斗。特洛尔奇所描述的路德站在新时代的对立面,可那个时候现代还不曾真正诞生。(页24)

这就不正确了，因为我们要讨论的并非单纯泛神论和大学教授这类问题。就连鲁弗斯（第23页）所抓住不放、当作宗教改革世界和现代世界尚存的一种基本一致性的标志的东西，在我看都不过是稻草而已。援引康德和歌德来证明原罪思想延续未绝，尤其成问题。康德关于极端恶的学说，仅仅适用于一种非常现代而且脱出教会框架的哲学，而他所持的正是这样一种哲学；歌德对于康德是这样看的：

> 虽然康德花了长长的一辈子才清除了一些对哲学的糟糕成见，但他又让自己的哲学外衣公然染上极端恶的印记，以此吸引基督徒们来亲吻它的流苏。（Johann Kaspar Lavater, Zürich, 1902，第346页）

正是康德和歌德有代表性地指出了现代世界的精神特性。他们在不同于宗教改革者们的背景下，以新的意义和新的形式表达了相同的东西。

[217]不少人直言不讳地说，在这个现代世界，他们看到的大多迹象都表明一个曾经结构牢固、根基深厚的古老文化正趋于解体。因此，人们很乐意将现代世界[218]与公元后前几百年那一文化时期作比较。在后面那个文化时期，教会文化借助新的观念和血液崛起，更新和重塑了旧有的文化，而与此同时，当时的古代地中海文化却由于个体自主的理性主义和种种宗教与道德信念的动摇不定——这些情况与今天十分类似——而趋向瓦解。

然而，正是与古代晚期的这一比较，显示出了现代精神的种种积极特质。不过，现代精神若与中世纪教会文化相比较，则又明显地显出其种种消极和形式规定的特质。在现代世界，处处向着我们迎面而来的不是瓦解，而是新生事物的紧密的丰盈；不是逃避到幻想和怀疑之中去的无能为力，而是一种对外在世界巨大的、不断上升的实际控制。

首先,取代古代普遍君主制的——这种君主制压制个别文明——是许多大而广的、处于均势或者希望处于均势的民族国家的制度。进而,出现了这类国家的一种政治结构,以便让市民参与国家事务,但不是经由初选大会直接参与,而是经由代议制来参与。再进一步,又出现了这类国家的法律、行政和军事组织,使得这类国家具有了一种特有的稳定性,并在极大泛范围内将文化目的引入国家目的之中。最终是大洋视界替换了地中海视界,造成巨大而错综复杂的扩张和殖民问题。到处都是还未展开的新任务。

其次,经济生活不再以家庭经济和奴隶制为基础了,而是建基于统一的民族经济,建基于一种由现金和信贷促成的国际交换,建基于如同童话一般迅速发展的技术,尤其重要的是,建基于资本主义之上。经济生活造就了正式和合法的自由居民,人的一切力量和才能几乎无止境地被开发和利用,从而开创出种种比过去远为广阔的可能局面。上述一切加在一起,便产生出一个政治和军事阶层之外的全然另属一类的社会阶层,即构成资产阶级的、受教育的市民阶层,[219]那些从事劳动的自由居民去奋力争取不仅在形式上和法律上,而且还在实事上的平等参与。

这种种情况看起来并不是社会变革的最终结局,而只是一个开端。特别是形成社会生活核心的家庭生活方面,一夫一妻直接成为伦理原则,两性在人身和法律上彼此独立,爱情生活变得情调浪漫,细腻敏感;父母对于子女的权力趋于松弛,世系或大家庭均受到限制。但是,一夫一妻制家庭的这种两性伦理不易贯彻、不易坚持,它意味着需要一种不断焕发青春的能力,还需要有一股使道德力量永葆青春的源泉。

除了以上种种,现代世界还取得了学识的扩展。这一扩展固然可以追溯到与古代遗产的承续关系，尤其要追溯到所谓文艺复兴时期对古代遗产的强调，但它实际上肇始于强势和宽广的经验基础，这远远超出它所继承的知识遗产及其思想范畴。随着对现实的种种全新把握，它不断超越，从而能够面对无穷无尽的未来。

与此同时，科学借助于学校教育制度和印刷机，变成了一种实际能起作用的力量，成为人人可以学到的生存斗争手段。自然科学的知识已在某种范围内和某种程度上对大自然加以合理化，使人们竟能大谈对自然的理性控制，并使所有技术都能摆脱经验性和偶然性而立足于合规律的知识之上，而且能不断改进自己。历史科学已对我们文化的起源作了十分丰富透彻的研究，使现时的一切情况在发展史上了然可查，一切思考都必然要在某种程度上变成历史进程的一部分，因而对我们现实状况的一切归纳均以这类知识为依据。

由此而来的结果当然是一种明确的相对主义状态，一种精神的繁复性。我们因此获得了一种在过去任何时代都未曾有过的经验财富，这在以前是不曾有过的。但同时又有一种强烈的连续性意识，使人免于漫不经心，原有的对当前问题的意识绝没有烟消云散。[220]我们意识到自己乃是一个巨大的历史整体的继承者和创造者，这种意识不断增强我们的力量，使我们懂得利用过去的经验，将未来当作现在的产物看待，而且我们会对我们的后代负责。

但是，最终而且主要决定现代世界特征的一个更为深层而且更强有力的根源，乃是个体主义本身的内在形而上学特征。它并不仅仅是古代理性主义或古代怀疑论的延伸和扩大，也不是最早与基督教密切融合，而全程伴随着个体主义发展的柏拉图主义和晚期廊下派主义的那种精神状态。不用说，这两者大体上因与基督教融合而延续，并在文艺复兴中得到更新,直至今天仍在发挥着强烈的影响作用。但是,现代个体主义的根基并非主要在于文艺复兴,而是在于一个基督教观念本身,即人应当向着作为一切个人生活和整个世界来源的上帝奋发精进,借助圣灵的训导和教育,以达成完美无缺的个人品性。[221]这里面正包涵着一种绝对个人主义的形而上学,它或直接或间接地渗透在我们的整个世界,给自由、个性、自律的自我这一思想提供了形而上学依据,虽多有争议,但也多有影响力。这样一种心灵状态曾经给基督教和希伯来先知主义奠定了基础。

后来,基督教吸收和融合了柏拉图主义和廊下派思想。它一方面总结和更新了正在消亡的古代,一方面又作为古代的最后产物,走向了上帝之国,即教会,亦即基于和统一于上帝的个体所在的世界帝国的产生。天主教以日益增长的规模,将如此扩充了基督教的心灵学说,教导并传播给那些正在创造中世纪文化的蛮族,进而借助各种政治—社会制度获得了成功。自方济各会运动以来,这种心灵学说就为文艺复兴的感情世界作了预先准备,并成为文艺复兴时期文化个性化最强有力的根源。最后,新教更是直截了当地、有意识地以这种心灵状态作为原则,解除了其与统治世界的僧侣机构的关系,使其能与生活中的一切利益和力量自由地结合。

现代文化的特性就在与古代晚期和中世纪的对照中浮现出来。尽管如此,人们还是马上可以清楚看出,各种具体的历史力量都对今天世界的产生发生了作用或作出了贡献。这也就说明,今天的世界具有非同一般的复杂性。从中可以辨别出古代、天主教、罗马—日耳曼各民族的种种社会和政治特性,现代货币经济和资本主义的形成,中世纪晚期的民族分化、殖民和航海扩张,文艺复兴,各种现代科学、现代艺术和美学,以及基督教新教。现代的个体主义和理性主义据以行世的许多内涵,无不源出于此。

但是,理性主义本身并非单纯源出于批判和解放,[222]而是另有某种最深层的形而上学伦理学根源,这种形而上学伦理学借助于基督教——在古代晚期它因与基督教融合才得以传承——业已潜沉于我们的全部文化的灵魂之中。对于这一点,我们千万不可因现今对教会和基督教的种种敌对,以及种种自然主义的或者审美的泛神论而受到迷惑。

今天的世界并非在一以贯之的逻辑支配下存在的世界,也不比任何世界多一点统一性;种种精神力量还是能够起支配作用,即使人们不肯承认它们。若无先知主义和基督教灌输给我们信教上的个人主义,就完全不可能有个人自律、进步信念、包罗万象的精神团结、我们的生活信心和坚不可摧的积极工作的力量。对于这种种思想,我们这个世界绝大多数的群众大概都很自觉地予以肯定,承认它们不管怎样都来自基督教。即使有人对此加以否认或者无所认识,这个世界也还是带有它们的种种色彩。①

[223]依上所述,我们便获得了最一般性的历史视点来回答我们的问题。

由于新教对于最终形成这种宗教上的个体主义,以及将这种个体主义广泛引入一般生活具有重要意义,所以,从一开始便很显然,新教在相当大的程度参与了现代世界的产生。这一点人们或褒或贬都经常承认,尽管有一些人仅仅愿意从文艺复兴,或者干脆从紧

---

① 自从初版问世以来,我曾以各种不同的方式试图重新说明这些看法,参《现代精神的实质》(*Das Wesen des modernen Geistes*),1907;《现代世界中的自律和理性主义》("Autonomie und Rationalismus in der modernen Welt"),刊于 *Internationale Wochenschrift* 1907;《廊下派基督教自然法和现代世俗自然法》("Das stoischchristliche Naturrecht und das moderne profane Naturrecht"),刊于 *Hist. Zeitschrift* Bd. 106,1911。

随其后的实证科学时代推导出整个现代世界。实际上,对于宗教的重要意义,也不可片面地加以夸张。现代世界在国家、社会、经济、学术和艺术等方面,有很大一部分完全不依仗新教而产生。其中,部分不过是中世纪晚期种种发展的继续;部分应归功于文艺复兴,尤其是新教所接受的文艺复兴的影响;还有部分发端于新教出现以后和与之同时的天主教各国,诸如西班牙、奥地利、意大利,特别是法国。

虽然如此,但很显然,新教对于现代世界的出现所具有的重要意义不可否认。重大的问题是,这一重要意义具体说来究竟何在。关于这个问题,在科学界,甚至在通俗文学中都充斥着种种杂乱而又极不确切的想象。天主教文献总是惯于在新教中查找出现代世界革命精神的根源。而特莱契克(Tritschke)①1883 年关于路德的演说,则在路德身上看出现代世界一切伟大和高尚事物的由来。黑格尔学派惯于将新教当作[224]内在性的伦理和宗教来加以颂扬。里奇尔(Ritschl)②学派将新教说成是现代意义上的家庭、国家、社会和专业工作的创造者。

在天主教—新教阵营对立之下,教派性的护教言论和辩驳也常常极其粗浅:一派在新教中仅仅见到分崩离析,另一派则看到真实生活的更新和建立。但事情并非如此简单。这原是一个极度错综复杂的问题,仅从概念上泛泛而谈,以求正确认知并得到个别问题的答案,往往离准确还很遥远。

也因此,下文就此问题所作的综述,常常只能够作为构想和建议。唯有通过众多领域内的探讨者共同协作,才能在这个问题上找到详尽的答案。

---

① 特莱契克(Heinrich Treitschke, 1834—1896):德国历史学家。
② 里奇尔(Albrecht Ritschl, 1822—1889):德国神学家。

二 "新教"作为历史概念

"新教"作为一个一般性历史概念,现在急需更为确切的限定。占主导地位的做法习惯于把新教的所有现象归为一类,并使用一个一般性的概念,来说明新教应当是什么或者应当成为什么,而非说明其实际是什么。因此,在这类限定之下,概念要么是某种业已软化和失去原则了的正统教义,要么是某种尚在形成和不断转变之中的哲学观念。在这两种情况之下,[225]所得到的都不是能使事实真相完整呈现出来的一般性经验——历史概念,而只是附会于实际的理想概念,它特别强调实际中的某一成分,并试图以此作为"实质"或"基本趋势"来描述对象。

这样的理想概念对于现时的行动和意愿说来当然不可缺少,但并不是我们所探求的那种一般性历史概念。① 只要我们正在为新教探求这样一种描述,就不难看出,前面的描述对于整个新教说来并非完全无需修正。因为现代新教作为一个整体,即便有延续正统教义传统一面,也已全然成了另一种东西。旧日路德宗和加尔文宗那种纯正的新教尽管反对天主教的救恩教义,但就其总体表现而论,却完全是在中世纪教会文化的意义上,想按照神启的种种超自

---

① 关于这样一种"一般性历史概念"的实质,请参阅我的论文《何谓"基督教的本质"》,见 *Christliche Welt* 1903。每一位有识之士都看得出来,我的概念构成乃以里凯尔特(Heinrich Rickert, 1863—1936;德国哲学家,新康德学派代表人)的方法论为依据。

然准则,将国家和社团、教育和学术、经济和法律加以区分和安排,而且也像中世纪那样,将"自然法"看作原本处处同于上帝律法。

17世纪末以来的现代新教则与此相反,处处都转而采取了与教会对等或对宗教全然漠不关心的国家立场,并由于承认了各种宗教信念和社团并存的多样性和可能性,便在原则上将宗教组织和社团的形成交托给了自由意愿和个体认信。进而,它也从根本上承认了与之并存的一种完全解放了的世俗生活,不再想直接或间接通过国家对这种生活进行控制。这么一来,它竟忘却了自己旧有的关于"上帝律法"等同于"自然法"的理论,而那种理论原本能方便这种控制的。

[226]以上所说乃是一些根本性的差别。它们很自然地都在教义的种种动荡和改变之中显露出来,尤其显露在教会概念和国家概念的改变,以及旧日绝对威权和圣经超自然权威的衰减之中。这两方面的衰减发展至今,已使旧有的、对整个制度起决定作用的那种对神启和救赎的信心完全改变。只要注意到这一点,我们在进行每一项纯历史性的考察时,特别是在我们提出问题时,就最好将初期新教和后期新教加以区分。

初期新教虽有其普遍的教士精神和原则上的信仰内在性,却归属于严格的教会式超自然文化概念之下,那种文化建基于一种直接而有严格界限的、与世俗相区别的威权之上。初期新教曾力图直截了当地运用它的种种方法,竭尽中世纪等级制度之所能,将中世纪文化的倾向更严格化、内在化、个体化地予以贯彻。接替那种等级制及其对基督的代理功能的,乃是圣经的神迹力量:新教对道成肉身教义的扩展。但是,国家的各级权力要负责做到使这类神启至少在表面不致遭到反对,并使之能及于每一个人,以发挥其纯属内在的个体拯救效力。这样的事,往日主教和教皇们依靠他们肤浅的手段和机构的强烈世俗化未能办到,纯粹圣经的权威和救恩的力量却能予以彻底实现。

但是,清楚地认识到这一点以后,初期新教也就与同它相伴随而来的、日后被后起新教或多或少加以吸收的那些历史因素清晰地区别开来,那些历史因素与初期新教有着深刻而内在的不同,但在历史上却很显赫。它们体现于人文主义化的史学-语文学-哲学的神学,体现于自由教派的再洗礼运动,[227]也体现于全然个体主义-主观主义的属灵派中。初期新教与此三者判然有别,而且还以残忍的暴力展示这种区别,这并非出于目光短浅的偏激或神学上的固执自是,亦非出于机会主义或抱残守缺的狭隘心胸。从一开始,新教所有的领袖,如路德、慈温利和加尔文等人,对那三者([译按]即人文主义化的神学、自由教派的再洗礼运动和个体主义的属灵派)就有一种内在的、本质性的对立情绪,原因是那三者害怕教会文化的绝对理想:以神启为绝对的基础,教会可能提出强制将人类生活基督化的要求,虽然这些要求完全是属基督的。正是由于这样退缩到狭小、虔诚的圈子里,对国家保持距离,并放弃强迫宗教信仰,那三者才与宗教改革者们的观点形成对立;宗教改革者也像天主教一样,对于不将一切人性事物置于神性事物之下的神启,都视为假的神启。

路德许多最初的精神倾向很快被教会思想淹没,两百年来一直未起任何作用。教会机构的客观性,圣经的确切性,以及国家—教会对社会,或者对每一个教会借助于当地政府在权力所能及的地区建立起统一的基督教团体的明确领导,都成了首要任务,而这些首要任务受到了各方威胁。直到后起新教眼里失去了教会文化这个理想,它才能够将史学—语文学批判的责任,将独立于国家而自愿联合建立的教会,将依凭个人内心确信与醒悟的神启学说,认作纯正的新教原则。

初期新教则将这些因素一方面归于"自然主义",另一方面归到"狂热""热情""宗派主义"名下,而且直到今天,[228]仍然在不遗余力地攻击其残余势力——虽已对它们部分地宽容。

但是,这一差异对于我们的论题来说恰恰异常重要。有些运动与新教有亲缘关系却又大相径庭,比如在阿米念教派(Arminianis-mus)①和索齐尼教派(Sozinianismus)②中建立起特殊组织的那些人文主义—语文学的神学势力,比如各地教区中那些在天主教或新教内部组织起来的洗礼派,还比如那些个体地在文学上追随这一理念而完全取消了教会神启和救赎概念的神秘论者和唯灵论者——所有这些,对于现代世界的出现都具有非同寻常的重要性,绝不可能简单记到新教名下了事。这些异端经受住了长久的残酷压迫,终于在 17 世纪末熬到了它们的历史时刻。自那以后,自由教会模式、语文学—批判的神学、客观性神启被置于实践性宗教伦理生活之后,将一切历史性事物转化成为宗教意识的直接性,或是一种不重视礼拜、仪式和教会的主观主义。如此种种,如同一股洪流裹挟着整个旧有秩序,以不可阻遏之势汇入新教教会。再也谈不上有某种涵盖全社会的教会统一文化了,先前的那些教条基础甚至在各教会本身和守旧圈子内部,也完全土崩瓦解了。③

---

① 荷兰新教神学家阿明尼乌斯(Jacobus Arminius,1560—1609)建立的教派。

② 意大利神学家索齐尼(Sozzini,1539—1604)建立的教派。

③ 鲁弗斯曾指责对施洗派的理解以及过于紧密地将其与属灵论者相提并论的立场,见前述 15 页。柯勒(Walther Köhlrer)亦曾在其中一再看出我的理解的可疑之处。部分说来他们都是对的。我因此已在我的《社会学说》(*Soziallehren*)中对此问题详加探究,并自信确已在该文中就这种质疑找到了某种实质上较新较佳的提法。新版文本中所作的修改即是以此为据。对于个别细节我当然在此难以详述。

[229]最后还须着重指出,在初期新教内部,路德宗教义和加尔文宗教义两者也表现出差异。这一差异绝不单纯在于两派所从出[230]并对之产生作用的文化土壤,而在于,尽管两派的教义基础在实质上一致,但两派领导者的人格个性和品质,却导致其宗教和伦理思想产生某些细微分歧,并且分歧在当时的形势下被彻底放大了。两派在最初显得如出一辙,随后却发展得相距千里,以致再也无法同归一类。我们已不能将它们视为一种新教,而应作为两种新教来加以考察。对于我们提出的问题,加尔文教义的结果与路德宗教义的结果也大不相同,有必要进行非常精细的心理分析,以摸清每一细节及其关联的系统。总的来说,[231]就现代世界的形成而言,两种教义对于现代世界的重要性非常不同:加尔文教义的发展远远超过了停滞不前的路德宗教义的发展,形成了一种巨大的力量,其重要性和影响力在一切伦理、组织、政治和社会领域中都要大得多。

当然,我们如果置身于一个极高的观测台上,就可以把所有这些现象,诸如路德宗派、加尔文教派、人文主义基督教派、施洗派以及唯灵论个人主义教派,全都放到基督新教这一共同的概念里面去。所有这些教派最终都在其根源上汇在一起:宗教的个人化和唯独圣经的信仰标准。另一方面,历史的发展也已将最初分别流淌的溪流重又导入一条河床。它们最终将在历史的高处被看作一个互相关联的总体。

但是,这样一种视角,只有从后起新教的业已实现了协调与融合的观点出发才有可能。而且,就算从这种观点出发,也很难一般地把握整体。尤其对于我们的问题说来,将种种不同的方向加以区分,要比用一个令人难以领会的总体概念来抹煞其差别困难得多。① [232]因为，要谈论新教对现代文化的某种影响作用，只能从初期新教的各种不同的集团开始。后起新教则本身即是现代文化产生的一个部分，并且深受现代文化影响。我们如果要从新教的一个概念出发来寻求答案，希望用它概括后起新教所有的或者本质的特征，并把这些特征投射回初期新教，那么，我们就找错了方向。产生这样一种错觉，会使我们认为向现代文化过渡乃是轻而易举的事情。路德宗和加尔文宗的差异也不能忽视，这一差异提醒我们不能太简单、抽象地处理新教这一概念，同时也迫使我们正确判断这一概念内容之中的种种具体特性和多种多样的影响作用。

此外，人文主义神学、施洗派和唯灵论神秘主义者的特殊地位也十分重要。这几个集团尽管最初与初期新教有密切接触，却离它甚远，而离后起新教甚近。新教受到过它们的影响和变革，又被种种现代生活影响过，我们如果要把这样的新教当作现代文化发展的一个起点和重要出发点，那就完全弄错了。那样就会自

---

① 哲学家勒瑟尔（Leser）在他对我这篇讲演的批评中——顺便说一句，他的态度是很友好的——成功地作了一次精巧的尝试。参见 1907 年巴伐利亚教会年鉴所载《作为文化要素的基督新教》（"Das protestantische Christentum als Kulturfaktor"）一文：

> 宗教改革通过实际行动认识到真理的——尤其是基督教将我们引入的那种至高的宗教真理的——伟大、独特之处：在人格个性的内在深处有直接通达神圣拯救的生活入口，从而相应地，在所有世俗之事的彼岸，便可展开一种无须感性—权威的属灵的宗教团体生活。

我原本也想这么说，但这对我们的问题无所助益，因为这说法对于后起新教比对于初期新教更为适合，而且对于文艺复兴时期的廊下派主义和柏拉图主义大概也是适用的。

行阻断我们理解原初新教的真正影响作用，就会让我们把影响现代世界创造的因素记到原初新教的账上，而实际上，许多影响因素是那些饱受折磨和诽谤的受难者们的无可争议的功劳。最后，这样做还会让我们将那些根本并非在宗教土壤上成长起来的事物记到基督教新教的账上。

三 新教与现代世界的矛盾

既然如此,新教对世界的影响力就并不明了,也不简单。绝无一条笔直的道路,能够从新教的教会文化直通独立于教会的[233]现代文化。新教在此看似有许多贡献,但那常常是间接的甚至非其所愿的。尽管多有共通因素,但共通之处必然非常深地隐藏在思想中,而非肤浅而唾手可得。因此,新教无所周折地引出现代文化的谈法,自然站不住脚。我们只能谈新教在其中起过的一份作用。但即使是这份作用,也并非始终如一或轻而易举。它在各种不同的文化领域中扮演不同的角色,并且总是或多或少被动卷入却难以看透的角色。问题的诱人之处正在这里。若要弄懂这个问题,我们必须首先将新教与现代文化的对立说得更明白一些。

最重要的一点乃是:从宗教史和教义史上来看,新教,特别是它的出发点——路德的教会改革,首先只不过是对天主教的一种改造,它延续了天主教对种种问题的提问形式,但给出了新的答案。直到后来,才渐渐地从这种新的回答中,发展出许多宗教史上的激进结果;而到其与新教的最初形式决裂之时,才显示出这些结果完全不仅仅是对老问题的一种新回答。

[原注]对于路德的回答之新,我曾在《路德与现代世界》("Luther und die moderne Welt")一文中试着作出新的阐述,见 1908 年《学术与教育》(*Wissenschaft und Bildung*, Quelle & Meyer)。其中最重要的部分转载于拙著

《当代文化》(*Kultur der Gegenwart*)第 2 版。从文中明显可以见出,我绝非无视路德的伟大及其原创性,一如我后来在对路德的看法上与鲁弗斯,也与一位十分粗暴的论战者彪默(H. Bohmer)意见一致。矛盾始终仅仅是围绕着一个问题在旋转,即:这一路德式的福音能够与在多大程度上属于当代的精神和物质变化共存。我认为,正因两者强烈对立,路德与中世纪的共同点也因此而明显。在我看来,这一共同点并不是某种可由今天的神学小心切除的"尚未克服的中世纪残余",而是古代思想与中世纪思想的许多基本特点的一种共同属性。这些属性在当代只能够通过强力和盲从保持,而再也没有一个可以将它固定起来的着力点。

[234]这一点只能稍后再来谈论。新教首先关心的,只是对救恩的可靠性这一古老问题的回答。救恩的可靠性已预设了上帝的存在、他的个体伦理的本质,以及圣经的和中世纪的一般性世界图景;新教唯一的紧迫问题是:既然人人都由于原罪要受诅咒入地狱,既然一切人类造物的力量都极软弱或者微不足道,那么,怎样才能从最后审判中获救,得享永生及内心中可靠且可望的和平呢?

此乃彻头彻尾的古老问题,经由天主教的教育已越来越深刻地写进人们心里。新教对此问题的回答,不是指示人们依靠僧侣教会的等级制救世机构,以及依靠所意愿的圣礼的功效,而是指示人们要依靠一种简单、彻底的个人信仰决断。这种决断凭着确定的真诚,可以从圣经的超自然神启中,一劳永逸地获得在基督中得救赎的确信;以这一确信为基础,这种决断将带来与上帝的和解,并带来与上帝灵性合一的一切道德效果。通过圣经,这种信仰决断使人感受到纯粹作为客观的、由神恩所保证的拯救,从而排除任何人为的作用。如此便使救恩不依赖于人,而唯独依赖于上帝。

救恩的这种对上帝的唯一依赖性,使得救恩绝对确切可靠,脱离了人类行为的不确定性和有限性。即便这一接受救恩的信仰决断显得仍以某种方式带有人为作用的相对性,其本身仍被看作直接来自神意。为了救恩的确切性,预定论成了新教的中心理论,无论在路德、慈温利还是加尔文那里,它都同样原发,并且同样必要。不过,加尔文派[235]后来又对这一理论加以扩充,使之成为其理论体系的枢轴,并在它伟大的斗争中汲取了拣选意识的重要支持——当然,它也为此而牺牲了上帝属性中的理性和普世之爱。路德派则担当起保护后两点的任务,从而逐步削弱了预定论,但也因此将英雄主义和严格的赏善罚恶纳入其思想之中。预定论下的被拣选者觉得自己是神所征召的世界主人,应当为了神在世上的尊荣而入世并改变这个世界。这些单纯出于神的恩典而得称义者,其救恩虽然也直接来自神,但他因惧怕预定的惩罚,在神与尘世之间严格的界定关系中,宁愿摆脱尘世而逃入纯粹宗教性的领域。这个世界因其不分明的、只有神才知晓的状态,仅仅是他们所宽容和忍耐的对象。

对救恩的确切可靠性这一古老兴趣占据了中心地位。对救恩的确信不仅要通过神启的眷顾,还要通过某种精神的和个体的体认来达到。同时,权威的、纯粹的神性救世机构这一古老的基本观念也得以保留。有了将有罪的尘世从黑暗和无能中拯救出来这一神迹,随之便有了与它相关联和承续着它的救世机构,即作为神迹的教会。新教原本想要改造整个教会,它只是迫不得已才开始自建教会,后来仅仅成为一些国家教会。因为新教只有在政府的帮助下,才能够实现它的教会理想,而对国家界限以外的领域就必须放弃理想。

但是,新教从未放弃过教会要作为施行拯救和教育的超自然救世机构这一理想。它仅仅摒弃了僧侣统治和将僧侣统治置于国家权力之上这一神圣法。现在,只有按立布道者和圣礼的权威,以及布道词中的神性力量,继续支持着教会:在路德那里由教会组织者自由执行,在加尔文那里则是按照神意遵循着原始教会的榜样。新教进而拒斥这样一种观念:由教会掌管的圣事具有客观的治疗和救赎力量,[236]能够带来额外的拯救。新教拒斥传统,因为传统只赋予天主教机构以权威的外观;新教仅仅坚守圣经,将之作为唯一神启,且认为唯由它具有赎罪与救世之力。

但新教也主张教会乃是超自然的救世机构这一观念,不过它仅依据圣经来解释教会。圣经涵容权威的教义,带有使人皈依和得救的力量,是教化的工具和源泉,其中的相关章节为神职奠定了基础。圣经取代了僧侣的等级统治和起神迹作用的圣礼,尚被保留的两三项主要圣礼只不过是圣经言词所确定的、自我坚振的特殊途径。当然,在这方面,路德派为了维护教会的客观性,坚决主张在圣礼中须有某些特殊的超自然成分,但是实际上日后相应于这类成分而起的作用,也无过于圣经已经描述的那些功用而已。加尔文的圣礼理论确实也极力向此靠拢,并在预定论和所有精神性救恩教义允许的范围内,尽量贴近于这种圣礼客观性。

在这儿,新教还完全未触及教会与国家的关系这一现代性问题。新教和天主教一样,并不把教会和国家看作两个不同的机构,而只把它们看作同一个不可分离的基督教社会内部的两种截然不同的职能。因此,教会的要求对于整个团体的有效性,教会对非教徒和邪教徒的排斥或者至少剥夺其权利,以及不宽容和不容置疑,全都不言而喻。路德在最初固然深信精神的和圣言的奇迹力量能自行发展,但随着事态的发展,他却难以坚持这一信念。因此,教会和国家两种职能的关系被重新作了安排。人们不再将僧侣统治制度置于世俗政府之上,也不再承认各地教会之间还有什么原则上的一致性和机构上的统一性。毋宁说,世俗权力和教会权力两者共同臣服于圣经之下。国家出于基督徒的兄弟友爱为人民服务,[237]规管和保护增进上帝荣耀的事务,教会则依据上帝之言来教导国家的统治阶层,使其符合圣经教导。基督徒社会的两项职能及其承担者谐调一致、自觉自愿地共同协作,以臻理想。

同时,世俗统治者凭借神的委托,负责实施自然法,维持世俗和国家的秩序,由此而履行一项宗教义务。因为,这种自然法实在只是十诫所概括、经基督复述完善的自然法的一个部分而已。在如此谐调一致的共同协作之中,精神权威得以遍及整个生活领域,亦遍及全部世俗事务——世俗事务要由世俗统治者依据上帝之言的精神和准则,在神学家的协助之下来安排处理。

这样一来,在一切直接由神启而产生的重要事务中,也就必不可免地有了一种一致性。只有中性事物,即未经上帝之言安排的事物,才可能是多样的。不过,两个教派对中性事物的范围的设想大有分歧。但只要是涉及中性事物,每一个教派都容忍其地方教会的多样性。与此相对,凡涉及看来应由神加以规定之事——在路德派那里主要是教义和圣礼,在加尔文派那里还有教会管理和长老职务——各地就都须相同或加以统一。

这就意味着,新教与从前的天主教一样,在观念上主张应由教会文化领导世界。在基督教道德主导一切之处,这种观念确实被更加严格地接受了。这是神权统治,更确切地说是圣经统治的观念。但是今天,神权统治的实际情形当然已经全然不一样了:它不再是对官方发号施令的僧侣统治,而是由教会和世俗当局在自由的融洽和睦之中共同致力促成的圣经统治。在这一基本观念上,两个教派完全一致。当然,在促其实现的方式上,两派则意味深长且后果显著地分道扬镳。

　　路德派对于上帝之言的某种纯然内在的和精神上的果效,有着充满灵性和理想主义的思考。路德不要求[238]对教会法规作出确保其执行的种种特殊的、独有的、细致的和自主的明确规定,也不要求任何保证来敦促官方遵循上帝之言。路德只愿将纯粹的上帝之言放置在烛台上,除了纯粹布道和纯粹圣礼以外不需要任何东西。为了达到这个目的,路德绝不在任何暴力面前畏缩退避;但他将其余一切统统留给了自动作用的、由言辞中放射出光辉的圣灵。如果世俗当局不愿顺从,他便满怀着对上帝的虔信极力忍受撒旦的暴虐——撒旦实在太喜欢诱使俗世的官员和政客们变得悭吝、傲慢或者对世事漠不关心了。这是一种理想主义,完全表现了路德的个人品性,而且从他那里开始,一直影响着整个正统化时代(das orthodoxe Zeitalter)。但是当然,这种理想主义也与路德对整个统治阶层的保守尊重以及日耳曼地区的专制主义发展相协调。

　　加尔文派则与此有别。他积极得多、攻击性强烈得多,但也有计划得多、精明世故得多。加尔文派将自身组织起来,成为一个新出现的共同体,其存在以加尔文教义本身为基础,精神上则充盈着法学家兼人文主义者加尔文的那种彻头彻尾富于计划性和合理性的气质。加尔文从来没有像路德那样当过僧侣。他制定了一部依据圣经、由神启促成的教会法规,虽然依旧致力于共同的基督教团体并要求神职人员对上级表现出市民式的顺从,却使教会在极大程度上减少了对官方关怀照顾的依赖。除此而外,加尔文还为教会建立了风纪,在不背离官方的原则下,详细拟定基督教道德的种种标准,情况必要时还可采用强制手段。在上级失职的情况下也可采取下级决断机制,亦即次一级的团体成员出面,强迫犯错误的上级[239]履行维护基督教准则的义务。

　　加尔文派在教义上比路德派更精神化,在实践上则不像路德派那样倾向于属灵主义和理想主义,而是精于世故地将自己组织起来进行斗争。当然,在这方面它也是一切取自圣经;可以看得出,为满足这一需要,旧约中的诫命要比新约中的更适用一些。因此,加尔文派也具有足够的内在坚定性,以求在向现代世界过渡时以及在基督徒团体瓦解时维护教会,并首先临时地、继而坚决地过渡到自由教会。路德派则首先是陷入了非教会的地方自治主义,后来又在权利关系的复杂纠纷中,被现代性国家建成了一个摇摆于依附性与自主性之间的教会。

　　在这整个过程中,天主教的超自然信仰文化仍然存在。但这种文化的一个深远的主要特征,即禁欲主义,也同样继续存在。当然,人们惯常总是称赞说,新教的特殊优越性之一就在于终结了禁欲苦修,恢复了世俗生活的荣誉。然而人们只需思考以下方面:新教极其严格地保留了关于天堂和地狱这一彼岸去向的学说;新教取消了起调解作用和缓期作用的炼狱,却因而使天堂和地狱给人留下了更加深刻的印象;新教所提出的关于救恩的确切可靠性这一中心问题,是为了从原罪中永远获救。人们只须更进一步注意:新教强化了奥古斯丁关于绝对原罪性和一切力量完全败坏的教义。人们只需思考一下上述问题,就必然能明白,禁欲观念不可避免的后果在这里并没有消失,只是变换了形式和内容罢了。事实上也确是如此。[240]这一变换在这里正如在新教的其他许多革新上一样,强有力而且成效显著。尽管如此,禁欲观念对于今天的世界来说——至少就这样的形式而言——仍旧是一个异样的组成部分,是新教与中世纪的彼岸宗教所共同具有的东西。

　　新教消除了基督教两种伦理标准的区分——古代的教会则利用这一区分,在世俗伦理的种种要求与彼岸式漠视尘世的古代基督教道德之间,形成一种折衷调和——并扬弃了寺院制度和教士的寺院化生活。但新教那样做,并不是因为承认尘世内部的种种价值和作为自在目的的良善,而是因为它在出世的生活之中,看到了由于自行选择而变得十分肤浅的、使救赎变得简单化的非分的办法——新教将尘世及其种种秩序看作经由创世而给定的,是基督教行事的天然基地和前提。对于这种天然前提,人们不应当故意逃避,也不应当通过自身努力,对救赎做出表面沉重、实际轻省的改变。那样只会促成妄念,力图邀功,并凭人自己的影响作用来与神恩争功,从而掩盖了真正困难的任务,即承受这个世界。

这里面无疑存在着对自然秩序的一种直觉性的敬重,其强度超过了天主教。天主教以超尘世和超自然视为所谓更有价值的较高阶段,新教则认为自然与拯救密不可分,较之天主教的分离和比较原则更为深刻一些。人们确实可以说,这后面存在着对上帝的另一种直观理解,不是把自然和神恩看作上帝思想的不同阶段的呈现,而是认为二者在实质上内在地同一。新教和天主教在人类原初状态论上的理解差别,就是这一点的体现。

然而,以上说法仅仅就原初状态而论才适用,若就原罪和被逐出伊甸园后开始的尘世的堕落历程而论,就不再适用了。自从被逐,尘世、人类和人类之下的造物,所有一切都处于无力和苦难的暗夜之中。在这样的状态下,要想评价眼前世界的富足和美好,或赞叹历史文化中自主的道德价值,都已不可能。但是,这样的赞叹却[241]成了现代人的世界感受和文化感受的特征;而在这样的评价中,堕落和尘世咒诅的神话实际上已变得没有什么效力。即使人们至今仍能感受到某种对于超出世界和文化之外的某种东西的渴望,但其对自然和文化的感受已不同于前。我们从歌德晚年成熟的哲学中能看到这一点。

宗教改革者对于世界和文化的认识则离此甚远:尘世永远只能作为上帝决定供我们活动的地土而接受,正如我们接受阴晴风雨一样。我们应当顺从地将自己投身于尘世之中,而不是躲避,但我们在任何方面都不能将我们的心牵挂于尘世,也绝不对尘世本身有所想望。世界在任何方式上都与神性无缘,而只是神的一种立意,神的实质本身并未进入其中。我们只应为了土帝并出于顺从才愿意接受世界。十字架和苦难乃尘世的本质,在死亡和病痛、不幸和无助中,我们当永远记得天谴和罪恶。我们应当在尘世中生活,并依靠自身来克服它,但我们的所有救恩和一切福祉,都只能寄望于我们的称义和基督的替我们而死。我们在任何方面都不对这个世界给予信赖,而是思考罪的惩罚,恭顺地屈从于世界的进程。恭顺、服从和依赖上帝,这就是对待尘世的态度。我们要把尘世,把一切对我们罪过的惩罚,把上帝安排的苦难,一同接受下来,至于尘世的一些稀微的快乐,那只不过是创世原初的美善的一种短暂余晖。

近代文学特别强烈地感觉到了这一矛盾,并已形成惯例:凡基于此岸和彼岸的严峻对立,而把现实描绘为苦海的伦理和世界观,它都描述为禁欲主义。其实从词源上来说,禁欲主义(Askese)一词仅仅意味着这种世界观的一个可能的而并非必然的后果,亦即有计划地操练弃绝尘世和克制尘念。按照这种广义的理解,宗教改革者带来的福音也是禁欲主义的,尽管它采取了对尘世友善的动机,这种动机在天主教中也不缺乏。这种禁欲主义并不因丧失寺院制度而打了折扣,因为它外表上虽附于尘世,内心却否定尘世。[242]人们可以将其与天主教的那种外在于尘世而又与尘世并行的禁欲主义加以比较,并将它描述为"尘世内的禁欲主义"。

[原注]这一词语是韦伯在其尚待更多评价的伟大著作《新教伦理与资本主义精神》(*Archiv für Sozialwissenschaften und Sozialpolitik*, 第20和第21卷)中提出的。他第一个对这种改革的和宗教派性的禁欲主义详加研究。鲁弗斯和莱泽尔对于这一概念的想法,我认为有欠通达透彻。鲁弗斯在其著作第21页以下认为,新教的"禁欲主义"仅仅是单纯否定此岸性,并承认宗教的力量在受苦中尤其得以保持;莱泽尔认为,禁欲主义并非自由行动与单纯自然给定性的对抗。但新教的禁欲主义不同于二者的论述。拉赫法尔指出了韦伯的和我的禁欲主义概念间的差别。但我已经在上文中将路德宗的和改革宗的禁欲主义思想明确地区别开来,韦伯所要探讨的仅仅是后一种禁欲主义。细节见于我的《基督教会的社会学说》。这一概念确实充满矛盾,但矛盾仅仅存在于表达中。

[243]而且,人们只须清楚地回忆一下文艺复兴运动的精神世界,或者现代诗歌对尘世的赞美,或范围广大的现代技术成就,[244]就可以觉察出,这种尘世以内的禁欲主义也同样真正是禁欲主义。因为,这种禁欲也同样来自救赎体制的基础要素:超自然的拯救使世人脱出业已败坏而世人却仍沉湎其中的自然,这也同样是新教的基本思想。两个教派在这一点上也都一致,但在具体形式上,两派却又非常不同。

路德派禁欲主义同样使他们带有了路德的理想主义精神:既无规定和强制,亦无计划和法规,完全任由个人良心做主。它不形成理论和纪律,而始终是心境中的一种自由力量,因此它也任由个人对很多中性事物加以赞赏。这样,它就始终比较自由内在。另一方面,由于路德派不愿积极参与尘世事务,而且深信精神的主动作用更胜于某种单纯的尘世痛苦和困难,因此,它并不排斥偶尔有之的一些值得庆幸和依从的快乐。但它实质上仍是一种自我献身和顺从,将一切希望寄托于永生的彼岸,是一种在尘世中殉教的欣悦之情。它是按"禁欲主义"一词在现代的、广义的而非形而上学的理解,十足路德式地——而且人性且善意地——认同神对此世的恩赐。

改革宗的禁欲主义则与此全然不相同。正如加尔文派那样,它是积极进取的,想要塑造尘世以增进神的荣光,使道德败坏者恭顺地承认神的律则,从而极其精心细致地创造和保持一个基督教团体。为了达到这个目的,它运用伦理道德理论和教会纪律来规定一切,对一切行动加以合理化和纪律化。就连加尔文本人都还容忍的中性事物,它也加以限制,禁止珍视或者神化任何尘世事物本身;但它也力求有条不紊地利用一切行动的可能性,以求对基督教团体的进步和兴旺做出贡献。它谴责每一种非宗教的感性和情绪,视之为怠惰和欠缺,要求人将勤劳工作作为基本意念。这样,加尔文派的伦理道德精神便在勤勉的积极性和强烈的严格性之外,[245]更有了一种井然有序的完整性和加尔文主义式的基督教社会的目标性。这乃是一种比较偏重于古老的技术性意义上的禁欲主义,而不是自然人为了彼岸的生活而实行的戒律,正如人们常指出的那样,在这方面它与耶稣会的禁欲主义有着共同点。

路德派在十架、苦痛和殉教之中忍受尘世,加尔文派则为了荣耀上帝、为了基督教社团的兴旺发展而辛勤劳动。但是,两派基本上都不过是以各自的方式,实行着严格的救赎信念中的禁欲主义:路德派避免"自然主义"和对自然力量的信仰,加尔文派则要避免因贪恋尘世而连带犯下神化造物之过。两派同是委身于纯粹而直接带有神性的、彼岸的尘世目的,一派承受苦痛,另一派采取实际行动。

综合理解以上看法,就可了然看出,新教不可能意味着现代世界的肇始。[246]相反,它虽然拥有伟大的新思想,却更像是教会文化理想的更新和加强,像是对中世纪思维的全面回答,并将一种自由的和世俗文化所已取得的开端吞没。歌德曾将它比作法国大革命:"它喝退冰冷的教化。"除此而外,它还促成了天主教的复兴:欧洲虽然其时已经接受了文艺复兴的观念和生活方式,却又重新经历了两百年中世纪精神。当然,若是从国家生活或者经济史上看,就不会得到如此印象,因为晚期中世纪的种种新开端在这些领域中不间断地发展——新教在其中多半有功。但是,若从宗教、伦理和科学的历史着眼,就难免会获得这样的印象:直到 17 和 18 世纪末的伟大解放,才从根本上结束了中世纪。

但是,这样说来,问题就更加迫切了:新教究竟能在多大程度上参与现代世界的构建呢?事实本身不容置疑。矛盾的解决在于:我们应遵循这一问题的指向,首先不要在原初的整体生活的普遍改革中,而要在种种间接和不自觉的结果之中,在种种附属结果中,或者甚至在与原意相违逆的种种结局之中寻求答案;[247]我们尤其应当在原初的新教之外寻求意义,对于人文主义的批评、施洗派的宗教理想以及神秘主体主义等等所产生的种种与新教交织在一起的影响作用,都加以重视。如此,这一发展路径才能变得清晰。

我将试着简略描述个别文化领域中的具体表象,并专门从上述不同观点加以剖析。只有放弃那种由某一起主导作用的、据称一切均由其产生和赋形的统一结构,详细分析各种互相制衡、彼此独立甚至交叉发生的不同因素,我们才能够有几分了解实际存在的因果关系。偶然事件,即较多彼此独立的因果链的复合体,在这类事物中永远不可被低估。承认其存在,并不是取消和否定观念的直接发展这条宏大主线的存在,而只是保护这一主线免受纷扰和打搅。也只有如此,这条主线才不会被错识。

四　基督教与政治社会制度

首先同时也是最引人注目的一个情况是,新教粉碎了天主教的单一统治,致使教会文化虽一时有所重振,其实却已被打破。由是出现了三种互相排斥、彼此谴责的自称正确无误的教义,使原本为一的教义总体上失去了人们的信任。16 和 17 世纪已不再是中世纪,但也还不是现代。这两个世纪是欧洲历史上的教会宗派时代,正是从这三派间并非决绝的摩擦之中,才产生出了一个现代世界。这个世界对于超感觉的事物固然还有认识,却与中世纪超自然的事物绝缘。就这样,新教瓦解了基督教的超自然的基石。虽与其本意相违,却带来了实际如此而且日益明显的影响。

教会的多重性及其激烈的斗争,比其他一切事物更多地培养出了"自由思想者和中立主义者",[248]正如法国掌玺大臣洛必达(L'Hôpital)的政策,以及尼德兰奥兰治王室和根特和解的政策那样。① 罗特(Richard Rothe)②完全有理由特别强调这种种影响的作用和重要意义。[249]更严重的是,新教会特别是路德派教会的内部结构比天主教会要虚弱得多,所以面对现代的观念世界,所具备的抵抗力比天主教更难持久。这也正是拉加德(Paul de Lagarde)③

---

① 尼德兰南北各省 1576 年 11 月 8 日签署宣言,抛开相互之间的宗教冲突,团结成为驱逐西班牙军队的力量。

② 罗特(Richard Rothe, 1799—1867):德国新教神学家。

③ 拉加德(Paul de Lagard, 1827—1891):德国东方学家和人种学家。

虽然片面却再三加以指出的一点。

如果一般而论,人们已经有了在耶稣身上和在圣经中上帝道成肉身的超自然神迹这一观念,那么,这种道成肉身在僧侣统治和圣礼之中的继续就能带来合逻辑的结果:唯有教会机构的全面神圣化,才足以实际抵抗学说和真理的人本化。加尔文宗在其教会法规中还牢牢保留着"神圣法"的一点残余,因此,至今在美国和英国,加尔文宗都比路德宗的那种理想主义教会制度更坚强地抵抗着现代科学。

一旦成熟的人文复兴将攻击矛头指向混乱的教派,新教就没有能力来维护自己的生存,甚至转而与种种新兴势力接触,[250]从而多方面地改变自己的宗教实质。① 当然,这还只是极其表面的、暂用的考察方式。仅凭抵抗不足以成事,新教做出了多种迎合现代世界的努力,所以在冲突中不致遭到失败,而能够与新事物,且是与坚强得多的事物相融合,就像天主教也曾经以自己的方式,在反宗教改革文化中和它的现代发展中所做到的那样。

我将首先从个别文化领域说明这一点,然后再来仔细讨论最重要的问题:新教中所构建的新宗教思想,与进步着的新世界所具有的宗教精神,有何种关联。② 有了以上讨论,我这样讨论就可以理解了。若要谈这个问题,就须卷入危险的一般性问题和现代宗教思想的种种有争议的问题之中。

居首位的乃是家庭这一所有文明都必须具备的基本要素。在

---

① 见罗特著《教会史讲演集卷二》(*Vorlesungen über Kirchengeschichte. herausgegeben von Weingarten*. Bd. 2. Heidelberg 1875)。

② 参狄尔泰(Dilthey)所作的许多极富启发性的研究,见《哲学史资料集》(*Archiv für Geschichte der Philosophie*)第 4(1891)、第 5(1892)、第 6 卷(1893)。

这方面,新教扬弃了对两性生活的那种僧侣式和教士式的看法,顺应了成长中的现代国家人口增长这一重要因素,为神职人员发明了一种新的身份地位[251]和一种家庭生活。它废除婚姻关系的圣礼性,在较大程度上将婚姻置于伦理性和个人性的关系之中,使离婚和再婚成为可能,从而为个体的自由流动开辟了道路。贞操这一理想完全脱离了宗教和伦理。婚姻和家庭毋宁说是友邻之爱的最高和最专门化的形式,是一切职业活动的胚芽,是上帝建立的最一般性的关系,参与其中乃是人人应尽之责。它与国家制度和财产所有制一起,成为自然法的体现形式,在其中实行着基督之爱。

除此而外,在家庭理想方面,新教虽接近于现代思想方式,但它与天主教的差别却比人们通常所认为的小一些。它始终恪守着使妇女和儿童完全处于从属地位的古代父权家长制,而且它的原罪论也与古代完全相同,这种原罪论使性生活承担着肉欲难逃罪罚的缺陷,使生育带着繁殖原罪的污点。在新教看来,婚姻实质上仍旧是针对有罪的性欲堕落的一种对策,是上帝所决定并为基督教的忠诚信徒所接受的一种职分和状态。相应于其理性精神,加尔文派则特别重视生育和教养子女这一目的。但正因为如此,也使得两性欢爱的情感生活虽未被根本取消,却只成了达到目的的一种手段。

不管怎样,新教中存在着一种与家庭理想和性道德的现代发展相对立的强烈立场。现代个人主义,教育的人道性和自由,妇女的独立,这些新教中都没有;由于取消了修道院,未婚妇女甚至受到比已婚妇女更多的压制。相形之下,在人文主义者和文艺复兴运动那里,妇女则有了一种精神上和社会的独立性,在再洗礼派、独立教会、贵格会和敬虔派那里,都有了妇女的宗教解放。在儿童教育上,卢梭和佩斯塔洛齐(Pestalozzi)刚刚开辟了新的道路。两性生活在情感方面[252]趋于优雅精致,性快乐完全解除了一切原罪思想,这样才带来了现代的艺术和诗歌,尤其带来了感伤主义的诗歌。这种诗艺只不过是宗教情感的世俗化在自然事物领域的转化而已。①

另一方面,新教中当然也存在其他一些问题,比如:人口过密的危险;现实经济情况常使家庭生活困难;社会关系易于造成独身现象;大城市人口密集产生种种两性问题;以及其他许许多多初期新教始料未及的问题。对于今天亟需回答的种种问题,初期新教当然无需给出答案。它推行早婚,将人们乐于生儿育女看作对天命信念的确证,将儿女成群看作上帝的赐福——这原是对事物的一种健全而且豪迈的看法,而且与犹太教和天主教的伦理道德相一致。但是,每个人都知道,这一类事情在现代生活中变得复杂得多。

另一个重要的基本要素是社会的法制生活。在这方面,新教也非没有起过作用。在刑法领域,它无疑继续推行古老的野蛮性公正传统,它主动通过官方,用原罪和代表上帝施罚的思想来为公正提供依据。官方以上帝的名义实施报复和惩罚——在与罪犯的关系中,官方的功能就是"上帝之剑"——这就是这种公正的特征。② 只要人们理解自然法,亦即[253]将它理解为在神意引导下的自然进程建立起的尘世权力,理解为镇压原罪的责任结构,那么,人们就能够将这种刑法看作自然法的结果,并且能用旧约圣经中的许多实例来予以证明。然而我们知道,巫术和魔法审判仍然存在。使刑法合

---

① [原注]参见我的《基督教会的社会学说》。关于中世纪晚期的家庭伦理和社会道德,可参阅寇勃纳(R. Kobner)所著《中世纪末年的婚姻观》("Die Eheanschauung des ausgehenden Mittelalters"),载《文化史资料集》卷九(*Archiv für Kulturgeschichte* IX, 1911)。关于宗教情感生活向感伤的性爱的转变,可参阅瓦尔德伯格(V. Waldberg)的许多极有趣的说明,见《法国感伤小说》(*Der empfindsame Roman in Frankreich*, 1906)。

② 基尔克(Gierke),《团体法》卷三(*Genossenschaftsrecht* III),713页以下和799页及以下。

于人道的要求和清除女巫审判的努力是启蒙运动带来的,后者只有少数神秘主义者和唯灵论者才会反对。

在民法领域,新教同样谈不上有什么原则性的革新之处。路德本人在基督登山宝训的影响下,对一切法的实质是否符合基督教精神一般持怀疑态度,仅将法理解为对当下罪性状态的实际情况的一种让步。不过他至少顺着他农民的性子,通过了一些[254]平白粗略的法律。法学家出身的加尔文则深明世事,从来不曾因基督登山宝训而对法律产生什么疑虑,相反,他认为一部制订得很好的法乃是建立良好社会秩序的主要手段,亦有助于实现基督教的目的。只是在这里,宗教改革才间接地找到了一种重要意义,同时也从自己出发为罗马法做出了贡献。当然,这更应该说是新教人文主义者所起的影响作用,而不是新教精神所起的影响作用,新教精神与罗马法毫不相干。

新教人文主义者们将自然法视作全部自然生活的基础,视作在上帝引导下由理性、由事物的自然进程引出的制度,并重新认定这种制度就是十诫。但与此同时,他们也对古代怀有人文主义式的敬重,并遵循罗马法学者们的教诲,将罗马法看作理性法和理性的自然书写,因此,这种法对他们说来就成了自然法的一种推导,甚至成为十诫的一种体现形式。梅兰希顿(Melanchthon)①就曾直截了当地认定罗马法等同于十诫,日内瓦神学家们也是如此;[255]他们主要关切的事情就是除了专门的神学学科外,还要由法国伟大的法学弟子们来开办法学学科。随后,在德国,各邦主权独立和实行专制的需要,以及加尔文教各邦的经济状况,都助长了这种人文主义神

---

① 梅兰希顿(Philipp Schwarzerd Melanchthon, 1497—1560):德国人文主义神学家。

学理论。有学问的职业法官阶层很乐于使用这些原则,以提高自身的声势和地位。当然,盎格鲁-撒克逊各国因为尚未接受罗马法,一切另当别论。①

如果说文化的整体变革会体现于法律意识的改变和实际生活中对法的新看法,那么,新教绝不是一种新的文化。它基本上维持着中世纪的状况,即使它在某些方面受到源于总体形势的种种变化的影响,那也只是一种习得适应,绝不是其精神的主动作为。相反,中世纪和现代世界都曾经产生过一种独特的法律体系和法律意识,而很明显地,16 和 17 世纪的多宗派新教并不包含任何新的和独特的文化原则。以自然法运动为开端的现代法律的发展并非新教精神的产物,在刑法和民法方面尤其如此。

当然,从另一方面看,新教在教会法领域的确带来了一些严肃认真的革新。路德并非只是焚毁了教会法,而是直截了当地以宗教改革的精神,来抵制统治和包围着整个世界的那个组织。[256]但是,即使在这一点上,情况也相当错综复杂。路德宗其实并未发明一种为新出现的宗教团体而准备的新型法律。实际的情况是,在经历了种种混乱后,路德派终于将教会法规搬了出来,删除其中专属天主教的部分,以求适应新教的实际情况。这样一种解决任务的办法,到了各个国家发生教派分化以后就已无法固守下去,但实际上却无原则、无立场地一直延续至今。

加尔文派以其集团的、古典的和教会会议的法律,自行建立了一个由它的精神创造出来的独立组织,并通过援引圣经中的神圣制度,使该组织有了一种很成功的稳固性。不过,这样的法律一方面

---

① [原注]参见我的《梅兰希顿与格哈德》(*Melanchthon und Joh. Gerhard*,1891);此外亦参见我的《基督教会的社会学说》。

还有赖于国家的教派统一和国家与教会双方利益不可消解的融合，另一方面，它希望排除圣经的人为理解，并以其神圣法（jus divinum）与原初的新教精神相对立。因此，自从启蒙运动和教派国家出现以后，这种教会法也衰落了。从外部来说，加尔文派大部分变成了自由教会，就内容而论，则在很大程度上放弃了神圣法。

两派都未能解决新教在组织上的重大问题，即协调个体宗教认信的良心内在性，与共同的崇拜仪式和管理上的团体要求。它们在这一点上与天主教完全类似，又回到对正统教会的强制性规范，从而也都重新采取了迫害异端的做法。确实可以说，由于居于新教中心位置的是信念而不是崇拜仪式，规范强制在这里反而变得比天主教更为严厉、普遍和教条化了。如果说现代新教在其总的趋势上转向一种与国家脱离的自由教会，如果说新教想要在教会内部为保持自由和精神力量的延展开辟余地，那么，这个目标并非源出于两个伟大的教派，而是一部分出自再洗礼派——后者部分导致了加尔文派转变为自由教会——一部分出自代表着精神自由性和直接性诉求的神秘主义属灵派。

但是，关于建立一种与新教宗教生活相适应的新组织的要求，直到现今才刚刚被认识和提出，而且解决起来有无穷无尽的困难。解决之难首先由于，我们为此处处都要同天主教教会法的残余作斗争，该教会法就其本身而论，乃是建基于强大的人的常性之上的。但是，如果新教确实如人们常说的那样，[257]非常明显是一种全新的精神和文化原则，它就该更有力、更果敢也更有成效地着手解决这样一个文化问题：划定宗教与世俗组织的界限，确立宗教组织与个人信仰自由之间的关系。

自然，随着教会法的这一改变，国家生活和公共法也都连带着改变了，事实上这个变化对于现代国家的发展具有更重大的意义。

但即使在这里,我们也须谨防易犯的言过其实的错误。世俗国家以及作为一种政治伦理的现代国家概念,并非新教所开创。但有一点是肯定的:是新教将国家从对僧侣集团的种种隶属关系中解放出来;是新教教导人们将国家的种种职务看作直接为上帝服务,而不是经由教会间接为上帝服务。这就意味着国家最终的,也是形式上和原则上的独立。

但这还不等于现代国家观念。新教将国家全然视为宗教性机构,其目的在于维护基督教团体和风俗准则。由于生活本来的目的就在于获救和宗教德行,有待于国家来承担的便只有维护外部纪律和民事正义,以及对臣民物质存在的实利性关注。因此国家只是承担着符合十诫的自然法的各项功能而已。除此之外,为教会效劳乃是国家的最高职务,为此,官方作为符合十诫的自然法的保护者、作为基督教团体的弟兄,在两方面都有义务尽责。基督教自然法对于两个教派的国家理论都适用,这种自然法早在中世纪就已将廊下派、亚里士多德和圣经的思想混合在一起了,而新教徒为了他们的符合圣经的国家概念,也曾小心谨慎地对其加以扩充。凡官方当做的事,须出自圣经本身的理解,须出自神所规定的职务,并须主动与精通圣经的阶层[258]即教士合作。

无论如何,这毕竟意味着国家观念在君权和绝对主权上面提高了一步,也是走向国家世俗化的一步,亦即开始承认一种天然适合于国家、无需由教会授予的伦理价值。马基雅维利(Machiavelli)和博丹(Bodin)①所发展的与基督教意识相对立的思想,在这里能够与新的国家概念相配合并由国家来加强。新教介入了国家的集权,并有力地促进了这一发展;尤其是,它给正在形成之中的国家官吏

---

① 博丹(Jean Bodin, 1530—1596):中世纪法国政治思想家和经济学家。

阶层披上了神仆的外衣,这种角色参与执行神的意旨,从而让新的集权化行政管理得到某种伦理上的增强。新教还直接促使国家为基督教团体做出精神和文化方面的贡献,从而给国家设立了极为广泛的文化目标,将教学授课、风习整顿、饮食监护和精神伦理发展都交托给国家照料。

但这仍然不是现代的世俗文化国家概念,因为这样的国家仍是作为精神权力的随从,并且出于基督教的责任而行事。然而,由此出发,到了文化从教会中解脱出来、文化功能由国家来维持之时,国家就成了现代的文化国家。普鲁士的监护式的开明专制制度乃是从新教的家长制成长起来的。而毫无疑问,新教家长制实际上多半存在于路德派的土壤上,路德派曾将教会的职能分派给了国家。加尔文派则曾将教会对精神事业和福利事业的任务,与国家的任务较明确地区分开来,而且在日内瓦就已将学院置于教会的监督之下。尽管如此,它也还是——至少在日内瓦理想盛行的地方——全面让国家直接而且充分地参与了提高精神—伦理和促进文化的进程。当然,一旦国家未能按照教会意图履行这类职责,加尔文派就会收回职权,改由教会执掌,只让国家承担守护安全和风纪的任务,从而为早期自由主义国家观念作了准备。今天在美国仍有一些教会代表着这种纯粹功利主义的国家观念,而荷兰神学家兼牧师奎珀(Kuyper)更由此直截了当地制定出一套改革宗的基本理论。

[259]在所有这些方面,新教仅只是发展了一些既有的因素。新教在国家形式和宪法方面的影响更强,但这一点基本上只与加尔文派相关。正是在这里,两个教派才有了根本的差别。在这里,一切都取决于教会所理解的自然法,正如当初在天主教体系中自然法也曾起决定作用。

路德派的自然法原本就是保守的,它全心信赖神意,将自然权力看作民事正义的守护者。他们援引旧约圣经证明这种理论:扫罗和大卫就是由上帝拣选的。上帝乃是这些法定权威的动因,[260]因此人们应当无条件服从上帝直接或间接安排的权力。由于有这样的观点,路德派在阶层国家(ständischer Staat)转变为专制疆域国家的过程中发挥了很大作用,他们乐意交出教会权力,因此极大增强了专制制度的权力。尽管如此,路德派仍然保持着阶层精神(ständischer Geist);另一方面,它固然期望将各等级均置于中心权力之下,但也承认特权阶层在其统治区域内的神圣地位,并承认它们有权要求下民顺从。

路德派对于专制制度的形成在政治上有助益,但除此之外,它实质上是保守的和政治上中立的。它对上打破了阶层权利,对下却持保守态度。施塔尔(Stahl)①的理论和普鲁士保守主义至今仍依稀可见,虽然我们也须记得,来自"上帝的恩典"在旧日的路德派那里,如同来自君主和来自帝国直辖市参议会一样有效,只不过是某种对自然过程的不带封建浪漫色彩的宗教性表述罢了。②

加尔文派政治精神的发展则完全不同。一般来说,它有关国家的自然法的基本理论也是保守的,只不过凡在有可能自由选择和组建新的政府机构时,它都会优先选择一位温和的贵族。考虑到加尔文宗源出于日内瓦共和国,考虑到其选民式的预定论思想,这一点

---

① 施塔尔(Friedrich Julius Stahl, 1802—1861):德国法哲学和国家哲学学者,曾提出普鲁士保守主义的国家学说,主张立宪君主制。

② 参见德鲁斯(P. Drews),《社会形势对教会生活的影响》("Einfluß der gesellschaftlichen Zustände auf das kirchliche Leben", Tübingen 1906);同一作者的《德国往日的福音教教士》("Der evangelische Geistliche in der deutschen Vergangenheit", Jena 1906),格哈特(Gebhardt):《试论农民式的信仰和风俗理论》(*Zur bäuerlichen Glaubens- und Sittenlehre*, Gotha 1895)。

就可以理解了。在反对天主教官方的斗争中,在与胡格诺派和尼德兰、苏格兰及英格兰当局的斗争中——后者不容许纯粹的神言启示——加尔文派却更为激进地发展了它的自然法。它成功地建立起有关反抗权利的准则:为了维护上帝之言,必须行使这一权利来对付那些不尊崇上帝的政府机构;后来这种权利的行使还落到了负有次要责任的次级地方当局头上。若后者还有缺点,加尔文宗甚至容许个人反抗,在特殊的情况下甚至允许像旧约中的雅亿(Jael)那样处死暴君。

[261]这样,加尔文派的自然法就带有一种向前进展的特性,一种对违逆神意的国家状况进行革新的倾向。但这种革新本身也显露出新教所特有的一种国家理想。这方面的革新来自新教长老会和教会会议所订立的实行代表制的教会法规,因此很自然地,对国家进行革新的理论便染上了这种制度的色彩,国家也必须建立起代表制,由那些从选举中提拔出来的最佳人才共同执政。在这种观念影响下,正如基尔克(Gierke)所特别指出的,加尔文派的自然法采纳了国家契约这一观念。而在这种自然法引导下,逻辑最终走向了按照契约来组织和选举政府机构,后者既然来自上帝,从宗教上就完全可以视为上帝的委托者:只要不违背上帝之言,它就有权要求人们的绝对服从。

加尔文派在旧约中寻找这种自然法理论的证据,在与路德派很不相同的方向上,加尔文宗的君主和国家秩序颇具特色地在以色列与神的盟约中到了依据——依此盟约,圣经列王及其国家秩序才有了基础。这便是covenants[诸约]。① [262]它仍然是一个实质上属于宗教和拣选的观念,大大有别于启蒙运动时期自然法中的纯粹理

① [译注]原文作英文,示意与德文 Bund 概念区分。

性主义和卢梭学说的民主主义。凡是这种理论所及之处,都导致了一种经由有限选举权而建立的精英统治。

对于加尔文教的精神来说,真正的民主制不论在何处都是陌生的,它只有在像新英格兰各州那样的地方才能够得到发展:那里缺少旧日欧洲的社会等级,各种政治机构都是从教会机构中成长出来的。但即使在那里,民主制也变成了极严厉的神权统治。只有受过洗礼,因着德行功绩而归属某一个教会的人,才享有被选举权,因此,被选出的执政者会表现出对严格的宗教—伦理教育的热衷。

因此,绝不可将现代政治世界的民主化单方面地、直接地归因于加尔文教,纯粹天赋权利式地摆脱了种种宗教考虑的理性主义,对于这个问题具有更重要的意义。不过,加尔文教在为民主精神作准备方面的确起过某种突出作用。①

现代政治生活的另一项基本观念,乃是人权和信仰自由的观念,亦即尊重个人生命和自由,依法分配财产,并尊重个人的宗教信仰和个人信念,这些在原则上一律不可侵犯。这些权利通过法国宪法,已写进了所有的现代宪法,[263]并借此与民主制和代议制的观念结合在一起了。

但是现在,对于理解这种人权十分重要、对于我们的论题也特别有意义的是:人权和民主这两者并不是同时发生的,在历史上是独立产生的。在一个承认和维护人权的国家政权下,即便没有民

① 关于这个问题可参阅基尔克,《阿尔图修斯》(*Althusius*, Breslau 1902);卡尔道恩斯(Cardauns),《路德宗和加尔文教中有关人民反抗权的理论》(*Lehre vom Widerstandsrecht des Volks im Luthertum und Calvinismus*, Bonn 1903);多伊尔(Doyle),《在美国的英国人》(*The English in America*, London 1887)。

主,人权也并非不可能;反过来,很可能在一个实行恐怖统治、狂热追求平等或者与教条相结合的民主国家里,却毫无信仰自由可言。光荣革命以后实行议会制的英吉利王国,有实际上的人权和信仰自由而无民主,而加尔文教的新英格兰各州或者卢梭的多数人的国家,则有民主而无信仰自由。两者原可以分开,只有在人们将民主的国家意志形态也视为一项不能转让的人权的时候,两者才会结合起来,但无论如何,这在逻辑上绝非必然。

同样地,盎格鲁-撒克逊和拉丁世界的社会规范的差别,也源自对自由和平等这一世所熟知的古老矛盾的不同理解。这方面的区别已由耶利涅克(Jellinek)①指出,尤其是,[264]这两个基本概念在法国宪法中被区分开来而且严格有别。但这样却产生了一个问题:人权观念究竟源起何处?耶利涅克对此问题进行探究,证明它来源于北美各州的宪法,[265]他还逐字引用了部分宪法内容。但他却从北美各州清教的宗教性原则推导出这一人权宣言:旧日英国式的自由不再能满足需求,应将人身自由以及宗教信仰自由,看作上帝和自然所赋予的一项权利,这种权利就其本质而论,任何国家权力都不应触犯。只因有此宗教基准,人权要求才是绝对的,从而才能够而且必须成为法律的原则性主张。也只有这样,它才得以在国家法中成为基本理论,并经由北美各州宪法进入法国宪法,再从总体上由法国宪法[266]进入几乎所有的现代宪法。

单纯实用性的英国式法律,功利主义和怀疑主义的宽容,以及种种书面上的抽象讨论,这些都不能满足也不能实现的东西,最终都由借着原则性的宗教信念而来的力量而得到了保障和实现。其所以可能,乃是由于时代的机缘使得这种宗教自由的要求在成为法

---

① 耶利涅克(Hermann Jellinek, 1823—1848):奥地利作家,政论家。

律条款时,也顺带着取得了民主宪法的种种保证;这些保证带着英美政治生活的特征,逐渐成为那些基本要求的充分保障,从而使政府将人权写入了根本性民主政治要求的清单。除此而外,在那些要求里面,还不难看出欧洲启蒙运动的影响。

如果以上所论正确的话,我们就不得不承认新教的一个重要作用,正是凭着这种作用,新教使一项现代国家的基本规律和基本理想成了一条法律原则。实际上,在耶利涅克的一般性说明中,就有一个很富启发性的正确洞见,只不过它尚待严密地界定,以期对我们的讨论有所助益。耶利涅克认为,清教应当是上述思想之父,也是上述法规的创立者。这里所说的"清教"不是指加尔文教,而是与旧日加尔文教中关于神的至上权力不可触犯这一观念融合在一起的,将施洗派——自由教会派和属灵派——的主观理念全都包括在内的一种教派,这种教派原本就已接近于某种理性主义。

虽然加尔文派在北美的各清教州已是民主性的,但它们对于信仰自由毫无感觉,直接将信仰自由视为不信神的怀疑论而坚决摒弃。只有在罗德岛州才有信仰自由,但这个州属于浸信会,因而被毗邻各州视为无政府主义的所在地而受到憎恶。该州的伟大组织者威廉斯(Roger Williams)直接转入了浸信会,但又最终退出此派,成了无教派的唯灵论者。北美的第二波信仰自由思想者,[267]贵格会的宾夕法尼亚州,也同样有着施洗派和唯灵论派的经历。此外,凡提出宽容和信仰自由这一要求的地方,大都是出于政治性和功利主义的动机,正如马萨诸塞州神权统治下的商人不会关心教派之争。所以,人权之父并不是原来的新教教会,而是为新教所憎恨并驱逐到新世界的分裂派和唯灵派。这一点,若理解了新教教会思想以及施洗派和唯灵派思想的内在结构,也就不难理解。①

　　但是,当我们多加考察这些宗派的个中情形,就能看见一个辽阔得多的图景。北美的施洗派和贵格会起源于英国革命中伟大的宗教运动,即教会独立运动(Independtismus)。但独立派教派本身却处处浸透着施洗派的种种影响——这些影响从旧日英国施洗派残余分子那里,从施洗派信徒在欧洲大陆的流亡地荷兰,又从逃亡到美洲的人们那里不断地传到英国。在这里,神秘主义的唯灵派也推进了消解教会建制、施行信仰自由的进程。在这里,这些宗教改革的继子经历了世界历史上最伟大的时刻。[268]施洗派的自由教会制,民主主义和共产主义观念,唯灵派的独立自主思想,敬虔和激进的加尔文教,旧加尔文宗的革命权利、人民主权和基督教国家等观念——这一切结合在了一起,其结果便是接连不断的政治巨变和对旧日英国式权力的诉求。

　　在这一大杂烩中,圣徒大军高高举起了建立基督教国家的大旗:这个国家应当容许各个独立的社团自由决定其敬神方式,尽管它也要通过严格的控制来实现基督教美德,并应运用国家权力来为基督教事务服务。克伦威尔的国家曾经明确表示要成为一个基督教国家,并曾在短时期内实现了上述理念,而且这一宏伟壮丽的形象虽然为期短暂,对世界历史的种种影响却非同一般。因为这一重

---

　　① 参见耶利涅克,《主体性公共权利制度》(*System der subjektiven öffentlichen Rechte*,1905),另见耶利涅克,《人权和公民权阐释》(*Die Erklärung der Menschen- und Bürgerrechte*, Leipzig 1904),多伊尔,《在美国的英国人》(*The English in America*);培根(L. W. Bacon),《美洲基督教史》(*A History of American Christianity*, New York 1897)。《关于理性主义文献在选举时的意义的提示:试论人权史》("Zur Geschichte der Menschenrechte", *Hist. Zeitschrift* 103),以及黑格曼(Hagermann),《人权阐释种种》("Die Erklärungen der Menschenrechte", Eberings historische Studien,1910),但后者对宗教观念世界认识甚少。

大事件遗留下许多伟大的观念:教会与国家分离,容许各种不同的教会社团共存,对教会团体施行自由意愿原则,在有关世界观和宗教的一切事物上允许信念和意见的(虽是相对的)自由。

在这里,旧自由主义关于个人内心不应受到国家触犯的理论扎下了根,该理论将会扩及更多的外在事物。在这里,由于中世纪文化观念终结了,在国家和教会的强制文化的土壤上,生发出了现代不受教会束缚的个体性文化的端倪。

首先出现的是一种纯宗教性的思想。这种思想到后来才趋于世俗化,并在其上蔓生出种种理性主义的、怀疑主义的和功利主义的宽容观念。它在欧洲大陆上保持着一个纯粹理性主义—启蒙主义的基础,但它的根都在英国革命之中。[269]英国革命以其宗教性的冲击力为现代的自由开辟了道路。不过,这原本并不是新教的功劳,而是在复兴以后又与激进的加尔文派融合的施洗派和唯灵派的功劳。这两派也因此最终收到了一份迟来的补偿——对16世纪一切教派都感受过的苦痛的补偿。①

我们也很难将其他的政治现实回溯到新教。对于天主教—罗马—德意志帝国的出现,以及西方基督教国家成为均衡的势力,新教自然是起了几分促进作用,但以上进程早在新教之前就已开始。德国新教的地方性则与民族主义原则完全无关,前者为中央权力的巩固和集中化服务,后者则全然是现代各种相互对立的力量、群众的民主觉醒以及群众精神的浪漫主义观念的产物。

----

① [原注]关于此点可参阅魏因加顿(Weingarten),《英国的革命教会》(*Revolutionskirchen Englands*,1868),《英国民主观念史》(*History of English Democratic Ideas*,1898),以及我的《基督教会的社会学说》。鲁弗斯的不同意见(见他的书第15页)在某种程度上是有道理的,我从前过分因循魏因加顿的学说了。

然而,当我们转向经济生活和思想的发展时,新教的一个明显的影响就呈现在我们面前。拉维莱(Laveleye)曾经指出新教在经济发展中的奠基性作用,出于这样的观点,我们今天甚至时常探讨"天主教徒的贫弱"。[270]但事情远非那么简单,有许多错误意见流行。人们乐于称赞路德宗的职业伦理,并在其中看见基督教精神的源泉,正是这种精神带来了职业生活的繁荣。只不过人们持此见时忘了一点:认为每个劳动者都须对符合天理的社会目标有所贡献,这种职业理论早已流行于天主教世界。所不同的是,对路德来说,僧侣主义和禁欲主义的限制消失了,教会财产的世俗化增加了领主的财富,促使政府实行一种理性化的经济政策。

人们尤其忘了,按路德的意见,新教的职业观念与保守的等级社会有着密切的关联,人人都被固定在其等级之中,单纯依靠统治者来获得足够的生存和生计保障,此外还需极力容忍和承受尘世的种种不公正——这也正是传统天主教所规定的那种传统的生活方式,绝不激励现代经济生活的高速发展。与此完全一致,路德从农业和手工业的立场出发来确定政策,[271]并继续按教规理想禁止借贷谋利。的确,我们可以说,他在与金钱和信贷活动尤其是与大型贸易作斗争,其狂热简直像是一位中世纪诗人。当然,这在实践中不可能贯彻到底,他的后继者们的神学伦理学就已经大大淡化了他的那些论点。但是,路德式的虔诚从来不曾包含某种促使经济发展的因素,即便在德国经济颓弱的时候,路德也从未试图改变其宗教观念。

路德宗对经济的影响作用延及开去,仅仅只是使国家的权力增强,从而间接强化了重商主义,同时还培育出大批恭顺耐劳的劳动者。这些劳动者正好满足了贵族土地对劳动力的需求,尤其到了19世纪初叶,为排闼而来的工业化和资本主义发展提供了源源不断的劳力资源。德国新教居民地区事实上的经济发展，尽管很可能得到了来自路德伦理学的勤奋、刻苦和节俭等特性的支持，并受益于路德带来的个人主义以及对民众教育的关注，但这些经济发展除了宗教缘由而外，必定另有其他缘由。

相形之下，加尔文教在这类事情上留下了更多印记。如同在政治领域，加尔文宗在经济方面也对现代生活大有裨益。人们经常指出，加尔文及其后继者都废除了教规中关于获取利息以及地租征缴的种种禁令，在尊长协会（Vénérable Compagnie）的协助下，日内瓦开办银行，并引进了工业；[272]加尔文教各地区和殖民地都显示出工业化和资本主义发展的迹象。这些尚未穷尽事态，加尔文教对现代经济发展的根本意义远不止于此——这一现代经济后来发展成了伟大而普遍的资本主义制度。

加尔文教的这一重要意义最近已由马克斯·韦伯予以揭示。韦伯探究了今天经济史上重大的主要问题，亦即资本主义的实质和产生的问题，并追问这一制度在精神上、伦理上、世界观上的先决条件。若无某种起决定作用的精神基础，这样一种制度[273]不可能取得统治地位；或者如探究同一问题的松巴特所称，对于资本主义的大多数践行者尤其是先驱者来说，除了外在的起因、困境、动力之外，一定还存在某种奠基性的经济观念。

资本主义制度应与"资本主义精神"区别开来，没有后者，前者绝不会大行于世。这种精神带来的勤劳不倦完全对立于享乐、安逸和单纯谋求生计的自然本能。它使劳动和职业本身成为目的，使人成为劳动的奴隶，使得所有生活和行动处于一种合理而有计划的计算安排之下。它将所有手段结合在一起，利用每一分钟、使用每一种力量、利用科学技术和统筹计算安排一切，因此赋予生活一种透明的计算性和抽象的精确性。

[274]韦伯认为,这种精神并不是随着工业发明、科学探索和贸易盈利自动产生的。即便在中世纪晚期的货币经济和文艺复兴时期的资本主义中,即便在西班牙的海外殖民活动中,这种精神也都不曾发展过。而恰恰是在它不得不与一种与之对立的精神——即天主教培育的精神——作斗争和磨合的时期,它才得到了发展。韦伯因此推测,既然资本主义之花恰恰开放在加尔文教土壤上,那么加尔文教的宗教伦理精神也就具有某种特殊意义。

韦伯经深入研究以后指出,加尔文教所特有的那种禁欲苦行所抚育成长的倒不是资本主义本身,而是资本主义的先决条件——资本主义精神。这就预备了一种心灵状态:在这种心灵状态的土壤上,资本主义强有力的、在根本上违反自然法则的发展才有可能开始并扎下根来,并且这一力量可以向那些与加尔文教素不相识的社会广泛扩散。实际情况自然也不排除还有其他精神的影响,韦伯就曾提及犹太教;其后松巴特曾论断,犹太教和加尔文教的经济观点有着某种很相近的连带关系,并从人所熟知的加尔文教对犹太教伦理加以利用的事实来说明这一点。我认为,后一点虽然并非全无依据,[275]却没有看到两者之间的联系是有限且复杂的。

对于中产阶级市民—商业资本主义来说,加尔文教至今仍旧是真正的养父。通过劳动和职业实现自我,乃是现代人非自愿和不自觉的禁欲苦行,它脱胎于自觉的和有宗教基础的在世修行。这种工作精神和职业精神不是超越尘世向外延伸,而是在尘世中的。它不以此世为目的,亦即不留恋造物,而是培育一种无休止的、有步骤养成的勤劳:为劳动本身而劳动,是为了肉体的苦修;劳动的收益不是供享受和消费之用,而是用来扩大生产,用来不断地扩充新的资本。

预定论下的这种积极进取的伦理学,使神的选民将他得自神的力量全部发挥出来。而他也依据这一鉴别标志确信自己蒙选,随之而来的便是劳动日趋合理化和有计划。禁欲苦行破除了安逸享乐的欲求，[276]随之而来的便是劳动凌驾于人的至上地位。这种劳动绝非以收获为最终目的，而是为了促进公共福利，一切超过维持生活最低标准的收益，都被用作扩大生产和加工。这样，劳动在原则上就不受任何限制而变得没有止境。

基于这样的经济态度，胡格诺派的、荷兰的、英国的和美国的早期资本主义相继出现，直到今天在美国和苏格兰，以及在英国的非国教信徒那里，高度发达的资本主义都还明显与此有关。那些在宗教—禁欲思想上与加尔文教近似的敬虔派集团，以及那些从共产主义转变到新教职业伦理上来的重洗派社团，也都经历过与此相似的发展。它们全都在摒绝公众生活的同时转向经济活动，并在拒绝以享受为目的的同时，把为生产而生产宣布为一项宗教准则。

在我看来，韦伯的证明完全成功，尽管人们或许可能希望更多地强调，这种改革宗的工作禁欲主义也须具体取决于西方国家的种种特殊的经济条件，尤其还须取决于国家和国家文化的强制宗教政策，正如从另一方面来看，德国经济衰落时期也正是路德宗努力发扬其传统立场的时候。在这里不需要深入探究，当今的资本主义制度系统[277]怎样具体地从加尔文教的资本主义精神逐渐发展起来，其产生和巩固还曾得力于哪些另外的力量。有一点是显然的：新教对于现代经济发展和资本主义作为时代印记的贡献，一般说来不应归功于整个新教，而应首先归功于加尔文派、敬虔派和其他分裂教派；而且这些教派的贡献也只是间接作出的，并非刻意为之。

资本主义在今天辉煌但也可怖的发展，已经完全脱离旧日的伦理土壤，成为一个与真正的加尔文教和新教直接对立的力量。它精于计算而丧失灵魂，专司剥削而毫无同情心，完全转向为谋利而谋利，为竞争而疯狂，残酷争夺，你死我活，一切只是为了满足商人阶层在世的统治权力。它不再为了增进神的尊荣而禁欲,反倒为了增进人的荣光而赢得权力;它与新教同具强烈的个人主义精神,却毫无旧日加尔文教的社会和宗教精神与之平衡——它们除了个人主义精神再也没有什么共同之处。

这也正是新教在世禁欲主义的命运,这种禁欲肯定尘世劳动和生活,却未对其赋予某种内在本质上的伦理价值,后来便再也无法甩开魔鬼。魔鬼便从这个既被肯定同时又被忽略的尘世生长出来,变得比尘世更高大。对于在世的禁欲者而言,尘世与天堂对立,尘世在其中成为较强的一方。于是,今天为资本主义生活秩序奠基的种种伦理学说,[278]经常落到某种对宗教持漠然态度的功利主义的手中。

但是对于新教本身的处境来说,要对资本主义采取伦理立场十分困难:宗教改革时期的经济—伦理理论都已无助于解决问题。即使在盎格鲁-撒克逊的加尔文教的土壤上,对待完全世俗化的资本主义也成为一个难题。确实,正是在资本主义发展最快的这些地方,首先开始了反对基督教社会主义的运动。

[原注]参见已提及的韦伯著作,但该书还包含其他许多对神学学者和文化史学者极有价值的内容。前面曾提到的几本拉赫法尔的著作都针对韦伯此书。韦伯曾对拉赫法尔回答:《对"资本主义精神"的反批评》第 XXX 页和《对"资本主义精神"的反批评后记》XXXI 页。拉赫法尔理解的资本主义基本上就是富人和急于致富的人。因此他不认为理解这一普遍的欲望有任何困难之处:无需利用任何精神,也用不着资本主义精神。他完全低估了宗教,也极低地评价了宗教对非宗教事物的影响。两者在他看来若不是显而易见地互不相干,充其量也只有宗教对后者的消极影响,亦即在放弃宗教隔离、实行宽容时,自由交换便得以可能。但拉赫法尔没有考虑到,问题在于宽容对谁有作用:在根本上,正是对加尔文教徒、各分裂教派和犹太教徒的宽容才是故事所在。

松巴特的进路与此相反,对于我们的论题也很有意义,见《犹太教徒和经济生活》(*Die Juden und das Wirtschaftsleben*, 1911),他将韦伯的方法用之于犹太教甚有神益。我认为,犹太教的实际意义被他估计得过高。他过多地强调商业和借贷的资本主义而非市民的、实业的资本主义,对于犹太人的宗教与经济伦理之间的关系理解得不够深刻。将清教和犹太教简单地视为与经济伦理等同肯定是错误的。其中的因果关系必须重新考察,因为其间的关联非常复杂,请参阅我的《基督教会的社会学说》。

关于新教经济伦理今天在美国的情况,请参阅饶申布什(Rauschenbusch),《基督教与社会危机》(*Christianity and the social crisis*, 1909)。

[280]讨论至此,业已涉及文化生活的一个更广阔的重要领域,即社会生活和社会分层。人人都知道,人口的巨大增长,现代式的经济、民主化以及军事—官僚庞然大国的形成,这一切造就了现代世界的重要特性。新教对此种种变化是否具有某种重要意义呢?

人们可能会很简单地回答说:并无直接的重要意义。新教在这方面所产生的影响,乃是通过消除种种旧有的思维限制,并在新的思潮里推波助澜。新教原本就不是什么社会性的,而是宗教性的活动,尽管它很自然地在这些社会斗争和政治斗争的进程中固定且塑造自己,但它未曾有意对社会进程主动施加影响。只有那些很小的重洗派集团曾经严肃认真地想要塑造新社会,但它们也正因此[281]而被当时的基督教统治者血腥地摧毁了,因为它们的自由教会制度破坏了社会应有的统一性。

反过来看,新教各大教派在对待社会学说方面都持保守态度,而且对于社会问题一般都几乎无所了解。就连日内瓦的"基督教社会主义"也只是在给定的社会范围内凭着习惯行事。此外,新教大体上总是在打破惯例以后,听任事物自行发展,这不同于中世纪教会,后者始终谨慎小心和有伸缩性地力图将事情纳入惯例的轨道。新教在其对于家庭和法、对于国家和经济的影响中,在其对新的独立国家、职业官僚和军事事务的塑造中,尤其加尔文教在其重大国际政策中肯定军事事务并以英雄主义精神践行之——这些无不体现了新教对正在形成的新社会的承认。但是,所有这些作用都只是间接性的。

[282]社会阶层最直接的变革是,废除了教团制和僧侣制及其一切社会和经济功能及影响:市民—新教教士借其大大提高的影响力,代替了等级森严的独身教士制。至于新教的性伦理对人口数字的增长起了多大影响,这一问题据我所知尚未有人进行研究。

此外,受教育阶层从人群中崛起——这是现代社会历史的一个重要特征——很可能也与新教有关。此乃新教对社会阶级变革更重要的影响。受教育阶层通过一种共同的知识水平、共同的学校教育和共同的教育语言,来消除由旧日阶级划分而产生的种种的差别,在共同的知识能力的基础上,一个新的群体得以建造[283]。而由于诸多理由,教育只对一个有限的圈子来说才有可能,这样一来,在受过教育者和未受过教育者之间,又出现了中世纪闻所未闻的鸿沟。事实上这些都与新教有联系。

一种纯信仰的宗教,其内核不在于充满想像力的崇拜仪式,而在于思想信仰;它必定会使知识和教育成为一种人类普遍关心的事务,并在这一普遍事务中克服其他差别。从这个意义上来说,新教实际上与教会式样的人文主义结成了联盟,并出色地展开了教育宏图,它所施行的教育为各民族的精神带来了更多、更个性化的敏锐性。只不过这一切基本上只能触及受过教育的职业阶层,这些人原本就属于一般的社会阶层,而且当时的整个教育基本上并没有超出宗教课和识字课的水平。它以拉丁文为主,因而不是面向大众的,因此不能夸大其影响作用。

要将人类思想变得被启蒙、成熟，从而理解世界，必须通过知识的共同性来消除一切差别，通过知识将全民提高到参与整个文化的程度，这都是到启蒙运动才开始的工作。启蒙运动的特点正在于通过教育和教化，用知识上的共同性来取代宗教上的共同性。当然，这种启蒙运动后来继承了注重学校教育的特征，并将其继续用于造就新的受教育阶层。尤其是在德国，这一点与新教注重学术和知识发展的传统互相作用。但与此同时，在天主教地区，启蒙运动和教育仍仅限于自由文学和个体传承。①

另外还有一个相对独立的问题：新教的许多教派，重洗派和稍后的浸礼派、教友会派、卫理公会、[284]敬虔派以及现代的教派社团，对于提高中等和下等阶层的素质，对于向他们灌输民主理想和现代经济观点，对于协会和联合会制度的构建，对于整个社会流动性的提高，对于群众的地位上升，以及对于自由结社的养成，起了什么样的作用？教派原初的激进主义随着社团的扩大，随着后者受到国家的承认和容忍，而变化成了市民意识；它们在英国和美国对市民中产阶级的贡献无可置疑。在这个方面，教派组织在欧洲大陆今天也有很大的影响力。但是，要想弄明白这种影响力的规模和实质，却难以办到。在这里仅仅提出问题，而答案只能以最概括的形式给出。②

所以，新教对于社会阶层分化和阶级形成的影响力——如果确

---

① ［原注］参见魏蒂希（Wittich），《埃尔萨斯地区的德国和法国文化》（*Deutsche und französische Kultur im Elsaß*, Straßburg 1900）；书中关于天主教和新教文化有许多非常细致的评述。

② ［原注］有关的提示参见前述韦伯的著作和他的论文《北美的教会和教派》（*Kirchen und Sekten in Nordamerika*. Christl. Welt 1906）。

实存在这样的影响力的话——也主要是间接的和不自觉的。这很容易理解:这一社会运动究其本质就是一场宗教运动,而且基督教的情形总的来说也是如此。但就社会的原则性伦理观点和哲学观点,尤其就集体与个人、组织与自由的关系而论,情况就不一样了。在这个视角上,新教刚好契合社会学范畴,并且有了最根本的社会学影响。不管是带有指控的意味还是表示钦佩,人们都爱直截了当地将新教说成现代世界的个人主义之父。

　　不过即便在这里,事情也非常复杂。毫无疑问,新教具有强烈的宗教个人主义倾向,这种个人主义作为神秘主义和中世纪晚期平民宗教的延续形态,对于现代个人主义的出现曾有着非同寻常的意义。而且,罗马教会普世的组织权威遭到破坏,以及它在组织上的种种困难,也已经破坏了威权世界观的完整性。不过,单从个人与社群关系的角度看,新教远非个人主义和去权威化的;相反,新教的所有主要支派都惊人地保守。除了那些激进的再洗礼派,新教教派毫无平等观念,而且从未鼓吹过个体自由的社会。

　　如果说平等确实存在过,那么对于新教来说,也只是曾在乐园的原始状态中存在过而已。[285]在充满罪恶的尘世,无论如何都无平等可言。当然,在神面前人人平等,但那只是作为罪人和蒙恩者的平等,而且这种平等的感觉只限于基本的宗教情感之内。除此之外,在社会的自然进程中出现的不平等却是神所愿的,人们当以此为出发点相互侍奉,彼此信赖和帮助:这种不平等原本是基督教伦理学的出发点。自然形成的权威和权力也同样是神所愿的,它们是与罪恶的执拗任性和自私自利作斗争的重要手段。

　　革命精神受到严格禁止。仅仅在关系到神的尊荣时,对谬误和恶意进行抵抗才是正当的。加尔文教当然是从这里出发,才找到了通向抵抗权、革命权和人民主权的道路,最后终于找到了国家和社会构建的基本理性法则。尽管如此,加尔文教也只是对那些不信神和不道德的统治宣战,而对于重建起来的统治,则又许以最高的神圣保障。在加尔文教看来,尊重法律、维护秩序、服从组织,都是自由的先决条件。加尔文派土壤上生长出的民主,都是保守性的民主。

路德派则根本否定地看待抵抗的权利,将受苦和忍耐看作义务,并由此产生出对权威最为顺从的态度。个人主义——即个人的信念不可侵犯,个人有义务首先服从神而不是服从人——无论如何都是宗教性的。只是在那些再洗礼派圈子里,随着平等观念的出现,才产生了一种从个体利益出发重建社会的革命性冲动。但他们在方式上过分耽于乌托邦式的梦想,最终未能有深远结果。在英国革命的那些激进党派中,这种冲动转变成了种种世俗模式。另一方面,唯灵论神秘教派则激发了一种将历史和集体仅仅作为认知手段的无限的主体主义,但它一直只停留在一些宗教圈子里,只在少数地方,才通过将精神等同于理性的自然法,形成了一种个体主义的理性主义;这也主要出现在英国革命中。

个体的理性主义及个体利益构成的社会绝不是新教的创造,尽管有多种线索是从新教,亦即从加尔文教和唯灵派那里发展过来的。[286]这样的理性主义是启蒙运动和理性精神的产物,它产生于一切人在理性能力上的平等,产生于通过知识合目的地构造社会;从自由的知识来看,所有人都有能力取得一致意见。在这个意义上,拉丁民族和信天主教的各民族要比信新教的民族和日耳曼民族更多地领会到"社会"这一观念,并从原则上和方法上把这一观念付诸实现,这一点在此无需深究。当然,这两套思想观念后来混合起来,而且又从这一混合中产生出现代的、对片面的个体主义再度加以修正的种种社会学说。在这些理论中,新教界的良知个体化和人格个体化无疑在继续产生影响。但在这些理论中,宗教性的观念也都不再具有某种凌驾一切的重要性;实际上可以说,这些理论都已变得过分复杂,不可能由纯粹的意识形态决定了。①

我们由此被带向新教与科学的关系问题。人们在这一领域几乎要比在任何其他领域更习惯于将新教看作现代世界的开拓者。只不过在这里,一切也都需要精确地理解:所谓开拓工作究竟表现在哪儿。我们很难说[287]新教曾为学术、思考、出版自由这一现代观念开辟过道路,也很难说它至少曾对处于它的控制和监督之下的学术注入过新的动力,并将其导向新的发现。最为重要的只是:它推翻了原有的教会学术,并对教育机构至少在法律上予以世俗化,还将对科学的监察权移交给了国家机关——当然在国家监察机关中有神学家代表列席。由于国家对科学的评价和理解不必再如教派化时期那样唯教会的马首是瞻,所以,国家就有可能出于对自己利益的考虑,沿着独立的路线来推进科学的发展。

进而,新教还培养起某种历史批判精神,使天主教的教会传统和教会史受到严格的、持怀疑态度的检验。这使人们摆脱了流传的学说和武断的意见,学会了服从于种种自然—心理的方法,从而也使个体批判的精神得以建立。

最后,新教为了进行这种批判,还需要有辅助的方法;更具体地说,为了建立自己全新的反经院的圣经神学,还需要有学术力量。于是人文主义被接受下来,至少由此而萌发了从语文学上进行批判和不带成见地进行阐释的方法。而且,尽管新教强调意志和确信,但它无疑使宗教理智化了,并且总是在鼓励精确的思想和学术化的

---

① [原注]参见我的《基督教会的社会学说》及我的著作《政治伦理与基督教》(*Politische Ethik und Christentum*, 1903)。

研究。这样一来,它就带来了思想上的明晰和意识上的反省,而这一变化从宗教这一中心领域出发,又扩及其他种种方面。只不过,在出了其直接影响的作用域后,其进一步的间接影响则越来越多地被其严厉的、威权的超自然主义,也被其严格的传统主义式的和形式主义式的人文培养所阻碍。这一方面的事实是绝对不可忽视的。

只有新教才曾经将圣经完全地从传统之中,或者说从人的事工中解脱出来;[288]只有新教才曾经将正典彻底确定下来,并将其明确地与其他作品区别开来;新教在其圣经学中比天主教更早、更不顾一切地使用了无谬说;新教曾对人文主义在文体优雅、风格法则、诗艺以及形式逻辑和思维艺术等方面加以限制,并要求在一切其他的实证科学中,都要对古代经典有奴隶式的顺从,正如在神学中顺从圣经那神圣不可侵犯的权威一样。伟大的莱顿语文学学派曾经与新教有过种种紧张的关系。斯凯利杰(Scaliger)①的学说从没有赢得新教的服膺。格劳秀斯(Hugo Grotius)的思想源自伊拉斯谟——他的原则并不局限于新教。还有培根,他则完全是一位从文艺复兴的潜流汲取知识的学者。

另一方面,新教本身的学术不过是得到了人文主义充实的经院哲学。它觉得历史批判方法的实质,仍是绝对真理与恶魔的欺骗之间的论战;它的科学由古代和形形色色的珍闻轶事杂揉而成一种博古之学和百科大全;它的法学和国家学说不过是对古代天主教关于自然法及其与摩西法之关系的种种学说的一种改造——在新教看来,摩西的律法本与基督的律法完全等同。虽然加尔文宗在这方面也表现出相对较大和较广博的胸怀,但这有赖于欧陆西方的文化质

---

① 斯凯利杰(Joseph Justus Scaliger, 1540—1609):法国著名的语文学家,晚年在莱顿大学度过。

地以及法国和意大利文艺复兴的较强烈的影响。

就原则而论,新教学术与同时期的天主教实在并无相异之处,后者甚至更强烈地遵循文艺复兴传统,在学术上的许多方面还更为精细、更有成果一些。那个时代许多伟大的科学发现、新的数学和物理学,其实更多是从文艺复兴运动中直接产生出来的。就连那个时代的柏拉图主义,也能培养出与教会当局颇有龃龉的开普勒。反亚里士多德的新哲学的基本纲要,是天主教徒笛卡儿提出来的,政治学和社会学的新架构则与马基雅维利、博丹和霍布斯等人分不开,这些人全无半点教派精神。

新教在它自己的领土和学校内,首先是在(教派混杂的)低地各国,[289]以及在被教会斗争弄得精疲力竭的英国,缓慢地适应了新的科学。最终,从洛克和莱布尼茨开始,才将内在的宗教世界与这种新的科学相互连接配合。直到此时,一切才终于有了巨大改观。那些信仰新教的民族由此积累了科学上的优势,并从其自身出发,促进了法兰西精神的批判性发展。

但这也是一个绝不简单的过程,而是在初期新教极其激烈的论战之中产生出来的,且仅仅是由于在新教中出现了种种新的宗教成分才成为可能,且不提同时发生的宗教精神的衰退和对教派时代的厌倦。这一错综复杂的过程,在今天已经被简化成学术—批判精神和新教—宗教精神的简单等同,而后者在很多人看来是理所当然的——但它原初却是关于新教的整个概念的重新建构和改造!因此关于这一过程,我们只能在稍后描述新教原本发展历程时再来讨论。新教有关个人信念的宗教的个体主义,是与科学意识和思想自由连在一起的,但这一点也根本改变了新教。新教本来也适合作这样的改变。但是,这种改变已经是现代独立科学诞生以后的事。因此,科学并不是从新教中诞生出来的,而只是与新教相融合,并在这一融合的最初一瞬间，就将新教带进了直到今天仍未完结的纠结之中。

甚至，在这一混合之中产生的哲学也显露出新教的宗教成分。因此，在盎格鲁－撒克逊的与德国的科学和哲学发展的差别之中，颇可以感觉出各教派的差别。盎格鲁－撒克逊人在天性上并非更接近纯粹的经验主义者，[290]这一点在他们的文艺复兴的诗歌和柏拉图主义的神学中表现得很清楚。他们只是通过商业活动、政治活动和信奉加尔文教，才成了经验主义者，这三件事倒是有密切关联。

加尔文教以其对绝对的善和上帝理智概念的扬弃，把神的行为分解成彼此之间没有内在必然性和实体上统一性的个别意愿，从而在本质上趋向于强调个体的和经验性的事物，趋向于放弃追问绝对的因果概念和绝对的统一性概念，最终趋向于实践上的自由判断和功利主义。这种精神影响当然是盎格鲁－撒克逊的经验主义和实证主义倾向最重要的原因，这倾向至今仍与强烈的信教诚笃、道德上的自律以及敏锐的理智性息息相关，如同在加尔文教中所表现的那样。

另一方面，在德国形而上学的发展中，从莱布尼茨和康德直到费希特、谢林、黑格尔和费希纳，路德宗的基础明显可见，这种基础将思考引向事物的统一和相互关联，以及上帝概念的内在合理性和完整性，引向种种普遍性原则，引向理想性的思维角度，以及引向内心深处对于神圣临在的感受。的确，这种基础明白可见地产生着作用，一直影响到歌德和席勒的思想世界，而他们所接受的本来是非新教的新人文主义的思想——虽然在这里我们必须承认，这种影响使得他们的思想呈现出一种自相矛盾的结合，这种内在的紧张与相互融合凸显出内心生活最难理解的一面。

席勒在他的审美伦理学中，曾不无道理地主张坚持路德宗因信称义理论的核心思想。歌德曾力图将宗教的三种畏惧即敬畏苦难、敬畏罪感、敬畏拯救,以及将宗教的个性人格,给予一个与自然诗艺和理性的人文[291]伦理学相并立的地位。这些都足以证明德国形而上学是多么深地植根于路德宗,同时也足以证明,这种路德宗多么深地与现代世界衔接在一起。①

[292]这样,在探索新教的科学之后,我们还能问问新教对于现代艺术之形成有怎样的作用。新教初看起来无疑处在现代艺术的对立面。浪漫主义者和古典主义者曾经同样对加尔文教破坏圣像运动严加谴责,也同样觉得路德宗将艺术看作仅供休养、消遣、训诲、应酬和祭礼之用,而几乎完全不认为为艺术而艺术有什么价值。

天主教对于艺术的态度向来比较轻松一些,因为它的禁欲主义容许感性事物与超感性事物并存,而且它的仪式多着重于感觉和视觉,较少在于思辨;相形之下,新教的禁欲主义则处处将感性事物置于永生之下,新教的仪式也是一种传道和教导的仪式。由于天主教比新教容易顺应广义上的感性生活,天主教与文艺复兴时期艺术的融合,就比新教深刻和强烈得多。新教消除了圣经新约以外的种种传说和神迹,而培养出一种冷静客观的求实精神。加尔文教尤其如此,[293]在加尔文教看来,不论是荷兰的那种全然非清教式的绘画,还是弥尔顿文艺复兴式诗作中的那些诗意成分,或者尤其是那个甘愿与神秘主义唯灵派圈子接近的伦勃朗,全都不值得一顾。就连莎士比亚,尽管有着无可置疑的强烈宗教情调,也没有作为新教

---

① 参见詹姆士《宗教经验种种》(*Varieties of Religious Experience*)一书中对盎格鲁-撒克逊事务主义和反理性主义的特性的表述;亦参施密特(F. J. Schmidt),《资本主义与新教》(*Kapitalismus und Protestantismus*, Preuß. Jahrb. 1905);关于整个问题,参见我在《当代文化》(*Die Kultur der Gegenwart*)中的论述。

艺术被接受,原因即在于莎士比亚明显地表现出对清教徒的憎恨。

但是,事情也还有另外一面,特别是那些路德宗和神秘主义唯灵派圈子,就有着丰富的创造力。新教通过与圣像及天主教仪式决裂,完全改变了艺术的素材领域,并向艺术提出了新的要求。它给艺术注入了一种新的精神,这种精神最后必然要反对文艺复兴时期的那种庄重、公开、充满激情的艺术,转而探求亲切而充满人格的个体或者富有个性的伟大的对象。于是在北方文艺复兴的大潮中,它转向对生活现实主义的表达,转向精致地描绘内心世界。

更有甚者,首先是在路德宗内,从它核心的宗教教化中,产生出了对个人宗教信念和宗教思想的一种铺张的艺术表达,虽然只是通过最不感性的形式:通过宗教诗歌和音乐。最重要的是在伦勃朗那里,具体描绘的艺术与纯粹的光线效果之间形成对照,揭示了全新的内心生活,这与纯粹的文艺复兴运动、与天主教化了的文艺复兴运动完全对立。所以,诺伊曼(K. Neumann)①能够依据伦勃朗的方法,来拟定一个新的现代艺术原则。同样地,音乐家们也习惯于在巴赫身上看出现代艺术的某种集合点和出发点,对于这类创意,新教肯定起了不小的作用。在这里,[294]一种从历史中创造出来,同时又全然个人的宗教情感,找到了它最高的表达方式。

只有一件事,是完全初始的新教所不曾做也做不到的,这件事对于透彻理解初期新教与现代世界的关系意义重大。这件事就是:将艺术家的情感提升为某种世界观、形而上学和伦理学的原则。之所以做不到,是因为新教的禁欲主义及其绝对的形而上学二元论。新教对于在二元论的框架下把艺术理解为以自身为目的,对于艺术

---

① 诺伊曼(Johann Baltasar Neumann, 1687—1753):德国巴洛克艺术建筑大师。

作为一个独立的认识上帝和认识尘世的途径,对于把艺术作为对感官的提升和对世界和谐的欣赏,都不能容忍。这就是它排斥文艺复兴的原因。因此,现代艺术不论在何地都意味着新教禁欲主义的终结,它与新教在原则上绝然对立。在德国,第一位为艺术家的世界观和艺术化的生活方式摇旗呐喊的莱辛,不得不出面领导反对神学的斗争,而哈勒(Albrecht von Haller)①则不得不努力将他的生活旨趣划分为宗教和艺术两个部分。故此,古典主义和浪漫主义只要还葆有纯艺术的意图,就与新教完全格格不入,而且不可能与新教保持任何内在关系;故此,雪莱和拜伦被逐出了英国生活;故此,罗斯金(Ruskin)②和现代英国的美学评论意味着清教的终结。

初期新教在实质上所从属的那种西方的奥古斯丁式教义,现在让位于告别了初期新教的现代世界的精神力量。这个告别十分决绝。当然,在现代世界中,必要的拯救、彼岸性以及超感性事物等等观念也都必须再度出现,内在论和乐观主义都不会成为现代世界的最终状态。当然,现代世界也将再度给予艺术种种不同的解释,但是,用诗来称颂尘世的习惯将在世上永存,世界也永远不会再退回到新教的教义。[295]现代世界面临着重大、全新的任务:既然这一切都充满意义,艺术也必能在其中发展出新的动机,必能从中得到更丰富的力量、更优越的宗教精神。③

---

① 哈勒(Albrecht von Haller, 1708—1777):瑞士科学家、医生、诗人、作家。

② 罗斯金(John Ruskin, 1819—1900):英国美学评论家、散文家。

③ [原注]参见布克哈特(Jacob Burkhardt),《世界史的观察》(*Weltge-schichtliche Betrachtungen* 1905, S. 153f.);诺伊曼,《伦勃朗》(*Rembrandt*, 1905);沃夫隆(Wolfrum),《巴赫》(*J. S. Bach*, Musik, herausgeg. von R. Strauß, XIII u. XIV);魏迪希(Wittich),《德国和法国在阿尔萨斯的文化》(*Deutsche und französische Kultur im Elsaß*, Straßburg 1900 S. 76-81);戈斯坦(J. Goldstein),《审美的世界观》(*Ästhetische Weltanschauung*, Deutsche Rundschau 1906)。

五 新教与现代精神的宗教性

[297]新教在诸多领域的影响,首先是家庭和法的领域,然后是国家、经济和社会领域,最后是学术和艺术领域,我们之前都已探讨过了。在所有这些领域,我们的探究都得出了双重结论:新教确实决定性地促成了现代世界的出现,但新教对于上述任何一个领域都不是直接的创造者。新教只不过保护了这些领域的发展空间——对不同的领域采取了非常不同的方式——另外它还总是因教派和集团的不同循着不同的力量和方向。新教只是对这些领域加以扶持、巩固、着色,并调校了其发展过程。

另一方面,新教也以中世纪晚期的世界观对这些领域的发展产生了负面的影响。现代国家及其自由和宪章,其官吏制度和军事制度,现代经济和社会等级分化,现代学术和艺术的形成,这些特征在其发展过程中或多或少都先于新教并因此与新教无关,它们都是在15至17世纪特有的新观念和新势力的形成过程中,在中世纪晚期的城市制度和疆域国家的发展过程中扎下根来的。教派化时代真正的文化强国[298]乃是中央集权的法国,在法国,文艺复兴运动、天主教和现代政治结合在一起。新教仅仅在其疆域内清除了阻碍现代世界发展的路障,排除了尽管非常显赫但实质上阻止了现代世界的产生的天主教制度,为大众提供了大量新的、自由的、世俗性的观念,为良知和趋向进步的冲动打下了坚实的基础。

但是,就连在新教的地域范围内,现代世界的产生也经历了重重斗争和对抗:英国革命,美国独立,甚至德国的启蒙运动,都曾经是革命性的运动。然而无论如何,新教的那些革命和法国大革命很不相同,它们不需要完全打破连续性,也不需要彻底推翻宗教,因为新教文化运用由内向外的宗教变革,业已完成了原则上的革命,而这才是根本和实质性的。但说到底,加尔文教对政治和经济产生的重大影响都非其所愿。宗教上的宽容和信仰自由主要是唯灵派的,在自愿基础上形成的教会和独立的宗教机构,乃是重洗派和与之相近的加尔文主义的功劳。而对基督教及其文献从哲学和史学上加以理解,却应归功于人文主义神学。

但是,对于现代精神的产生,新教起过什么独立的、中心的、全然独特且直接的影响吗? 对这个问题,在经过上述探讨以后,至少有一个答案:如果确有这样的影响作用,那么,必定不能在较为边缘性的文化领域寻找,[299]它必定存在于新教的中心领域,即宗教性思维和宗教感觉本身。而对一切都加以仔细考虑以后,唯一自然而可能的结论是:它的确只存在于此。

新教首先是一种宗教性力量,其次才是狭义上的文化。因此不难理解,它所特有的变革作用主要存在于宗教领域。应当明白这样一个自明之理:宗教性的力量实际上只会从宗教性的动机中产生出来,反过来说,新生宗教事物的一切根本而直接的影响,只能在宗教领域中找到。如果护教者鼓不起任何真正的勇气来直面宗教观念,而仅仅因文化领域的影响力来赞美宗教,这种护教就毫无价值。或者它是一种无宗教的历史哲学,不愿相信宗教思想的自发原创性,而觉得只有看透面具之后的世俗力量尤其是政治和经济力量的作用,才算理解了宗教。但是,对于每个不带成见的观察者来说,实际情况恰如事情本来所是的那样:宗教来自宗教,宗教的影响力首先是宗教的。

　　宗教只有将文化生活卷入其中并加以规定,才会在生活中成为一种世俗的力量。但宗教不能和文化生活本身等同。宗教始终是调整的力量,而非创造的力量:宗教在文化领域所产生的可能是不合逻辑的、零零碎碎的、具有妥协特征的后果。宗教本身自成一体且不易更变。宗教调整文化,而不将自己变成文化,宗教能够适应文化,而不至丧失自身。[300]宗教与文化的关系永远是一种错综复杂的关系。中世纪宗教性极强的文化非常强烈地受到世俗情势的影响;另一方面,该文化在受到教会的精神影响,成为一种特定的教会文化时,也接受了绝对性的救世真理的全面改造,成了一种无所不包的等级森严的权力。新教放弃这样的权力后,与文化的关系必然变成一种松散得多的关系,而这种关系的重心必然在于其宗教精神;新教与文化的关系,无论是在组织上还是在观念上,都不是一种直接的关系。

　　我们所要探讨的既然是新教对于现代世界的意义,那么,一个真正的终极问题便是:新教的宗教性力量和基本教义,与现代精神的宗教成分存在着怎样的关联? 就是说,这种在一定程度上独立于现代各种文化的宗教成分,在多大程度上植根于新教本身并被后者所限定? 追问新教对于现代世界的出现的意义这一问题,与追问新教在现代文化中的成分这个问题并不重合。因为现代文化并不完全等同于在其中挣扎着的宗教成分。还有最后一个问题,即追问新教的宗教性与现存的宗教,与那种同现代文化密切共生但并不等同于现代文化的新教的关系。

　　既然涉及当代,也就涉及新教所造成的结果及其整个内部过程,问题于是便有了双重的含义。首先,可以有一种就事论事的含义,即那种与现今世界共生且具有内在关联的宗教生活,是否事实上带有原初新教的印记。但也可以有引申性的含义，即，如果说当代总是在寻求某种宗教上的集中和稳定，那么，为了反对事态的混乱不清和颠倒错乱，当代新教的集中化是不是精神世界所要求的、可能且必需的东西？第一种含义上的问题才归属于历史性的思考。第二种含义的问题虽然发源于历史性思考，但却超出历史思考之外，已经属于当代的伦理和宗教哲学命题了。

在这里只能尝试从第一种意义上来回答问题。但即使是在这个意义上，对问题的把握也异常困难。在这里，详尽探究的可能性终止了，代之而来的是根据上千种感觉而产生的印象，这种印象可能准确，但却永远无法真正加以证明。首先，要回答这个问题，必须有赖于某种宗教精神，该宗教精神必须确实存在，[301] 为现代世界所特有，而且能够对现代世界及其与新教的关系加以追问。而第一个也是最普遍的印象恰好会否认这一点。

在这里向我们呈现出来的究竟是怎样一幅图景呢？只要我们考虑一下现代世界的特点，哪怕仅仅是其政治、社会、经济和技术方面的种种特点，尤其是盎格鲁-撒克逊、加尔文教和加尔文教化的各民族的特点，我们就能轻而易举地发现，现代世界与弱化的新教正统观念相符。而相比之下，天主教正统则能一再通过例如禁书手段，对现代社会提出新的谴责，而且总是一再阻止妥协；虔诚的路德派也是如此。的确，加尔文教的那些以信神为本并由此而变得十分坚强的从业人员、专业人士和商人们，都同时为他们的生活保持着一种深厚的内心情感和慷慨的博爱胸怀，他们或许——单纯从数量上看——既是今日新教的主要群众，也是现代文化的外部产业、社会和政治力量的主要载体。

但另一方面,同样这个现代文化,并不需要那样的宗教基础[302]也依然能正常运作。在其底层代替宗教基础的,是一种功利主义—个人主义的世界观,这种世界观以各种利益的谐调一致为信念——仅仅这一点倒还令人回忆起宗教信仰——但人们宁愿把这种信念当作一种普遍的自然法,而非宗教信念。于是,当这一利益谐调的自然法后来被生存斗争的自然法取代后,同样的文化就建基于有关自然选择和适应环境的观念基础之上了,这种观念中乐观主义的发展理念,同样不过是宗教世界观的残余而已。此外,现代生活总是笼罩着沉郁:专断的命运笼罩着人,耗尽人的一切工作精力,不留一点时间供人思考。人们视这种命运为理所当然,对其理由与目的不作任何思索便接受了它,用一切办法调整自己,来谋求在这种命运下存活。

但另一方面,如果人们较深入地寻找现代世界的种种精神因素,比如现代世界的自然科学和技术,国家形态和社会形态之中所包涵的精神因素和思想原则,那么,人们仍会很自然地发现旧信仰的遥远变体或者全新的伦理—宗教思想。这类变体首先在唯心主义哲学和文学上显露出来,影响上都不仅以德国为限。其中可见宗教性感受的种种深刻的内在变形——在文学中则只有它们的一些可见的隐射和自喻——它们实际上是在隐晦莫测的广阔的民族灵魂中发生的。要探明其究竟,我们可以举出康德、费希特、卡莱尔(Carlyle)、①爱默生这些名字,人们还能将歌德成熟时期的哲学归入此列,那样的智慧一般可称为对现代人性的表达。这一运动的新教基础显然可见,自由观念和神恩观念转变成了自主的个性观念和植根于历史之中的集体精神,一切都建立在

---

① 卡莱尔(Thomas Carlyle, 1795—1881):英国散文家、史学家、哲学家。

某种内化于世界的一神论背景之上。这种宗教感受方式还以上千种不同的混合状态,转移到今日新教里去,致使两者几乎再也难以区别开来。

但是,同样明白无误的是,现代的宗教情感并没有被上述个体主义思想穷尽,而是在规律井然的自然统一性和包含人类历史的世界全体的概念之下,在对尘世的美学升华或者对生活的改变之中,[303]倾向于或泛神论地,或悲观主义地,或仅仅为了求新而革命性地寻求变化的思想情感。这样一来,我们就忽视了我们的文化与另一方面的关系,即与实践—政治—经济—技术的关系。毕竟,世上有着无数的折衷观念,趋于怀疑论和疲惫的倾向,全然模糊的探求和追问——它们不满足于当时的宗教生活,希求新的内容却又无法认真追寻。

这确实是一幅非常混乱的图景。如果纯粹就事论事,回答看来没有希望。尽管如此,我相信,只要人们一般地认定一些历史经验原理——没有宗教性的基础,没有形而上学和伦理学,就不可能有一种统一的、坚强的文化精神——那就还是能对我们的问题放胆作一个回答。

如果我们把目光集中在现代世界实际的宗教生活上,而不是集中在宗教生活已消亡的部分,就可以明白无误地看出:一方面,在纯粹的事实上,一种基本上实用的、在教义上保守但没有受到严格教义化的新教,成了现代世界的重要组成部分即盎格鲁-撒克逊的支柱;另一方面,德国那些与新教有着密切关联的唯心论则成了领导的力量。其余的一切宗教性的热情和空想毋宁说是一种逃离现代世界的企图,而不是一种内在的宗教性力量,它总是希望逃离具体和实际的事物。

因此人们也可以纯粹就事论事地说,现代世界的宗教实质上是由新教所决定的,而且新教最重大的历史意义即在于此。这里所说的新教,当然绝不是一个单一的新教,而是一种经历过深刻的内在转变,同时又分化为种种不同形式的新教:一方面是与民主制度和资本主义相互容纳的加尔文宗,另一方面则是被现代哲学思辨感染和改变了的路德宗,在这两个方面之间,还有不计其数的中间混合形态。现代世界的宗教统一根本无法想像,新教能够与分离形态的多样性相容。同样明白无误的是,这种宗教生活还没有找到与现代世界相适合的组织形式。但是,这种全新的、将初期新教完全撇在后面的组织形式已经开始发端,它们是在盎格鲁-撒克逊世界的土壤上创造出来的。这种组织形式虽不能够简单地从那照抄,但的确已在不停地向外扩展,来促成宗教共同体的转变和发展——既在其与国家的关系上,也在其内部。[304]这一趋势将会通过我们欧洲大陆的发展而不断得到增强。

弄清新教的这种发展,并突出这一发展所产生的问题,乃是教会史和教义史的任务,教会史和教义史就是要表述新教内在的、在宗教上和组织上的实际发展。当然,在表述中必须始终将这种发展与文学、哲学和社会的发展结合起来,或者至少应保持接触。正如反过来,在文学、哲学和社会方面,也必须提及现代发展中的种种宗教力量。但是很可惜,近代新教的教会史和教义史至今仍处在一种颇为固步自封的状态,未能明白提出确定的研究目标,未能清晰划分历史中各种交错纠结的线索,对历史中将要形成的新事物缺乏感觉,对新教发展中已出现的断裂未能提出看法。大多数时候仅仅只是沿袭着初期新教的那几条纲领,用一种驳杂的做文化笔记的方法,把历史弄得模糊不清。所以,这一研究领域其实尚未培植起来。直到最近人们才意识到,自己不仅需要了解古代教会和宗教改革时代,也还需要了解当代。①

　　尽管如此,某些基本要点已经凸现出来。自从洪德斯哈根(Hundeshagen)②以来,人们认识到了盎格鲁-撒克逊加尔文教发展的种种特点,认识到新教在这里完成了与现代生活的政治、经济基础的协调,此外,人们对美国和英国的现实情况也有越来越多的实际的观察。当我们的目光越出德国路德宗以外,这一事实及其意义就日益明显。人们也感觉到了那种生活方式对我们的现实状况的反哺,并时常运用在德国之外所形成的相类似的社会伦理学说和组织方法来应对,此乃现代宗教史和社会风气史最为重要的事实之一。[305]这一切何以能在历史上形成,已在前面作了概述。当然,我们还需要研究,经过如此转变并与现代生活相适应的加尔文教、浸礼会教派、卫理公会教派以及其他教派,都发挥了什么样的影响作用,只是现在尚无人着手于此。③

---

　　①　[原注]这方面最好的著作,是仅作简述的鲁弗斯著《教会史纲要》(*Grundlinien der Kirchengeschichte* 1910);在维恩莱斯(Wernles)的《神学导论》(*Einführung in die Theologie*)中也多有论及。亦或参阅《教会手册》(*Handbuch der Kirchengeschichte*, herausg. von Krüger IV);斯特凡(Stephan)著《近代》(*Die Neuzeit*);此外,斯特凡的研究著作《后起新教的现今状况》(*Die heutigen Auffassungen vom Neuprotestantismus* 1911),以及塞尔(Sell)精细的短篇记述《一部基督教宗教史的学术任务》(*Die wissenschaftliche Aufgabe einer Geschichte der christlichen Religion*, Preu. G. Jahrb. 1899);《十九世纪教会史中的一般趋势及宗教动力》(*Die allgemeinen Tendenzen und religiosen Triebkrafte in der Kirchengeschichte des 19. Jahrh.*),《神学与教会》(*Theologie und Kirche* 1906);《宗教改革以来的基督教和世界历史》(*Christentum und Weltgeschichte seit der Reformation* 1910)。

　　②　洪德斯哈根(Johann C. Hundeshagen, 1883—1934):德国蒂宾根大学教授。

　　③　[原注]参见洪德斯哈根,《教会法规史和教会政治论稿》(*Beiträge zur Kirchenverfassungsgeschichte und Kirchenpolitik*, 1864);另参见前述各书;亦参见舒尔泽-盖维尼茨(Schulz-Gavernita),《不列颠帝国主义和英格兰自由贸易》(*Britischer Imperialismus und englischer Freihandel* 1906),以及我的社会学说。

由此而完成的反哺,当然是一种多少限于表面的调整。那些在生活的技术和政治基础中蕴藏着的观念,在这里还没有被内在地接受和把握。只是在个别要点上,外来和内在的冲突才显露出来。另一方面,正是这种矛盾,却在另一重要发展中,即在处于德国唯心主义影响之下的新教发展中,被明显地感觉到了,并使内部的辩论成为必要。在这里,便形成了人们称之为独特的现代宗教性的内核。[306]这一发展也是教会史所不擅描述的。关于这个问题,哲学家狄尔泰正在为此提出一个研究的主导思想。同时也是一个尚待争辩的论点。①

为了说明问题,我要重新回到本文开头所提到的路德宗教观念的特点上。路德极力强调一点,即要保证人们不断奋力以求的那个古老的目的,即救恩的确定性,亦即通过救世主所启示并由救世主带来的神恩所能达到的、脱出原罪的拯救的确定性。这就是路德的主要关注,但这一主要关切并不是什么新东西,只不过是对曾经的关切的极端简化和热情改变的结果而已。路德所带来的新东西,乃是达到这一目的的新方法,这种方法摆脱了种种不可靠的人力参与之功,摆脱了外来的不可理解的种种威权,也摆脱了纯属外在的圣礼式灌输。这种方法绝对稳妥而牢实地把握住整个内在的人,使人能直接接触神性—灵性事件。

如果说,在天主教徒看来,外在威权和恩典的物质性似乎保证了救恩,路德则感到那种威权是不可靠的、外来的,因为这种外物性不可理解,也难以把握。他使用某种纯属个人的东西来应付个人的

---

① [原注]参见前引各论文,其所著莱辛传记,见《诗与经历》(*Dichtung und Erlebnis*),及其施莱尔马赫传记;另参见我就此论题而作的各项研究,亦参见贝尔格斯(Arnold Bergers)所著《路德》一书。

生活。那种方法就是信仰之法，就是 sola fides［唯靠信仰］，是通过将心灵完全贯注于上帝所得到的一种状态；这位上帝，我们已在基督身上看到并认识。

救恩的确切性要想稳妥可靠，就必须建基于某种神迹，但这种神迹若要是某种必定具有可靠性的神迹，就必须在个人生命的内在中心发生，并［307］且在其智性上清晰透明。宗教此时已从物质性的圣礼的神恩浇灌，从教士—教会威权的领域，转向了心理上明确肯定上帝和神恩思想的领域；进而，一切伦理—宗教作用都会从这一被肯定的中心思想之中，在心理上清晰透明地自动产生出来。感性—圣礼式的神迹已被排除，取而代之的是思想的神迹。由此，人就能够在其负罪和乏力之中，领会此类思想并满怀信心地肯定之。这样一来，教士制度和僧侣统治，浇灌宗教—伦理力量和感官质料的圣礼，还有避世的禁欲主义及其功绩，就一同衰落了。

［308］路德做了这一切，为的是使神恩变得完全稳妥可靠。在他看来，人若走事工及修道生活、遵行圣礼、服从教士威权这条路，神恩就愈发遥远、愈发陌生、愈发人为且有限，从而变得越来越不可靠。目标还是古老的目标，道路却是彻底全新的道路。随着这整套观念出现的是———一如时常发生的那样：这条走向古老目标的新道路，将会变得比目标本身更重要；从新的道路本身，将会自觉发展出一种新的目标和内容。

在平信徒那儿，当教派争吵使教条主义的压力变得难以承受，从而使教义变得根本可疑时，信仰的重点就偏离了所有三位一体论、基督论及与此紧密结合的救恩论和称义学说，而转向个人的主观信念，转向根据情绪和感觉来体验负罪的焦虑和内心的宁静。这样一来，视野就毫无限制，可以投向种种信仰思想的纯属主观的内在依据，进而可以投向各式各样的、不与任何正统教义相结合的信仰形态。

圣经本是无谬的信仰准则，如今却变成了一种流动的精神实体和力量，变成了种种心理的宗教力量的历史见证；人们诉诸路德式的生动的圣经理解，使得圣经作为律法的同时也能适用于信仰。人们重新接近那些起初就注定造成这一后果的唯灵论者，但这些唯灵论者却已从所有地方被排除出局，只能固守其神秘主义传统，在一种无创造力的个人主义中作茧自缚。

现在，新教正在吸收代表着主观性、个体主义、在教义上未受权威制约的情感的宗教人士和认信者，这一结合让整个新教从此显得像是没有教义强制的、良知和信念的宗教。[309]它具备自由的、独立于国家的教会形式，以及一种对一切理性思考皆保持独立且基于内在感受的确定性。莱辛唤路德为"被极大误读的人"，以图对这种纯正的新教加以保护，而正如狄尔泰所说，莱辛对于无数追随者说来就是一种典型：用这样的阐释来使新的大教会与那些小教派关于内在之光（inneres Licht）的老教义结合起来；而且，莱辛的学说确实也说出了新教的一个重要原则，只不过，对莱辛而言，路德的（内在的）道路比（教会的）目标更为重要。

事实上，这一发展的后果还要更为深远一些。对于路德来说，上帝的存在、罪恶的后果以及地狱都是不证自明的。他认为相关的问题是神恩和拯救对自我的作用，即个体对神的信赖（fiducia specialis）问题。对于现代世界来说，[310]由于有了新的自然科学世界观和新的反人神同形论的形而上学，上帝的存在成了问题；而反过来不证自明的则是，人只要对上帝的那种存在毫不怀疑，一般就已经获得了生活的意义和目的以及拯救和神恩。

但是这么一来，路德所发现的新道路的普遍原则，就变得比其教义的特殊细节重要得多。他的新道路本身就已包含了对神性事物一般地加以确定那一原有目标,这是一条从有限性进入无限性和超越性的道路。有了这条道路,也就有了目标。一个人走上了这条道路,其余的一切也就自动地归与他了。

自此,全部重量都落在了情感的信仰确定性之上,落在了内心的变化和动态之上,更一般地落在了关于上帝的思想的内在必然性之上,落在了纯属个人的、关于自身真实存在的确信感的取得之上。这么一来,只要赢得这一要点,一切其他的事就都可以听凭他和他潜在的智慧去应付了。这样,新教就成了在自身的感觉、体验、思想和意愿之中寻求上帝的宗教,成了通过把一切个人信念集中于一点而得到的最高知识的保证,也成了对此外的一切无解疑问的安心搁置——初期新教的教义学则喜欢大谈特谈这些疑问。

在这一点上我们又要提到莱辛,在其关于探求新真理优于掌握既有真理的著名言论中,他曾很独特地刻画了现代宗教的特点。他从新教中抽引出核心线头,现代世界仍在忙于绕着这个线头织造织体。[311]在自身良心的痛苦和怀疑的痛苦之中进行个体探索,在种种历史启示之中把握住上帝伸出的援手,以期不断地从个人的负责和决断之中获得最终的信念,并且冷静地面对在这条道路上仍未得到解答的全部秘密——这些已刻画出现代宗教的特点。

这一认识与一个信念有关,即,使生活能够继续下去的不是软弱无力的怀疑,而是刚毅勇健的信仰;这也是一个路德教的教义。这样,我们所借以触及上帝并对他形成人格理解的信仰的行为本身(fides qua creditur),就被置于信仰的内容之上(fides quae creditur)——因为后者希望认识一些不可认识的知识,并将生命与理性知识太紧密地联系在一起。信仰本身在所有地方都高于信仰的知识,后者如此[312]虚弱无力和多愁善感,只有在经过新教信仰的重铸之后,才能得到挽救。

最后还有一点值得注意。经历了这许多变化的新教,与科学形成了一种新的关系。我在前面谈到过的重要而又错综复杂的历史过程,个人的信念宗教与科学上求真和批判的内在融合,还有新教作为一种与科学和哲学相结合的教养宗教的建立,都可以从上述种种发展之中得到说明。

如果说从这时起,新教感到自己已成为一种在宗教上,同时又在科学和哲学上求真的原则,那么,这不仅仅是弱势的教会宗教通过外来力量加强自己的过程,也不仅仅是新教的自我遗忘和自我欺骗而已。当然,路德在这一点上一无所知,而且他也不愿有所知,他避开一切关于宗教真理的思辨,而在其他方面运用他健全的常识。

但是,当新教的发展达到一个阶段,以至于个人信念的道路变得比超自然拯救的目标更为重要之时,宗教信念就再也不能够对科学上的信念保持中立了,前者不得不带有后者的经验特性,而后者也必须带有前者神圣的宗教义务性。正如这一阶段的新教又会把自己曾经粗暴地赶走的孩子——施洗派和神秘派的狂热,重新拉回身边那样,它现在也同样重新将它的第二个曾经的敌人和同志——人文主义派和语文学—哲学派神学,拉到自己身边,向之敞开交通和联姻的大门。

有一种强调历史批判性观念和情感作用的新教,这一新教创始人和先驱者塞姆勒(Semler)像宣布一种自明真理似的说道:新神学所已取得的一切,在伟大和值得佩服的伊拉斯莫那里就已经有了。启蒙运动时期的教义学[313]已变得与苏西尼主义和阿米念主义难以区别。康德、费希特和黑格尔可能以为他们从哲学上表达了宗教改革的基本观念,而歌德则可能想要在纪念宗教改革之际追随路德,对一切晦暗的僧侣团体提出抗议。当然,这些看法都在摧毁科学宗教与基督教的关联;[314]但是,在现代世界的那些宗教圈子里——我们现在只聊这些圈子——宗教精神与科学精神的结合却是从新教的历程中生长出来的东西。

这一融合可能已经给今天的人类引来了极端困难的问题，而对于许多哀叹当代宗教的分崩离析和萎靡不振的人而言，难题的解决办法显得十分遥远：人们迫切需要在宗教主观性之中寻求客观的确定性。宗教特性和科学特性的这种混合，从许多方面来说都非常可疑。如果单纯从实际因果关系的角度看，新教在现代宗教感情的挣扎与痛苦的转化过程中，扮演了最基础的角色。

总的看来，人们将有理由说：在历史上确有依据但在教义上未曾确定的那种属于新教个体的信念和良知的宗教，乃是与现代个人主义同质并与之相互适应的宗教感情，尽管后者与前者在产生之初并无太大关联。当然，在社会中，当这两者被体认为同一个东西并加以贯彻时，社会就会被卷入因此而产生出来的种种问题，而对于这些问题，答案尚不明了。

当然，有人可能会反驳说，我们对现代世界的宗教判断与事实不符，而只是一种更强健和更正确的发展方向；或者人们可能说，事实是怎样的根本无关紧要，因为这无关多数和表决。我们只要关心价值判断——这些价值可以带来深刻和内在的力量，并由此将这种力量注入造就事实的行动意志之中。

可能是那样吧。但是这么一来，问题就超出本文所探讨的范围了。本文只是要探讨新教与现代世界之间的关系，如果其间确实存在着关系的话。这一探讨不论对于现代文化还是对于新教，都不打算基于任何价值判断。本文仅探讨新教［315］对于包括宗教因素在内的现代文化之出现的实际意义，而不是它对现代文化的存在、看法或进展的规范。我此刻也不可能在结论中补上这类判断，那是远离本题的事，且与这次会议无关。

我只想突出如下问题——在我看来该问题也算是从我们的探讨中直接产生的——现代文化总是以自由思想和个性思想的巨大扩张性和强烈性为其特征,而我们则能在现代文化中看见自由思想和个性思想的最佳内涵。这种思想乃是在种种客观情况的配合下,在一切生活领域的影响中自发地发展而成的,它所得自新教的,只是一种非常强有力但就其本身而论却是独立的宗教形而上学基础。

问题是,种种客观情况及这些客观情况所带来的自由思想的肥沃土壤,是否会长久地持续下去。几乎不会。我们的经济一直在向[316]新的奴役形态发展,而我们的军事和行政国家,尽管有议会,却并非完全有利于自由精神。我们的落入专家之手的科学,我们的由于热烈演练一切观点而精疲力尽的哲学,以及我们培育了过多敏感性的艺术,是否皆有益处,我们大可怀疑。在正在到来的、自由将受到极大压力和打压的时代,仍然能够存留的,将是那些曾经贡献出大部分力量给予整个结构的那种东西,即自由和个人认信的宗教形而上学:它能够将自由建立在不会败坏人性的根基之上,建立在上帝能使我们获得自由和个性这一信仰之上。这就是:新教信仰。

因此,我可以——至少依据我个人对现实形势的理解,我可以——用下述结论来结束:让我们谨守宗教—形而上学的自由原则吧,不然,自由和个性很可能转瞬间坍塌,即便我们张扬地为这二者及其进步感到自豪。

历史主义及其克服

英文版前言

许格尔　撰

[205]我获得殊荣得以在此稍赘数语,略述下列专为英国而作的五篇讲演的缘起、目的和特点。这些讲演乃是我诚挚敬爱的好友特洛尔奇教授的最后遗著,他已于今年2月1日不幸逝世。

从1896至1914年,我一直在仔细研读特洛尔奇博士的主要著作。1901年4月间,我在海德堡大学第一次,也是最后一次与他见面,相聚有一周之久。此后我们互相通信,无所保留地讨论种种宗教哲学问题,直到1912年年底。其后通信暂停,但我们的友谊不变,可惜不久以后因世界大战,我们被迫沉默下来。再后来,1920年12月,特洛尔奇教授成了我重新取得联系的第一位德国人。我们彼此十分倾慕,完全自发地坦诚相交,一如既往。今年1月底,我初次研读不久前的下列讲演时,见到有几处,特别有两处,是在1914年以后更为尖锐地提出的更新看法,令我不胜惊异,迫使我再度彻底思考这些论点。

[206]由于要把这几篇讲演译成英文,我不得不对德文文本逐字斟酌以求精确。不论德文本还是英文本,我都这样读过至少六次。

早在1920年春季,特洛尔奇博士应伦敦大学当局邀请,为该校高年级神学生作三次讲演——讲题由他自己选定。正因如此,"伦理学与历史哲学"成了特别值得重视的一个题选,因为他借此将他在另外场合下尚未写完的《历史主义》第二卷的主要结论,在讲演中先行提了出来。由此,对于《历史主义》一卷(1922年底出版)中许多层次广泛的前期研究所取得的还只是假定的结论,我们便获得了确切的认知。英语初译文本由另外四位译者提供,但极让人费解,伦敦大学英王学院院长巴克(Ernest Barker)博士精心修改了这些译文,为本译本的完成提供了一个重要的中间环节。

特洛尔奇博士原要在伦敦、牛津、爱丁堡,最后再回到伦敦作讲演的。为此,他写作了另外两篇讲演稿,其一是应韦普(Clement C. J. Webb)教授之邀为牛津大学所作的讲演,题为"基督教在世界诸宗教中的地位"——该讲题是韦普博士选定的。另一篇论述"政治、爱国主义和宗教",要对"伦敦宗教研究学会"宣读——该学会理事会提议他讲"爱国主义与宗教",但经他要求扩充为现题,这当然显示出这一命题的独特之处。在爱丁堡声望仅次于大学的新学院,他选定了论述基督教的讲演;麦金托什(H. R. Mackintosh)教授作为接待特洛尔奇博士的东道主,为此盛举尽心竭力,使一切臻于完善。

论"基督教在世界宗教中的地位"的这篇讲演,针对非基督的世界诸宗教,吐露出一种很可喜的、超出一切自由思想论调(Freigeisterei)之上的人性气息和动人的博学气息,并透露出一种声音。这声音令人想起德国文艺复兴时期伟大的红衣主教库萨的尼古拉(Nicolaus v. Kues)——他曾建议基督教与伊兰斯教结成联盟,应对人们对宗教的冷淡和怀疑。但是特别在这里,特洛尔奇博士强调个体性概念到了无以复加的地步:

[207]历史中的神性理性……绝不以一致性和共通性为目标。……甚至可以说,科学和逻辑的适用性,在不同的天空下

和不同的土壤上，直到最深和最内在的根基里，都存在着强烈
的个体差异。

与罗曼—日耳曼民族的基督教相比较，东方基督教完全是
另一种基督教。的确可以说，俄罗斯的基督教乃是一个独立的
世界。……基督教的发展无可估量。……一种真理，即便主要
是对我们而言的真理，也的确是真理和生命。

早在 1907 年，特洛尔奇就在《国家与教会的分离》中断言，真理
永远是复数，从来都不是单数。实际上，真理并不是在各种不同的
程度上，而是以各种不同的形式和方式显现出来。这真是一种很有
趣的挑战性理论，虽然它并未满足人皆有之的那种对于普世适用的
真理的饥渴，甚至不能充分解释此种饥渴的事实。

《伦理学与历史哲学》这一题目下有三篇讲演，以极细致和极
多方面的深入探讨，极好而又极深刻陈述了良知道德和文化价值伦
理学之间的种种深刻区分，以及二者之间互相寻求、互相补充之点。
我认为，在任何别的地方都不存在其光辉和内容足以与这许多宏论
相提并论的东西，就连在黑格尔那里也不存在。黑格尔关于这些论
点固然说过一些妙语，但他很快又跌回他那些粗暴的一元论，这种
一元论对于特洛尔奇来说是完全陌生的。

这一切尤其在伦理学讲演的头两讲中得到了表达。第三讲则
以成果颇丰的论证，阐述了人类形形色色的重要社团中人格化的性
质（die personenhafte Natur），并同样成功地坚持这样一个高度重要
的事实：人人都同时在多个这样的社团间——家庭、等级、职业、宗
教社团、国家——生活着，并且在每一种结合体中都确实遵循该结
合体所特有的内在法则。但在第三讲中，这类卓识在宗教问题上意
味深长地有所保留，因为特洛尔奇博士对于宗教上一切制度性的、

明显可见的、传统性的事物,比早先更甚地流露出一种经常性的警惕,认为它们是某种业已僵化或者必然会使人僵化的东西——它们如今实际上只是为那些意志薄弱、行动要靠拐杖的人们,并且通过这种人才继续存在的某种东西。而且,宗教的社会层面由于其"孤注一掷"(salto mortale)的信条,更由于其日趋剧烈的个人主义,所受到的限制更加可观了——那种个人主义原本就丝毫不懂怎样对待首要在于培育共同性的宗教建制。

[208]早在1901年4月,特洛尔奇博士就使我获悉,"孤注一掷"乃是他的思维特性。我注意到,在他看来,耶稣的生平和教导固然可以完全算作神的启示,但是他认为,正如保罗书信的威言明述,教会和圣礼却与耶稣的精神相异,简直必须视为与之相违背。但是,这些看法还完全不曾涉及宗教史的必然性原则,而他在1911年那场对我而言堪称经典的讲演"耶稣的历史性对于信仰的重要性"中,则直接强调了宗教中某种全然属于历史因素的、无可替代的价值及其所特具的影响作用。

引述如下其实令我感到不快的观点,是为了解释这位伟人的思想和表述的落差张力。这种落差在其海德堡大学的年代中曾让我失望,但在其柏林大学的为时不长的最后岁月,对他这一时期的许多亲密友人来说,这种落差却显得愈发有趣。迈涅克(Friedrich Meinecke)曾在其十分美妙的论文《特洛尔奇与历史主义问题》(*Ernst Troeltsch und das Problem des Historismus*, Deutsche Nation, März 1923)中,非常精确地描述了我在这里的关注点:

> 他的朋友们……因他逝世而失去了生活中一道最强烈的光源。他们在互相交换对他的印象时必定会承认,他的实证的主导思想和目标同他精辟的历史观察的对象之间的关系会被

误解；虽然他最终能毫无歧义地发展出自己的意愿和思想，但他有力的言语却常常莫名其妙地失灵。

的确如此。而他又如何能够不是如此呢——如果他总是让他的个体性观念、孤注一掷观念以及类似种种天马行空地流露出来？

其实，他在绪论中就已付出许多无法形容的辛劳：每当涉及他认为唯一值得付出全部艰辛的事，即阐述信仰转变和信仰生活之辨时，他就已在抗议它们间纯然一跃（überspringung）的关系了。

本集中最后一篇讲演《政治、爱国主义、宗教》，虽然在专业的政治活动家那里很可能完全遭到忽视，但却受到英国听众的热烈欢迎，尤其是因为他那既有识又有胆、处处都与我们每个人相关的重要的概念区分。［209］我认为，未来属于这种概念区分，正如现时对于这类工作大都绝对甚至专横地加以拒斥。毕竟在这个世界上，各种各样的专家许多世纪以来一直在嘲笑的事情，有很多如今都成了明显的事实。准确地说，抱怀疑态度的人们毕竟——即使仅从可能的结果来衡量——根本是跟着有信仰的人站队的。

可以肯定，这位突然从我们中间被带走的人，或在此岸或在彼岸，都是一位怀有信仰的人，虽在极度苦痛的大风浪、失望和孤立之中，仍始终不渝地持守信仰。从 1901 年 4 月到 1923 年 1 月，特洛尔奇在写给我的信函中从不矫揉造作，也从不陈词滥调地表达他的信仰，不管是在经历过极度受压抑的苦痛之后，还是在一切焕然生辉的欢乐之中。他的信仰一如基督徒对全能永生神的信仰，不可动摇，位于他内心最深处，带来使人坚强的力量。此种信仰毫未暗澹，鲜明如在童年，并且有着在成人精神和成人意愿中更为加深和延展的救主基督的形像。对他说来，基督自始至终都是他的最终力量，这位基督作为神，却化身为了最卑微的人形。

　　这两个确定不移的信念是特洛尔奇的分析和理论的基础,而它们产生于一个别样的世界,产生于那许多早在他诞生之时就已经围绕着他,并在他父母身上存在着的积极的精神价值和力量之中。特洛尔奇曾在《基督教会的社会学说》(*Soziallehren*, 1912)一书中,很精彩地谈到幼年受洗比年长受洗具有较大的思想丰富性,因为幼年受洗确实早在我们能够完全有意识地自行教育之前,通过许多成熟了的信教者的实例,使我们印象深刻地明白我们应当成为怎样的人。而在我看来,这位伟大人物特别令人印象深刻的,是传统在他身上的强大真实性。这一传统如今永远地存在于他的著作之中,也会被人真心诚意地接受。

　　但愿以下各篇讲演的读者同样不忽视他的生活和信念的这些根基。这些根基,承他慨允己心,来自他那纯净丰饶灵魂的最深处。那么,就让这些本身业已意义丰富的、承载着并透射出他的精神个性最后的深度和广度的讲稿发光吧。对于这个人而言,一切人所共有甚至细枝末节的自我吹嘘,一切哪怕只是略露端倪的自大自负,永远都是全然陌生的。而我们,他的忠实友人,则将因这位伟人得以继续发光而深得安慰。[210]因为对于我们而言,他过去、现在、将来都无比重要。

1923 年 8 月

一 伦理学与历史哲学

1 人格和良知的道德

[68]诸位给予我极高荣誉,让我到著名的贵校校园来作三次讲演,我以自豪和感激的心情接受了这一邀请。为了最好地表达我的心情,我选了一个能体现我目前思想工作核心的题目,并奢望得到诸位在实践和理论上的友好批评。

这一中心主题涉及历史生活之流无休止的动荡,以及人们通过准则来限制和塑造历史生活的精神要求。此问题基于我早年对宗教哲学和神学的种种思考而来:不仅是来自历史和哲学的批评,更首先是基督教历史自身的错综复杂和变化无常,使得基督教的当下境况难以定位。但是,事实很快便证明这个问题的内涵要广泛得多:不特涉及宗教生活的规则,它还根本涉及所有的行为规则——在国家、社会和经济以及科学和艺术领域,都会出现同样的问题。所谓的自然规则,并不比所谓的超自然规则有任何更坚实的依据,而想要单从片面出发来提出其他方面的根据,无论从哪个方面着手,都是做梦。另外,这个问题不是个人的,而是整个时局的问题。它在最内在的战栗和最深层的变革中伴随着几乎所有的领域,同时也伴随着近乎令人不安的历史反思和历史比较的洞察。

[69]这种情况下,我们有理由说,今天的历史反思尤为必要,正

如在法国大革命前后,在那个属于卢梭、伏尔泰、赫尔德、黑格尔和孔德的时代。只是在这两个时代之前,历史的视角已经在时空范畴上大为拓展,因而我们关于过去的知识更为细致、精密和客观了。关于进化的文化比较研究如今汗牛充栋:从冰河世纪的原始人到现代的欧亚文化,从澳大利亚和非洲内陆到欧洲、美洲和东亚。比较材料之多样和惊人之处大大引起关注,并扩展了人类心灵——只要我们尚能被排进进化序列,并且我们的优先地位尚无疑议。但是,重构进化序列的工作随着研究精准度的不断提高而越来越困难,我们令人骄傲的时代开始暴露出明显的罅隙和断裂,于是我在之前所提及的问题就愈发棘手和令人不安。欧洲人文理想以及相关的国家和社会秩序被相对化,乃至被批判地瓦解了,于是屈服于林林总总的未来计划、悲观主义或者纯粹需要暴力实现的物质兴趣。尼采提及欧洲虚无主义的来临,俄国小说家们带着恐惧致力从西方人性中挣脱,而西方的本性被视作批判法、心理学、进化主义,还有对于所谓进步的绝望。

在这一切背后存在着历史哲学问题,亦即如何控制和限定日益汹涌和越来越广阔的巨大的历史生活之流,而不仅仅涉及历史的发展阶段和运动规律。换言之,现代史学须对某种现有的、看来已被历史生活之流冲刷得千疮百孔的标准价值体系的观念进行一次检讨。那种价值体系就是我们所谓的伦理学体系。控制和限定本身无限的历史运动乃是一项伟大的任务,对于这一任务来说,伦理学体系的作用和意义何在? ——这是关键问题。这也正是我想要用这三个小时来谈论的问题。我在讨论时预先假定,现代历史批判研究的本质,以及这种研究的后果和危险,都已经广为人知。

或许这一点在英国这里比起在我们大陆那边显得没那么强烈。[70]但是,在这里,宗教、政治和社会等方面的种种动荡和论争也已经剧烈到了某种程度,以至于不再可能单纯求助于传统、习俗和实践上的举措得宜就得到克服。总归我们在一切环节上都感觉到了历史相对主义,因此也就无需详细说明其产生、实质和影响。现实的生活问题存在于这样一个疑问之中:某种在概念上得到保证和澄清的伦理学,如何能控制和限定历史主义?

这么一来,同样的问题就以多少有点以不同的形式,返回到今天业已发展出的伦理学的领地,并且多了些从伦理思想本身的内在性质和困难之中产生出来的新元素。

伦理规则本身的整个领域,已经被现代心理学、历史主义和进化论纳入纷繁的事物之流,并且被历史化了。现代人遇事简单化和尽可能只作一元论式推论的那种强有力的冲动,导致了"伦理规则本身来自前伦理的和非伦理的种种本能"这样的结论,正如在已经感染了哲学的达尔文主义的领域内,人们力图从无目的和无形式的许多偶然现象的杂凑之中,将那些看似稳定而又符合目的的形式推导出来。在休谟和亚当·斯密开始将客观道德律令巧妙而细致地解释为错觉之后,社会学的一元式论证看来已经彻底胜利,它认为,伦理规则须取决于当时的社会需要和统治关系。由此便出现了功利主义和形形色色的经验主义,这类经验主义最后已经根本不再能够促成建立某种牢固的道德体系,而是导致了普遍的道德怀疑论,或者导致了单纯的实践主义和实用主义。

但是,我并不想在此探讨这些问题。这些问题都随着某种一元论经验主义的一般性理论或兴起或衰落,这种经验主义固执己见,要将一切规则性的事物均归结于种种偶然的心理冲动,将一切应然性事物均归结于意识流的心理和生理心理法则,尽管从一切可能的其他方面来看,世界上仍然充满着二元性和多元性的事物。对于这种经验主义的一元论,事实上根本上只能用柏拉图用以对付智术师和自然主义者的古老知识来对待之。[71]那种古老知识在近代主要由康德作出了新的阐述；在英国，雷德(Reid)学派针对休谟学派，以及在法国，笛卡尔针对怀疑论者，也曾使用过这种古老知识。

逻辑的、道德的、法律的和审美的论断，始终从客观的内涵中创造出公正和必然性来，无论产生它们的心理背景如何。这个创造与心理学机制无关。起决定作用的并非形成过程如何，而是客观的内涵及其在逻辑上的种种联结。所有规则领域的情况皆是如此，因而道德领域也是如此。意识之流如何如此持久地自我分裂，一方面成为可进行发生学解释的冲动，另一方面成为实际上自我构建着的事态，此乃更进一步的疑问，但它无涉于早已明了的，而且早已是决定着思维本身的可能性的情况。

问题不在这里，而在于：如此形成的种种事态本身居然也都经历过深刻的历史变迁，它们本身并不简单，在其自身之内满含张力和复杂性。追问何以如此，将促使我们进一步去追问精神的内在发展及跃迁是怎样进行的。然而，这是一种形而上学的追问，或许根本无法澄清。我在这里只谨守眼前的事实，将规则的历史局限性和复杂性仅仅作为事实来接受，并且只在一个视角下对其进行分析，即在这种情况下，人们如何在每个当下作出应然性论断。

虽然如此，我也很想在下面的论述中，从宽泛的应然性论断的总体概念，返回到我开头讨论过的那些特殊的伦理论断。伦理原则与逻辑原则相比较，毕竟只是比较而已，因为逻辑能充分自足地成立。虽然康德通过这种比较，卓有成效地使伦理学上的种种规则十分明晰，但他把这种比较使用得过度了，致使伦理学过分近似于逻辑学。实际上，在通过这种对比成功地展现伦理学的独立性之后，就宜于将注意力转向自有其特点的伦理现象。

这个非逻辑特征来自伦理意识的非同寻常的复杂性，伦理意识的规则都从极多样的来源和方向汇聚而成,而且由此产生的种种张力总是必须重新结合起来,成为一个统一的最后结果。确切地说,即便是逻辑上的结论,也并非如一般的理解力所设想的那么简单和毫无张力。[72]普通形式逻辑,实证科学的经验逻辑,以及最后将杂多及其各种矛盾统一起来的哲学逻辑,乃是出于思维的各种不同来源和方向,它们的综合则构成整个哲学永恒的根本难题。

但是,逻辑思想的这种歧异与伦理思想的歧异毫不相干,也不能说明伦理思想的复杂性。对于当前现实伦理的种种事实,应当独立而且无需借鉴地加以分析。伦理意识的复杂性是根本问题。对经验和历史现实稍加审视即可证明。这从根本上导致了伦理学的总体困境:相比所有其他哲学学科(大概只有美学除外),伦理学所得的可靠结论要少得多,所获得的承认也少得多。

各种伦理体系的对立和矛盾也可以反映出这一点。这些对立一方面来自规则的两个不同源头——经验的和精神的,另一方面也来自伦理思想本身内在的紧张和复杂性。当然,就伦理性事物对于形成统一规则的自然要求而论,困难的第二方面所受到的注意总比第一方面少一些:几乎从希腊以降的全部文献,无不都在第一方面有所反响。但第二方面事实上更重要,且实际上更多地造成了历史上伦理学系统间的差异,尽管这一点往往没有被意识到。

我们首先试行从这一复杂的交织之中,将表露得最为明显的目的的线索抽绎出来,以便最可靠地引导我们达到确定某种普遍而又客观的确定规则的标准。

良心最大的任务是实现传统美德和义务学说:一方面是个人道德价值、性格坚强和自我克制,另一方面则是正义感、良善和集体精神。这些德行都很古老,由苏格拉底学派制定,并经廊下派学派加以精细申论,后来在基督教影响下更显得都是上帝的要求,从而似乎成了人应尽的义务。实际上,它们是从对习俗的意识中产生出来的普遍的形式规则。但是,人们如果想要从习俗的意识出发,将它们建构得更精确一些,那就不可能与最严格的现代思想家一道,只从道德理性的普遍有效性和客观性之中,或者仅从"应当"这一概念之中,单独地直接将它们建构出来。

[73]人们将不得不考虑,道德乃是一种行动,而一切行动都是为了实现一个目的,因而行动的一致性只能够从目的之中建构出来。就连康德也曾在某些辅助性论证中这样做。道德行动的首要目的,乃是争得和维护在自身中建立起来的、具有一致性的自由人格。人格观念起着决定性作用。从自然的本能生活的洪流和纷乱中,必须首先创建并获得人格的一致性和完整性。

谁也不是生来就具有人格,每个人都必须首先顺从某种趋向一致和整合的本能,以此来改造自己。自由和创造乃是个性的奥秘。但是就我们而论,人格的自我创造是有限的:从生活和意识的长流中脱颖而出的造物当然不是绝对的。人格的自我创造在顺从和献身之中开始摆脱纯属自然和偶然的动机,力求为所当为,这十分类似对逻辑真实和正确的追求,两者都从我们内心和精神的层次中生发而出。这乃是一种纯粹形式上的目标,即不依赖于单纯的命运,而要借助事关义务的内在统一和明晰的理想本质,由内而外地进行人格的自我决定。

通过什么样的具体生活素材和哪些个别目的来实现和保全这些人格特征,此乃另一个问题。更进一步的研究将有必要与此联结,而且由此才会显示出伦理的复杂性。它到此刻尚未进入我们的视界。但是,我们为此也仅涉及一个纯形式的目的,即人格所应具的一致性、集中性、和谐性、完整性、一贯性和意念统一性。

从这种应有的目的之中,可以不费力地推导出道德上的种种个别要求,正如我们所考虑的。第一,这种个人性必须双向自我发展,既在对待其自身的态度之中,同时又在对待同类的态度中发展。第二,人格的特点在于它并非单是个别之人的要求,也是作为集体的要求,不仅要求有个体人格,还要求有集体人格。

但是,这样产生的要求对其本身而论也是纯形式的,它能够按如下方式自主地生成:忘却这些个别要求与带根本性的、完全包涵在"应当"之中的目的的关联,忘却这种目的对一种具体的文化质料的依赖。[74]这在实践上和理论上往往是常见的,个别的律令因此显得是某种绝对的、自证自明的,而实际上它们还是与其他目的关联着。

关于第一个方面,可以说:道德行为在此区分为针对自身的责任和针对同类的义务,传统的道德在形式上或许令人厌恶,实际上却正确地表达出了这一点。首先,关于自身的行动要求我们首先须有严格的真诚或自我一致,须有与道德生活形态塑造相关的毅力和坚定性格,须有朝向与任何幸福理论相对立的内在道德价值的信念,须有与自我塑造相关的严格律己和坚强意志,简单说,就是要求造就并保持道德上的尊严。对于同类,道德行动在于不仅将这位同类作为手段来理解和对待,同时还要将他视为自身的目的,视他与我完全一样,具有或者能够具有人的尊严。

这一著名的康德公式说出了一切基本要点。其中首先就是公正这一要求,要求看待生活和事物不仅从自己的观点出发,也要从他人的观点出发,从而承认和促进他人的道德尊严。这种承认就是公正,它产生一种与内在的道德价值普遍相应的均衡,并在这里使尊敬、忠诚、感谢或者谴责、拒绝、教育感化各适其位。只要这种公正是对于他人的道德尊严的喜悦,或者是对某种萌发状态的道德价值的扶植和促进,就会成为良善。而良善和善意就会由此而成为一种义务,只要我们绝不相信相反的情况,或者绝不相信他人在道德上不可能有所提高,这种义务就会坚持下去。

所有更进一步的道德学说、德行一览表和义务一览表,诸如古代和现代道德家们所喜爱的,都不过是这些简单的基本思想的进一步推演而已,在这里可以不必讨论。

再说第二方面,即群体团结一致的道德的所有规定。在这一道德中,群体的自然意识转化为对一个道德的、超个体的整体献身的精神。[75]在这样的转化中,首先要预先设定,这一整体本身,亦即家庭、种族、等级、社团、民族、人类,绝不是血缘和自然或者利益和习惯所造成的简单结果,而应被看待和理解——乃至被实现为——为一种具有特定伦理价值的共同体,一种非如此不可的共同体。群体本身应当从其自然的基础出发,通过其成员的结合和联系变成一个精神道德共同体。其成员则应能感觉到,献身并非单纯只是一种自然本能和习性,而是义务,在这种义务中,个人超越自身,直到必要时为整体而牺牲。

这就是对群体利己主义的克服,和对于兽群归属感和利益联合体的克服:群体利己主义虽然显得比个体利己主义更自然一些,但丝毫不更可敬一些。若无对群体一致性的经常持久的批评和对群体的道德改善,就不可能做到这一点;做到这一点还不能没有牺牲和对权利的放弃:这并非为了谋取利益,而是为了承担义务,为了承担为整体的纯洁性和尊严奠定基础的义务。这么说来,群体本身的伦理价值究竟何在,它们何以能够由此得到高尚化和精神化,又是一个另外的问题,我们尚不可能从这些纯粹形式上的预设来获得答案。其所指向的种种进一步的伦理学问题,当由下一次讲演来回答。

在此只须补充一点:对于群体或者集体个性相互之间的关系,个别人格相互之间关系的种种规则同样适用。群体之间,道德规范在种种责任关系和责任分配十分错综复杂的情况下，贯彻实行起来要困难得多，正如对群体的道德教育一般要比对个别人的道德教育难得多。但是从原则上说，这里关系到的也是公正和良善、认同和教育、尊敬和改良等等要求。这些要求指向关于人性和人类共同体的理想：民族群体（nationale Gruppen）在道德的意义上结合起来并相互调适，正如民族之中的个别社会群体也是这样。

这就是道德观念或者说人性的理想，它完全不同于人类学或地理学上的"大地居住者"（der geographische Begriff der Bewohnerschaft）概念，也完全不同于被构造出的人类的血缘关系。后面这几类理想一旦被推到最后，都是从基本的道德形式观念得出的结论。因此，这些观念在所有的伦理学中[76]也都回到关于人性、博爱、国际公平、人权和进步等等理论上来。自从廊下派从原则上将伦理学的视界扩展至民族之外，道德要求就总是普遍的，无论是基督教的国际道德观念，还是现代的、旨在在道德上实现净化和统一的人道与进步观念，都是如此。只不过我们必须经常注意，这里所谈论的不是作为自然生物的人和群体，而是作为理性生物和自由地自我创造的个体。

这类从道德上的"应当"的形式得出的观念，是否能预示历史生活之流得到某种程度的界定和型构呢？有很多道德主义者都对此提出要求或加以肯定，他们推想，可以凭借必要的自我克制和必需的激进主义，来停止纯粹的自然状态及其自本能而来的杂乱的自私自利。另一些人则坚称不可能做到这一点，他们甚至完全抛弃从事这类构建的出发点，因为绝然不同的现实情况与这类构建大相径庭。

这类构建与现实历史的关系的确是一个难题。

首要的疑问是：上述要求都是从"应当"这一并无时限的概念

之中或者说是从理性之中产生出来的,从而是全然客观和普遍适用、与理性本身等同的,但它们本身在历史中是否也会如该理论认为必然的那样,确实非常普遍而且原发呢? 于此我们尚不必考虑其实现的程度和可能性。无论如何,它们作为要求,必须具有普遍性。

要回答这一疑问,必须对进化论和社会学的种种方面进行深入研究,尤其困难的是,需要研究原始人类及其在今人身上的残留和类比。这在如今不可能,不过幸而也并无必要。因为,理性及与之密切关联的人格观念,乃是一个生成中的观念(eine werdende Idee)。它时时处处都正在摆脱自然状态,在认识自身的矛盾性的同时,力图脱出自然的本能生活,以求独立自主。这在何时何地发生以及如何发生,对于其过程本身而言无关紧要。它一旦获得自主就会成长起来,于是便形成自身的精神性(noologisch)规律,而不再是依据心理学规律向前发展。[77]这种突破将会在无数情况下和无数地方发生。在今天,只要能出现一个自主的、有德行的个别人和集体人,这种突破就必然会不顾一切传统和教育而经常重新出现。

无论如何,有关原始人类的研究越来越清楚地表明,许多这类道德规范事实上曾在世界各地封闭的群体内部得到发展,尽管其纯洁和完备程度多少有所差别。对品格、真诚、自制的敬重,对正义和良善的敬重,首先在那些较狭窄、以人际交往和共同意识为依靠的群体内自然而然地生成,然后随着各种可能的宗教性和社会性动机而交错成长起来。

只有在充满着彼此信任的气氛的地方,前述种种道德规范才能够生长并得到遵守。与此相反,在充满猜疑气氛的群体斗争中,则只能生成勇敢、集体团结的道德,充其量也只能够出现信守盟约的道德。只有那些发展到很高程度的群体,才能够超越族群、民族和种族的对立,架构起各种联系的线索,从纯粹的人性出发,亦即将内部道德扩大,编织成为国际道德。

在这个过程中,前述种种人格道德和义务也总是起决定性作用。但是直到今天,由这种人格道德所连接和约束的,多是个体的发展和反思,而非群体本身。为了生存,群体在今天绝大多数仍停留在猜疑的气氛中,这与社会学的如下规律相符:群众在物质利益和简单化的自爱激情之中,要比在较高的精神目的和价值之中,更容易找到共识。这种状态通过种种伟大的普世宗教,通过科学上的启蒙、哲学上的思想交流和人道的国际法规,已经多少趋于缓和,但远未被排除。最近这些年里,我们自己就曾忧忧危惧地亲历过这一点。

由此可见,真正的问题并不在于这种普遍道德观念是否具有实际的普遍性,而在于它们是否具有推广上的可操作性。这种道德首先诚然是对纯粹自然的约束和克服,它从自然中产生出来,并与自然作斗争。这种道德的实质乃是不断更新的斗争、永远常新的创造。这种道德依照其概念而言绝不意味着简单的胜利。胜利将是斗争和自由的终止,将是良善和理性无争的必然结果,而这是我们完全不能想像的。确实,也正因为如此,宗教性到处都超越道德性;正因为如此,最高的理想[78]才会寄托于某种不可想像的爱之彼岸,或者寄托于精神上的无激情、超道德的宁谧。

但是,并非单纯由于道德生活这种本质上的斗争天性,才使得道德生活不可脱离其与自然本能和自然需要的错综复杂的关系,才使得它不可能完美。这些本能,在人们为争取空间和营养、争取生命和更多的生命而斗争的过程中,具有并保持着其特有的合法性。而且,就人们在尘世中的实际情况而论,这些本能永远不可能完全消除,也不可能完全服从于理性的控制。因此,自然与道德之间、自我保存的要求与道德人格的培育之间,冲突永远难以完全调解。

　　一些最先进的共产主义和社会主义学说着眼于解决这个冲突,则必须寄托于两项奇迹:其一是技术奇迹,技术必须将自然完全且充分地置于为人服务的地位,其中包括调控人口数量的技术;其二是某种新式教育的奇迹,这种教育能使理性和道德——在个体方面一如在群体方面——完全超越自然的欲望混乱状态,超越生存的斗争本能,起主宰作用。但是,这两项奇迹即使对于最大胆的期望来说,也是不可能实现的。实现这类理想的一些实践,迄今总是仅仅教育了我们如下事情:自然的供给不容许按那种方式来安排,否则总是会发生技术失效,以及大范围的死亡降临。一旦求生存的斗争本能转为对外斗争——而且必须如此——和平之音便会转变成战争。这也同样是法国革命和俄国革命的教训。

　　在此情况下,要借助永恒而完备的超历史的道德观念,来疏浚和控制历史生活之流,以最终完善地实现道德上的人性理想,根本就没有希望。所能有的,永远只是地上那些道德生物在不断重复的永久抗争之中的命运。人永远同时是自然和理性生物。这两者间的均衡协调只能够存在某种常新的妥协之中,每一个处理实际事务者,都必须根据自己的计算和能够承担的风险来进行妥协。这种妥协在政治中,亦即在国与国之间的事务中必然总是困难且错综复杂的。遇事永远只能这样处理:道德方面的事要尽可能贯彻施行,当自然欲望十分强烈时,就以之作助力,而在遇到自然暴力时,就要听任人无法改变的自然进程,也许可以期望稍后再来处理修正。

　　行动上负责任和凭良心的表现在于:[79]在给定的情景中依据最佳知识和良心寻求正确办法,自行承担责任,去调解自然与理性的争端。道德行为的合意念性(die Gesinnungsmäßigkeit) 为康德的极端唯心论的理性主义所强调,这种相符本不在于遵循理性的纯粹意向(die reine Intention der Vernunftgemäßheit):用美德暖身之余,把事情完全置于自己的掌控之下。所谓合意念性乃在于愿意承担责任和作出决断,这会使自然与理性之间的妥协每次都按照实际情况得以达成。这才是良善意志的达成,而非廊下派式的抽象的对立性的服从:

> Si fractus illa batur orbis, impavidum ferient ruinae[纵寰宇为颓圮,亦从容以对]。

当然会有一些情况,致使任何妥协都不合道德。但那种情况很少有,而且往往涉及个人私生活方面。在公共生活极端错综复杂的种种关系中,从来不曾有过完全不能达成妥协的情况。

既然如此,对于这种道德是否能规范历史生活这一主要问题,我们就不再能够简单地用"是"或"否"来回答了。我们能够而且必须从这里出发来扼制历史相对主义。相对主义及其知识并不导致原则上的非道德论。但是,每一次的扼制行动都要根据形势和情况发展成熟的程度和生活需要的程度而有所不同。依据形势来实现各种绝对的规范,本身是个相对的行为,它本身的绝对性仅作为个人良心和决断而自行保证。

在这一决断中,道德律令应承担任何可能的考量。人们不应轻率而随意地下结论,人们不仅能够而且需要改进这一点。无论如何,这里存在着一种原则上的限制和确定方向的问题,但绝不存在适合于任何时候、总是有效的抽象方案。绝不能指望由此出发,在每一关节点上依赖良善意志的先决条件去解决历史的繁杂问题,也不能指望在某个未来时刻胜利地将整个人性无所遗漏地规范起来。

可以将这一严肃的认识，与任何一种历史哲学的抽象的道德说教加以对比。对于后者，伦理意识这一最普遍、最抽象和最明确的因素，早就放弃了最终规范历史生活之流的可能性。在这个方向上进行规范对于群体不可能，[80]对于个体才有可能；而且即便这样，规范也仍旧是一种妥协的行为，略等于良心所为。全面超越一切道德的宗教不无理由地导致世人：要成为义人，有纯粹的意愿和对理念世界的献身就足够了，虽然生命本身仍旧是有罪的；也就是说，生命仍旧是由自然和圣洁的生命混合而成的。因信称义只是对这种普遍事态的一个特定的宗教表达。

宗教观念将个体及个体的决断和得救置于中心，并非没有理由。唯独它能超越历史：信教者相互之间的联合乃是为着一个彼岸之爱的目的，或者是一个隐修士教团，而尘世的历史仅适宜于光明与黑暗永恒且动态地混合。正因为如此，超越历史的上帝之国不能规范和塑造历史。尘世的历史始终是种种终极的个人决断和成圣的基础和前提，但它本身却是在理性和自然本能的混合之中经历着自己的过程，而且永远只能够相对地和暂时地受到约束。

2 文化价值的伦理学

个性与良知的道德虽可以区分为各种律令，但绞合在一根主线上时，它本身只不过是伦理意识所呈现出来的丰富纤维组成的线索中最明显可见的线索之一。尤其是，它同时还是唯一一条通向永恒的和超历史的规范领域的线索，只是它在每一次实际运用时，又会立即消散到种种困难的情况之中，这些情况由历史和个体方面的具体情况决定，极其错综复杂。

除此之外,伦理意识还提供了整整一系列规定,这些规定在传统伦理学中被称为善或目的,今天我们宁愿称之为价值,或者更确切些,称之为文化价值。这类价值的重要之处在于:它们乃是义务性的价值或客观的目的,亦即普遍、超偶然和超个别地成立的实实在在的价值;我们和其他人都以谋求这类价值为义务。这超越了种种在心理学上可以得到解释的需求和本能的冲动,超越了社会学意义上的强制关系和功利关系。这类价值就是行动的种种善和目的,它们有价值,并指向满足,没有这种价值的作用,就根本不会发生任何行动。

这一点就个性与良知的道德而言也确实成立:[81]个性与良知的道德本身也是通过一种价值或目的,亦即通过自由地自我实现的个性的内在价值,和自由的精神—伦理性的约束的内在价值而实现的。但是,对于任何单纯的幸福伦理学(如果按这个术语严格的和唯一可使用的意义来理解)而言,前述两种道德,由于其特性是对抗那种单纯为了维持生命和增进生命的偶然性、物质性的渴望(如果对"生命"这一概念严格地就其自然性、动物性本能这一字面意义来理解的话),仍与幸福伦理学扞格难通。

在希腊以来的伦理学史中,上述价值伦理学从一开始就极为强烈显著,而且首先与良知道德结合在一起。希腊人感觉到,精神世界基本上是艺术观照的世界,而且与肉体世界紧密结合。所以当然地,美也就是善,美的亦即应当的。在这里尚结合在一起的动机,后来在基督教和比较非感性的北方思维影响之下才有了区分。柏拉图著名的道德列表将道德良知置于"勇气"(Andreia)和"节制"(Sophrosyne)之内,将伦理和文化价值体系的知识或理念的知识包括在"智慧"(Sophia)之内。对于把物质和精神紧密相联的希腊人来说,这一点似乎是公认的。他们还将城邦内部,或者理想的希腊国家和社会内部种种不同的义务和价值的谐调组织包括在"正义"(Dikai-osyne)之内。

科学伦理学后来的发展,对这些成分作出了明确区分。廊下派伦理学特意提出良知道德和人性社会,不过在这样做时,廊下派仍旧严格止于将自我发展的自然冲动看作一种自然法。罗马时期的廊下派犹太教和基督教的道德,便将这种良知道德归因于神意,而将它与天然的、自私自利的感性的本能生活更明确、更极端地区别开来,从而总的说来达到了这个领域中至今仍占主导地位的概念构成。

晚期古代的第二个伟大体系是新柏拉图主义。它更加坚持善的理论,而且从灵魂由感性向精神上升,最后趋于与神性合一这一历程中推导出善。由此便有了善的某种层级结构,由市民、政治、社会生活的种种善,到科学、艺术和宗教哲学等方面的种种精神生活的善。这一层级结构中,政治正义(Justitia civilis)与属灵正义(Justitia spiritualis)的区别一直持续到基督教时代以后很久,[82]特别是对于宗教改革者们来说,这一区分已变得至关重要。奥古斯丁(Augustin)和紧随其后的中世纪伦理学,将廊下派自斐洛(Philo)以来视自然法与摩西十诫等同的自然法伦理学,与新柏拉图主义善的理论结合起来;各种世间善虽然指向与神同在的至善(summum bonum),却被纳入有用而非本身有益(uti, non frui)的序列,从而丧失了世间善本来的伦理特质。

自从文艺复兴时期以来一直十分紧密地结合着的许多支派,现在已分化开来。一些支派主要严格地遵循良知伦理。他们要么如洛克所做,由快乐追求出发,从心理和进化方面来发展良知伦理;要么像康德那样,让良知伦理从理性层面与理论理性相类似的特性中产生出来。

另一些支派则遵循善的理论。同时,他们又按照文艺复兴时期的精神,或像斯宾诺莎和莱布尼茨那样凸显科学的价值,或者像布鲁诺和沙夫茨伯里那样凸显艺术价值,并且将宗教元素与这些价值结合在一起。从莱布尼茨、康德和伟大的德国诗歌中产生出来的德国唯心论,随后便在施莱尔马赫和黑格尔那里,将这种善的理论加以扩充,使之成为生成的并在生成过程中自我领会的理性的一种自我阐明,进而从这种理性推导出一种善的体系。人们甚至想在一个崭新的、充满精神生活的国家里——首先是在新的德国大学的教学制度中,来实现这一体系。欧洲西部的思维则与此相反,倾向于一元论式的经验主义,力图从社会需要和发展中引导出种种善,形成一套基于社会现实的价值体系——孔德和斯宾塞在思想性和学术性方面完善了这一体系。

没有必要继续在细节上追索伦理学史。问题仅仅在于要从中清楚地认识到,伦理学史从一开始就表现出了在我们前述两个主要向度上的分离,并且,这里的问题并不在于其彼此排斥的关系,而可能仅仅在于其互相结合的关系。两者共同构成伦理学的全部领域,而两者的结合在大多数情况下总是非常混乱的或偶然的,且多半由于事实和生活而非理论所造成。在理论上,两者通常只是由于彼此混淆或者出于强词夺理才会结合。神学上的权威教义,以及宗教性的最高之善与伦理之善在神学上错综复杂的结合所产生的强烈影响,这些更增加了理论上的混乱,不论是涉及神学的积极影响,还是涉及神学的敌人从神学之下获得的解放。

重要的是,这里事关伦理意识的两个不同领域。[83]人们也希望在术语上将这两个领域区分开来。在这一点上,很多思想家的做法乃是:首先将良知律令领域描述为狭义和字面意义上的道德,其次将文化价值领域描述为广义上的道德。这种做法非常有益,可以取代老而笨重的说法，即将伦理学分别作为"德行和义务理论"和"善的理论"。还有一些思想家今天倾向于将律令伦理和文化价值伦理区分开来，这种做法的好处是，仍旧保留"伦理"一词作为两个作用范围的总称。

像这样在术语上正本清源，终究是出于人的专断的天性，而且还要同语言运用上的散漫粗疏和固执任性作斗争。比这更为重要的，是实在审察如此区分的必要性，尤其要审察一下两个作用领域相互之间的关系。在分析良知道德时对此已有一个提示。进行那一分析时浮现在眼前的目标，正如经常强调的，乃是一种纯属形式的目标，即自由的、自制的个性的完美，以及这些个性相互之间的相互联系。正因为如此，对自身的责任、对邻人的责任以及对共同体的责任必须从纯形式上加以界定。在此仍存在如下疑问：个性的统一性以及共同关系的精神高尚化，必须在对怎样的实质性目标的认定之中才能实现？还有，品性纯洁、处事公正、团结一致这种种德行，应当为怎样一些具体的、有内容的行为服务？

这一切当然都不是什么单纯自为的东西，而是团结众人的前提和手段，可让他们共同追求那唯一能使他们优于自然生活的种种目的的生活。道德心乃是实现种种精神上的、具有内容的价值不可缺少的前提，但它本身并不是一种终极的、全然以自身为依据的价值。它只能够在一种质料上起作用，这种质料本身并不是自然的，而是对纯属自然和实际上的本能生命、对生存斗争的一种克服。因此，个人性道德由于其惯例，便需要有一种理想的且具有内容的质料，实现了这种质料，它本身才能够产生效果和行动起来。另一方面，伦理上的善或者文化价值这一整体，则要求有一种行动的意念和力量，其取向决定于个人性的共契，以求在某些方面得到提高，超出通常的本能生活之上。前者若无后者就不能行动，后者若无前者则不能实现。这乃是两者互为条件的一种紧密的内在关联。

[84]但是,这种关联正因其紧密,所以使得两个作用范围又十分清晰地再度分别开来。良知道德出自人格的尊严和统一性的目的,是纯形式的。它由于其纯粹形式性而成为无限时和无历史的。它只在其突然爆发的方式上和处所之地上,以及在其运用的方向和限度上,受到历史条件的限定。它能够从其本质出发,自行发展,成为一套永远有效和广泛的律令体系。但是,伦理文化价值的情形就完全不同了。它们彻头彻尾是历史的产物,分属各种不同的庞大文化领域:家庭、国家、法律、经济上对自然的控制、科学、文化和宗教等等。这些不同的庞大领域都有着自己的历史发展,其庞大的种种历史展现都是与某种形势相适应的一种独特构成;该领域的一般趋势在这种独特构成中采取的种种形式,乃是特殊的、只与那一历史时刻和与总体情况相适应的形式。

因此,这些领域目前根本不是伦理学的研究对象,而是人们称之为"系统性精神科学"的一种特别而独立的学科的研究对象。家庭目前是两性生活及其社会学组织形式这一学科的研究对象。国家、法律和社会是政治、社会和法律学科的研究对象;技术和经济是经济和技术学科的研究对象;科学本身是逻辑学、科学史和哲学史的研究对象;艺术是美学的研究对象;宗教是神学和宗教哲学的研究对象。所有这些学科都在加工处理一些无比巨大的历史素材,都在寻找这些生活领域形成之后的总体趋势:一种对个体历史形式的理解——这些生活领域就在这些历史形式中展开——特别是一种基础结构,这种基础结构,科学因其对现今和未来的眼界和考量,将很难拒绝。

只有经过这一切努力之后,所有学科才可能汇集到伦理学中去。在这之前,各个学科还只是在从事解释性和史学式的研究,而与伦理学毫不相干。一旦它们汇入到伦理学中,就会出现这样一个疑问:这些生活领域在多大程度上具有一个共同根源和一个共同目的,致使这些成为精神之总体展现的各个生活领域,可以在特定的、重要的历史阶段整体之中,成为同一个过程的不同面相?

在它们汇入伦理学以前,这一疑问,只有在人们想要观察和理解一般趋势背景之下的个别发展时,才偶尔被提出来。[85]但是,那样所能得到的始终只是一些侧面的观察,人们由此经常忙碌于弄清当时生活领域中的种种专门任务和特殊法规。只有那些站在科学边界上的大胆的思想家,才想将整整一个时代的种种生活表现归结于某种统一的基本精神内容,从而对于诸如古代、中世纪、文艺复兴等时期,都从某种总的精神方面来加以理解,甚至预先就对历史观察预留了伦理责任的空间。历史观察当然是思辨性的和阐释性的,而伦理学上的裁决则表现出某种积极的和建构的意义。

由上所述,良知道德和文化伦理之间的主要区别就完全清楚了。如果说前者由于其形式性,总是引导着我们从历史中走出来,进入永恒有效的事物,那么后者则与此相反,要引导我们进入历史和发展,尤其是进入个体文化的王国。个体性在文化伦理那里,要比在良知道德那里意义大得多。良知伦理要在运用中个别化,但这种个别化实质上是一种由个别良知负责的限定和定向。与此相反,文化伦理则引导我们进入历史和个体文化的王国,从极端的意义上来说,它在每次实践中都培养着特殊而不可重复的历史文化创造的能力;在这之中,一个时代至少强烈地确定着这个时代的趋势,并保持其某种共同性的总体精神:这就已经是一种个体性的、与这一总体形势相适应的形成物。中国的、印度的、伊斯兰教的、希腊的、中世纪的、近代的文化气氛,乃是些具有谜一般不可推导的个体性的形成物,它们在各个领域直至宗教和科学领域之中表达着自身。在这里,根本没有什么规定文化产生的永恒而普遍的要求和职责。

这种区别与另一种区别紧密关联。两种区别间的不同在于,伦理的上层建筑怎样与自然基础互相作用。在第一种区别中,道德的动机表明与自然本能生活的关系,此乃一种明确的对立关系。而在这里,与偶然和变化的事物相对立的是必然性和一致性,与幸福论的快感相对立的是责任感,与主观的突发奇想相对立的是客观和普遍的求实精神。第二种对立不需要如廊下派和康德所要求的那样,总是在斗争中和艰难的自制中进行。道德愿望也能够轻松、容易而且优雅地实现,尽管在这种情况下,道德最后达到的目的地也会完全相反于[86]激情、情欲和种种单纯情绪海洋上的颠簸折腾。但是,文化价值对立于自然本能基础及其社会温床。在这里发生的,是一种逐渐的、慢慢实现而永不会完全断绝牵连的生长。

例如,一种既是个体的两性联合的,又起着教育和扶植后代的作用的伦理理想,正在非常缓慢而且方式多样地摆脱各种肉体生活体制,而这种种体制所起的作用只不过接近于占有、经济或者兵役而已。例如,对自然的经济—技术控制(这同时也是一种较高的精神生活的先决条件)正在缓慢且艰辛地实现,以应付劳动、工具制造、掠夺和交换的迫切需要。

例如,只是从种种血腥战争和暴力联盟的长久强制之中,才产生出对于法律和权利,以及对于国家组织作为自由和尊严之手段的价值的意识。从好奇心和辨认方向的需要中产生出科学,从虚构的游戏和装饰的需要中产生出艺术,从恐惧、忧虑和超人的长期或短暂力量的印象中产生出宗教。

无疑,在这种种发展中出现的乃是某种新的东西,而不再是单纯与需要、兴趣、困难和强制相关的东西。有某种更高级和更高贵的内质显露出来,它为自身赢得价值,它渴望献身,直到完全弃绝自然本能生活。从其中涌现出人的一切高贵伟大之处以及种种道德操守和义务所趋向的全部实质,还有个性品格内涵丰富的内容。这种内容节制着道德自我提高过程中的自以为义,正如同它节制着自然而偶然的个体纯粹自我美化时的那种空洞的自高自大。但是,这一转变仍旧是一种渐进的过程,从来不会造成某种尖锐而激烈的对立。

因此,即使在最后的结果中,也还存在着对于其自然基础及其当时历史的特殊状况持久不变的依赖。确实可以说,由此而出现的种种文化体系的个性正在于,理想的内质与特殊的自然形势及其复杂联系之间出现难以消解的关联,由于这种关联,这种理想就受制于自然,从而同时被给定和取消。

但这样一来,文化价值也就像良知道德一样,与历史、与历史的长流和变迁、与历史的种种关联和复杂性,有着非常密切的关系。这样一来,文化伦理的贯彻实施也就比良知伦理更强有力、更为成功。对于自然的本能生活来说,文化伦理仍旧比良知伦理更为必需,[87]而且也更不能够脱离自然本能生活。因此,在道德力量发生动摇时,文化价值还能够以其对精神的内在号召力和净化作用而持续下去。文化价值绝不能缺乏这种号召力和作用,不然的话,到最后随着良知的堕落,文化本身也要崩溃。

在这种情况下,人们可以期待,我们的历史哲学的主要问题,即能否对历史之流加以扼制并予以定形这一疑问,从伦理的后一作用范围出发来获得解决,要比从前一种作用范围出发更容易一些。

实际情况也正是如此,但并非如某些人士所希望的,这些人喜爱简单而普遍有效、适合于每个时代或者在将来实现的理想。自从柏拉图以来,他们总是偏爱有关乌托邦的描述,或者热衷于"进步"的观念,以为"进步"就能使他们的理想得到实现,而所有在一切领域从事行动的改革者,却都经常止于细小繁琐和相当有限的成果。

人们如果力求在伦理学的历史中找到一条解决问题的线索,就要在这里尝试构建一个善的体系,这些善出于一个根源,向着一个目的。这样的建构将引向实际的统一诉求。不过,更加显而易见的是,这种建构要比良知道德方面的建构困难得多。良知道德有其出于理性基本形式的形式性,便于设定其统一性和必要性,可以很容易地推导出个别律令。而在文化伦理方面,由于它紧密地关联着生活的各种实际领域,这样做就要困难得多。为此还必须以一个完全不同的、业已充满具体内容的理性概念为前提。但是,一个这样的理性概念却显得不再是原来的理性概念了;正是因为这个缘故,很多人在这样的情况下仍宁愿谈论最高的神性"自然",而不愿谈论理性,尽管两者所指乃是同一事物。

柏拉图是第一个人,他曾在《理想国》中进行这种尝试,从而进入乌托邦领域。他并没有试图作出什么推导,而是按照纯正的希腊方式,感觉到既在个体人身上,也在集体人身上,或在城邦中,有一种明白可见的肉体与精神、精神与理念、神性实质与尘世存在的统一,犹如爱若斯(Eros)因内在的自然冲动而奋力追求的圣境一般。此外,他还期待领袖人物以其辩证法和智慧,从经验性的种种实际运用中抽象出个别的理念,并将它们结合起来,得到善与美的统一。

后来的新柏拉图主义者和教会哲学家们[88]却从流溢与再流溢的过程推导出善的层次,这样做基本上只是注意到宗教性价值和尘世实用价值的区别,在这些价值中,文化却因之而完全内在地破碎了。普罗提诺更有一个理想国的或太阳城式的乌托邦,在那里两种价值必定是被设想为以某种方式结合在一起。

基督教徒们在教会中和他们的威权中,曾有一种方法将各种不同的价值结合起来,并对种种结合作出裁决,但该方法在理论上大致满足于由自然向超自然神恩的上升,这种上升同时也是一次皈依和改宗。这一切细节早在奥古斯丁的时代就已出现,人们可以从各种言论中或者他的字里行间感受到。到了阿奎那那里,情况也没有更好,只不过这期间忏悔的决疑法和法律学家们的基督自然法,都以其各自的方式对价值进行了归纳分类和辨析。

一直到 19 世纪的那些大体系产生,才出现了力求解决这项任务的种种新的和具有原创性的尝试,而且这些尝试在原则上将价值本身置于伦理学的中心。在这方面,德国思辨哲学已在施莱尔马赫和黑格尔那里,试图从一种新的泛神论的理性概念作出推导。施莱尔马赫从理性及其质料"自然"之间的张力关系中界定文化价值,这种张力关系表现在个人性的和社会性的区别之中,然后又表现在理性对自然的静观和积极行为的区别之中。他因此得出了国家与法的、社会与家庭的、科学艺术与宗教的价值。它们在根本上始终是互相配合的,但它们各自的背景是一种关乎单个的人和文化时代的形态。黑格尔则相反,他首先从自我实现的理性的内在的、不断向前发展的辩证法中,推导出良知的主观伦理,然后又推演出国家和法律、艺术和宗教的客观伦理,最后推演出认知的绝对伦理。这乃是一种严格指向理想和完满状态的发生和系统关联。

西欧的经验主义和实证主义哲学,最后从个体朝向社会的发展和积累中推导出价值或善,并以这整个课题作为社会学的对象,使社会学既成为历史哲学,同时又是伦理学。斯宾塞在其有力的社会学巨著中作出了这个方面最卓越的尝试。随后取代理性价值体系的,是[89]与社会有机体的整合和分化相平衡的理想,从中得出了大多数人的最大幸福。幸福在于从技术、卫生和组织等方面控制自然,而且提供这一控制的精神应享有自由和独立。科学、艺术和宗教乃是达到这些目的并由发展的历史所决定的手段,它们同时有助于创造和维系社会有机体。从它们那里最终作为最高价值遗留下来的，是一种完全变得清醒冷静了的、深沉的智慧。

所有这些想要对价值体系作出某种推导的尝试——不管是从理性本质或社会本质来推导，还是从世界历程或者宗教目标来推导——都不能满足现实生活中文化价值的丰富和有力以及其中的种种张力与冲突。这其中仅有一个很合理的信念：这些推导必定都有一个共同的根源，而且随时形成某种相互关联，各个组成分子都在其中彼此促进。

但是，恰恰在这里，关于各种价值怎样从共同的根源中产生出来，以及它们相互关联的规律如何，关联的种种不同形式的变化有着怎样的规律，并从而使各组成部分各自具有何种形式，都无法得出结论。由于种种文化构成及其个性特征极为错综复杂，也因为缺乏全体人类可认知的单位目标，世界历程也恰恰是无法拟构的。这一点可以看作自从黑格尔和孔德的种种尝试失败以来，所有历史逻辑和历史哲学深思熟虑所得的确切结果。

然而，有一个任务是无法回避的，即在一个给定的大文化领域内部，在现时和未来，将这些文化价值塑造成一个单一整体。这一点恰恰为我们所面临的难题——给历史生活之流加筑堤防并予以定形——提供了唯一可能的解决方案。

但是，怎样才能实现这一点呢？首先，这根本不是通过有意识的努力和理论上的建构来实现的。毋宁说，这是在无意识的作用范围内完成的。不论是个体的形成部分还是各部分相互之间的关联，其最终形成都是受许多因素的影响，包括地理和气候状况、移徙和食物的自由选择范围、繁衍能力和生物体质，乃至于人们[90]因无法更多解释而通常一并称作种族和民族原始素质的个体精神特性。此外还要加上种种特殊历史命运、社会结构以及领袖人格的影响作用,这些领袖人物的个性乃是历史命运无法估量的赠礼,将会转变为成千倍壮大的传统。

在所有这种种情况下,由于超出自然之上并对自然加以组织的理性的要求,纯粹事实的价值体系便下意识地形成了——这既非思维所创造,也非意愿所导致。其所以成为体系,每次都要借助于某一核心价值的统领力量,这种价值将其他价值或多或少清晰而有力地连接起来,一如其自身种种合乎逻辑的推理和发展。这种发展也同样是无意识的,仅不时地由那些领袖人格对它们加以挑拣,提高其在意识中的清晰度。如此,在中国居统治地位的是大家族,在印度上层阶级中是冥想默祷的宗教,在希腊天才中是艺术,在罗马天才中是国家和法,在基督教文化世界中则是种种内心世界和超越尘世的宗教性价值的富有张力的统一。

这样一种体系能否形成,要看历史命运本来的局面多大、运气多好。也有可能杂乱无章的混淆状态长久保持,而且每遇关键性时刻,也会在重大的文化关系之中出现这样的杂乱状态,随后当然又会在文艺复兴和改革运动中结成新的文化关系。

这类在不知不觉形成的基本而命中注定的作用,都具有决定性。但是,在一切关键性时刻和比较成熟的时期,有意识的构建性的作用也有必要。这就是今天我们在现代世界中一再重新开始时所努力寻求的。

因此最后的一个疑问就是:这种努力怎样才能实现?

这里所关系到的,当然是理论建构的问题。但是,这种建构绝不是可以施加于理性实质或者世界进程规律之上的什么先验结构。毋宁说,它是一种必须对自己文化圈的前提、历史和命运有所认识的后天结构。它必须力求认识并在精神上渗透自己存在的、种种在不自觉过程中造成的前提和基础,自己生活圈的地理条件和生物学条件,业已选定之发展的内在逻辑,以及必然性情况和偶然性情况的互相作用,等等。这从一开始就给每次构建规定[91]了某些可能性和方式,在此过程中,我们关心的只有自己文化圈的历史个性和在地形成的理性特征。

但是,一旦达到这种认识,所构建的体系就必须纯粹化、集中化、轻省化、规整化。为了确定方向,就必须突出中心价值,将其余的价值予以归类和兼并。人们为此而选定某项价值作为中心价值和组织中枢,只不过是基于现实和自己良知的种种要求的印象。其他价值与如此选定的中心价值结合在一起的方式,最终又是一种个人的作为,只有在事后才能得到结构上的表述,并由于饶有成果而被证明是适当的。

在这里,也正如对于错综复杂的现实情况运用良知道德一样,起决定作用的乃是创造性的作为和勇于负责的良知。个人独特的良知是这样一种东西:它将文化价值体系与良知道德体系结合在一起,其中一种体系通过另一种体系得以奠定和增强,同时,一种体系又通过另一种体系而有所约定和受到限制。对于这样的结合来说,也不存在任何先验系统,只有积极行动和具有塑造力量的心灵所具有的机智和能量,这一精神只是在事后才将其生命、统一性贯注到体系的思想统一性中去。

归根到底,这样一种体系不过呈现为一种有效的行为和历史成就,它基于对人们面临发展时候的理解和改造,以及持续这种发展的勇气。政治家、改革家、诗人、先知、哲学家都惯于这样发挥作用。他们在根本上能够不顾一切纷乱的疑虑而毅然出面,如同耶稣的担当:"凡属真理的人就听我的话。"(《约翰福音》18:37)要求者本人乃是出于真诚,他自己只能相信,并最后投入整个生命。只有教条主义者才将这样的笃定转化为纯逻辑演绎的先验体系,只见到个别事物的经验主义者则将它变得平淡无奇,然后陷入怀疑。

这里的情况也还是这样:最后信仰决定一切,而且信仰为价值辩护。依此理论,西方文化圈的宗教观念成为最高形式不是没有理由的,而且这一称义理论对于天主教徒和新教徒同样适用。在对待权威的问题上以及在赋予宗教价值以意义的问题上,两派教徒不同,但是,对双方来说,权威本身的证明[92]均是信仰,即内心体验和个人态度,信仰也都由于其作用而得到证实。但是,这一点对于柏拉图的至善来说,对于亚里士多德的目的体系和圆满实现(En-telechie/ἐντελέχεια)概念来说,以及对于廊下派的自然法来说,也早已适用。它在世俗的文化学说那里,说来也曾是核心,只不过这些文化学说大多都不曾像神学家那样认清其学说的信仰特性。

而且最后,这种信仰即便受到肯定,也非普世的。个性观念在良知道德中作为自由,在善的道德中作为实质内涵,规定着一切,它本身原是一个西方信仰,遥远的东方并未以这种方式认识它,因而它首先是我们欧洲特有的命运。但我们面对自己的全部历史时却不得不相信:信仰对于我们而言就是真理。

3 共同精神

前两次讲演我们反复探讨所得出的结论是:可以从两个不同的方面着手,来对历史生活之流筑起堤坝并赋予形式。第一是从良知道德上着手:良知道德对于我们欧洲人来说,首先是在廊下派—基督教的种种观念中得到基础,并以某种方式导致了人权、人道和团结一致的义务等等观念。这一思想领域在基督教的和世俗的自然法中,获得了包罗万象的表达,只是由于康德,它才由自然概念的语言,移译为道德义务概念的语言。这一康德式的思想转折具有很高的形式意义,也增强了由良知建造起来的世界的力量,使之足以与历史事实和变化的世界之流抗衡,后一种世界由自然事物和伦理事物、感性事物和精神事物不断地交融而成。

第二是仅仅从文化伦理着手:文化伦理借助于柏拉图和新柏拉图主义,保留着对于我们欧洲人而言最重要的根基。它后来在基督教时期与良知道德非常紧密地结合在一起,并且正是以此强烈突出了种种善的应然特征,并将不再依赖于其他价值的宗教性价值确定为中心。现代精神已将这种柏拉图—基督教式传统世俗化了,尤其是德国唯心论哲学出色地扩充了它。

德国唯心论首先来自新柏拉图主义—基督教这一根源,它将中世纪、神秘主义和文艺复兴所引发的个性观念注入柏拉图主义中。欧洲西部的思维却与此有别,[93]它不再遵循柏拉图主义和基督教权威理论,而习惯于从自然概念既推导出善的理论,也推导出良知道德。其结果便总是得出一种在某种方式上以社会学为依据和目的、带有高度观念性的功利主义,并且体现着自然法意义上的社会进步。

但说到底,无论在任何地方,人们都力图做同一件事:良知道德和善的理论的某种结合。在这件事情上,对前者不论何地都基本上意见一致,对后者则因民族和时代的不同而在形成上大有差异。但是不管怎样,经常需要彼此重新连接的两项原则,事实上都能够互相结合起来,以解决这里所要解决的任务。

但是无疑,任务的这种解决每次都是不同原则的某种联合,这些联合起来的原则被应用到自然—感性过程的种种事件和必要性上。自然—感性过程有其无数的种种偶然性和给定性,这些偶然性和规定性不能由观念来确定,也永远不能用观念来完全克服。这就规定了该方案难以消除的抗争性和劳碌本质,该伦理学的一般特征也从中而来:难以改变的多样性,以及不断重新出现的、抵制单纯事实的妥协与个体性特性。在这种妥协里面夹杂着——如果正确理解的话——比单纯容忍生活上的错综复杂性还要更多一些的东西。

在这种妥协之中,还有一种更为深刻的内容:个体性的形而上结构特征,这种特征关系到良心的个人决断以及文化价值的综合判断。于是,这种个性特征最终决定了一切伦理科学均不可能臻于完善,因为伦理学尽管可以打下种种普遍适用的基础,却从来无法永远普适地规定结果。这里面存在着作为学术的———如作为生活的———本质上必然的不可完善性,从而注定了伦理学要成为所有哲学学科中最不成熟的一门。

但另一方面,在那些经常带有广泛的关注和深刻的思考的个人综合思考之中,却存在着某种不断向前推进的客观而普遍的东西,人们在特殊的地点和情势下,更多地能够感觉到而非从理智上建构这种东西。但是,这种感觉若加上种种广泛的客观权衡,却可据以形成充分的保证,足以确切防止怀疑主义和一切原则上的相对主义。后两者虽只不过是现代精神状态和历史主义的一种表面上必然的后果,却可以由伦理学以及种种观念的力量来加以克服,这些观念出自历史本身,在伦理学中仅仅得到反映和集中。

[94]不过,无法否认:这种客观性乃是包涵在一种深层的主观性之中,并基于个人的决断。当然我们对于行动和决定的客观性毫不怀疑,但此外始终存在着个体和个人的维度。但这个个体的方案似乎不足以构建和塑造生活之流。每一种确实可行的方案都需要大众信念、共同精神、广泛的冲击力、公众的意见。因此最后,关于我们的方案与塑造群众和世代的共同精神之间的关系,出现了这样一个疑问:一种如此个人性和个体性的方案,如何能够成为恰恰是

以某种超越个体的普遍的东西为前提的共同精神呢？

这一点看来确实要成为现代世界的首要诅咒与苦恼，因为现代世界仅得见各自扮演角色的种种个体方案，却见不到共同精神，见不到权威，见不到传统，见不到种种精神导向的超个人的实在性。这种思维方式作为自由主义和宽容精神，作为互相补充和充实的方式，从一开始就显得是从教派性、国家性和教育性强制中的一种解脱。但它完全培养起来以后，却似乎成了自由主义悲剧性的或者可笑的终结，将会趋于分崩离析，趋于精神上的无政府状态，然后种种教会的或者理性主义的教条的复兴又将再次相互斗争。

这里确实有着当前最困难、最痛苦的问题之一。我们的方案不应当，或者说不应当实质上在这种过分信赖协调、过分自我中心的自由主义的意义上来考量。我们的个体性概念必须是不同于通常的自由主义概念的另外一种概念。但是，这一解决办法本身在这里也必将从个体概念出发来寻找。

首先明摆着的是，在对我们的共同精神的种种渴望的赞颂之中，包含着大量多愁善感的幻想和意志的薄弱，以及很多迷恋过去和向往未来的浪漫想象。人们梦想着在过去曾有一种宗教性的、伦理性的或者艺术性的共同精神，认为它可以从种种教义和道德之中、从种种纪念碑和文献之中感觉到，即使与当代时间相距遥远，实际上也还存在着。因此人们特别颂扬欧洲的中世纪以及前民主时期的希腊，而且今天也还在颂扬这两个时代，由此产生出这样的想法：只有使世人皈依天主教或者崇尚古典主义，才足以拯救现实中和想像中的当代无政府状态。人们还因此梦想着能有一个在感情上、在种种生活方向上安定团结的未来，到那时，个人主义以及[95]与之相关的唯理主义都将得到克服，从而就会有一种宁谧安稳的生活节奏弥漫人间。

　　我们自己的时代在我们每次看来,都像是无政府状态和种种个人特性的永无休止的争奇斗胜,以至于人们竟然由此得出一条社会学上的发展规律。滕尼斯(Ferdinand Tönnies)是社会学思想发展史的杰出研究者,[①]他采纳了梅因爵士(Sir Henry Maine)[②]对[人的]传统地位和契约地位的区分,研究了从霍布斯直到斯宾塞的主流社会思想,构建了一套文化的时代序列:其初始团体是一种神秘地孕育个体的实体,由此前进而发展成社会,该社会乃是许多享有主权的个体理性自主地达成的一种协议关系;由此出发继续努力,经历种种艰辛的革命而进入社会主义。圣西门和孔德都曾运用另外的概念方法,作出与此类似的说明;歌德从古典主义转向对希腊人的崇拜,而浪漫主义者爱慕中世纪,尽管这两者的对象是非现代的,却都支持一种完全类似上述意义的东西。

　　从那以后,现代人深信,应将我们的当代理解为唯理主义的个人主义,理解为折中主义的历史主义,理解为对一切等量齐观的自由主义或是平淡的基本宽容。人们于是也就得出结论说,要在现代社会这一土壤上解决我们这里所谈的问题,根本不可能。的确如此。人们或许倾向于将我提出的这种方案看作恰好是个人主义、自由主义和无政府主义的基本状态的典型——这样的解决方案总是看起来太常见。至少从字面上看来,它很像完全能够适应个人主义社会。洪堡(Wilhem v. Humboldt)青年时期论述"国家的界限"的著作在其逝世以后很久发表,就连穆勒(John Stuart Mill)也曾对之大加赞赏。这篇著作在当时仿佛已预示了今天这样的自由主义,[96]

---

　　①　滕尼斯(1855—1936),《共同体与社会》(*Gemeinschaft und Gesellschaft*),页 250。

　　②　梅因(1822—1888),《古代法》(*Ancient Law*)。

虽然在今天,价值观和精神的这种无政府状态看来只能算是合乎自然规律的结果——这种思维方式的轨迹,今天业已过了它的最高点。

只不过,这并不是伦理学—形而上学个体性思想的含义,因为这种个体性思想,连同良知道德和文化价值,已经被依情势而创造性地妥协调整的整体思想取代了。这种思想与漫不经心的自由主义和了无定向的宽容主义毫不相干。它要求对发展的趋势随时进行调控,正如它自身也一定是经过主体的直观和构建性思考得出的;它还要求我们对于自己觉得确凿的事有坚持的勇气。从这里出发,解决之道就是斗争和执行,绝不是懦弱的容忍。显示自己立场正确性的方法,就是个人的构建以及由此而产生的确信。

就这一点来说,这种方案与一个文化时代相适应,这个文化时代已不再拥有占普遍支配地位的教会教义的那种教义性强制力,同时也不再具有某种理性主义式的、合乎自然规律的理智证明的幻想。此外,这个文化时代业已跨入社会分化趋于成熟的状态,一个坚强有力的受教育阶层已被推动上升起来,超出了物质上的平均利益和社会习俗的一般水准。

这种情况在我们这个文化圈的各个不同民族那里,固然由于不同的原因而有程度上的不同,因而在不同国家,采取这里所建议的方案的迫切性也有所不同,但是不论何处,有一个受教育的阶层居于统治地位却是文化所造成的结果,从而思想观念就要在某种程度上从单纯的传统和威权之下解放出来。就我所最熟悉的德国而论,这里有一个非常广大而且非常分化的受教育阶层,还形成了在任何地方都不曾明确和单义地规定了的物质生活基础上的巨大差异,[97]而且有一种依照不同的阶级而大大分化了的社会习俗。因此,一种巨大而复杂的裂痕已经由外向内被决定了。

但由内向外的裂痕也不在少数。例如在这个受教育阶层的内部,西欧启蒙运动的种种传统,就在同德国浪漫派—古典派唯心论的种种传统进行斗争。但后者作为德国思想固有的主要力量的传统,又由德国唯心论两大可怕的宗匠马克思和尼采——既通过他们的无所不包的唯心论培植出德国唯心论传统的后继者,又通过他们的无神论培植出德国唯心论传统的破坏者——形成了两个主要方向的两极对立之势;原有的传统便在实质上趋于瓦解了。在这样的情势下,一种个人的立场就不可避免,但是,不能把这种立场看作某种同质的思想整体内部无关紧要的变种。在这里不可能有什么个体性的单纯表演,也不可能有止于平均状态的最终平衡,而是要求进行一场斗争。

这令人想起教派化时期(die konfessionellen Zeitalter)的种种斗争以及历次宗教战争,其中,各种古老的教派—教会力量也都要受到召唤投入战场。但是,对于那些要在这里贯彻的立场说来,所要使用的各种解决方法,除了我们一直谈论的那些方法外别无他法。而且,这里所出现的共同精神又反过来依赖这里所提到的机制,所产生的共同精神也将强烈地依其自身方式和本质指向个体化。但是,凡对德国可以这么说的事,稍加必要的变通也同样可运用于其他文化地区;就那些地区而论,不可能有什么实质上别样的方案。

但在能够就此更进一步详谈之前,还须先略微说一说共同精神整个概念本身,同时也说一说这个概念在典型的文化时代序列中确曾经历的种种变形。对于我们现在的讨论来说,人们究竟怎样在概念上界定和说明共同精神,乃是相当无关紧要之事,无论人们是像德国浪漫派的理论那样,将共同精神说成某种神秘的东西,宛如一种流动于所有个体之中的共同精神实体,抑或依据西欧的社会学,将它理解成基本本能在理智上和感情上的一种典型的影响作用。

人们还不妨追随施莱尔马赫,将它归因于理性在同一和分化之间的动荡产生出的推力;更不妨依从塔德(Gabriel Tarde),①将它归因于个人之间的适应与模仿,从而说到底乃是个体冲动的实现。再不然,最后,我们也可利用今天在各派心理学中大受欢迎的一种活力论生物学的类比法,将它说成是群体有机生活的一致性和内部相互关联性的一种表现方式。

怎样说明共同精神这一概念姑且听便,事实本身是不会改变的,同样,它对于解决我们这里所谈论的问题起着决定性的作用也无可置疑。[98]对于社会学上所建构的那些先后相继的典型文化时代之间的差别,我们既不可夸大其词,也不宜估计过高。就这方面来说,撇开我们对之认识还非常模糊的原始时代不论,中世纪和个体化了的各个成熟时期确实显示出不同的结构。中世纪时人口不多,交往很少,而且精神生活尚未发展,所以居主导地位的乃是由自然和血缘组成的结构,自然经济和军事联盟决定着共同体的结合形式,这一切体现于某种既定的法律、宗教和风俗习惯的统治作用。

而在那些成熟时期,人口、交往和技术不断增长,群体都依据自觉自愿和合乎目的的协议而组建得比过去积极得多;个体获得了自由,发现有必要、有可能以一种几乎不加限制的变化方式来表达思想和情感。只不过,中世纪并非像浪漫主义者想要使我们相信的那样,全凭本能行事,不受任何目的约束——仔细考察起来,中世纪精神上的一致性其实充满了斗争和摩擦。人们为了一点细微小事,便要像我们今天为了重大原则似地激烈斗争起来。他们对于变异分化非常热衷,但这种热衷尚未能在精神领域发挥作用,只在物质领域和个人范围内产生影响,从而造成种种敌对情绪。

――――――――――

① 塔德(1876—1945):法国政治家,法学家。

相反,那些成熟了的时代则不乏共同的观点、前提和常规,充满了模糊的集体本能和专制的信条。这种时代大体上也还是行事很少受到理性指引,而要听凭激情和感觉驱使;然而与此相应的是,它们通过法律、交往和教育,在很大的程度上弥补了缺陷,而且懂得更加巧妙地培育共同精神。今天的种种文化教养习俗从长远来看,或许没有充满斗争的中世纪天主教时期那么鼓励混乱。只不过在今天,卷入斗争和计较小事的阶层却比较广大并更加自觉,而且在这方面各个民族文化的差别也很显著。一个像美国那样以公众舆论为主导的天堂之邦,其共同精神大概也不会比中世纪那些静态的时代少。

我们还要继续探讨的疑问与以上各点无关。不管怎样解释,共同精神总归是共同精神,如果没有这种超个人主义,根本不可能对生活之流予以任何坚强而有益的伦理赋形。正如有意识的科学思维将这个时代和依靠直觉的时代区分开来,在文化成熟的今天,共同精神在因堕落而须重建的过程中,[99]也不能够仅依赖直觉和自然条件,而更应依赖思维的洞见。

最重要的是认识清楚:对共同精神的种种一元论观点都是幻想的错误观点,没有什么时代被一元地构建而成。一个时代总是同时企望未来的乌托邦并怀念已往的乌托邦,不论是黄金时代还是天堂理想,还是对柏拉图理想国和上帝之国的种种希冀。但实际上,从来都仅只有过群体的、家族的、种族的、等级的、行业的、学派的、教派的等等共同精神。即使教会在其实际统治的全盛时期架设起覆盖一切的穹顶,遮盖了以上种种共同精神,那也不过是暴力和外交手段所取得的成就;而这作为一种信仰和梦想,实际上与观念和利益的永恒争执相抵触。

对于与我们直接相关的当下,这一点非常明显。当下或许确有某种普遍的共同精神,但它只能隔着遥远的距离被外人和后人看出来;就我们而言,它作为被给定的现实是毫无作用的概念。我们从一开始便不是生活在一个一元的、同质的圈子里,而是在不同的圈子之间,这些圈子都自有其伦理性的共同精神。这也就是说,生活的实践表明,在围绕着我们的不可掌握的时代内部,存在着为数众多的共同精神或集团圈子,每一种共同精神或集团圈子都有其不同的精神基础。其发展程度依一般性到特殊性的不等,粗略统计为以下这些类型:一、人类;二、西方文化圈;三、民族;四、社会阶层;五、家族;六、自由的社团组合;七、狭窄的同情和友谊圈子;八、教会和教派的信仰社团;九、自由的精神社团或思想学派。

每个圈子均有一种不同的精神内涵。它们根本上不能看作一类共同体,从而赋予其某种共同的精神含义作为理想。各种教会在这个方向上提出的种种单一要求,都是无法实现的;那些要求都只可能是肤浅的。实际上,教会的种种伦理规范理念,只要越出了完全属于个人的事物和私人生活的狭窄圈子,本身就已成为毫无助益的一堆废物。就种种哲学伦理学而言,情况也是如此。它们不可能建构起,也不可能实现一致性的共同体和一致性的精神。

在各种伦理学中,若将种种不同的成分强制混合,那它们在实践上势必互相分离;或者它们纯粹在形式上进行建构,这样就只能满足某种逻辑禁欲主义的一致性需要而已。[100]就连社会主义也是如此,它据称要通过某种专制手段来炮制历史、文化景观,来完全克服资产阶级无政府状态,却将一切须加严肃考虑的问题留给了一个未知的未来,或者顶多只能坚持单一的经济—阶级伦理学。

这一切并非只是当代的灾难和特殊命运。当然,现时人口日益增长,社会和精神不断分化,权威和传统趋于崩溃,更增加并加剧了这种灾难的多元性。尤其是从更宽广的视野、更复杂的关系和对目标更自觉的反省来看待,这一切就更清楚。但另一方面,权威和传统仍以许多方式继续存在,或者改换了新的形式;模仿效尤和合群从众的需要,思想贫乏以及由此产生的可误导性,也都继续存在;除此之外,还大量存在着大小不等的各种利益,以及种种血缘群体的精神内容。各个群体在相当明确的物质利益推动下,每到实际或假想的危险时刻,就会结合在一起产生出共同精神,正如在最原始的时代一样。只有在宗教问题和形而上学问题领域,才确实充满着某种急剧增长的无政府状态,这也是我们所需应付的局面。但是为了应付这种局面,必须有新的手段才行。

不过,要寻找这样的手段,切不可求之于一元论式地建构某种包罗万象的共同精神,以及与之相应的国家或教会的种种教育政策措施。一般而论,实际情况乃是:我们都生活在各种各样、最终具有同一中心的集团圈子里,每一个集团圈子都有其特殊的精神内涵。这种精神内涵由有关的圈子予以确定,一般说来不会像倍感痛苦的现代心灵所担心的那样发生问题。人们只需下定决心,首先让这些圈子有条不紊、并行不悖地发挥效用,并在每一个圈子内按照它要求的方式生活下去,不对这些圈子之中的某一个加以一元论式的提高,使之成为承担一切的基础或发出规定一切的声音。人们对于最广泛的群体,即人类,只应当要求彼此了解和宽容,以并无完全确定的内容的一种最终的人类亲密感相待,而且在提出这样的要求时,完全有理由对不同的民族和群体按照其文化发展的程度作出实质性的区别。对于自己的文化圈子,则会因对其历史内容的理解,在圈子中发展出一种亲缘关系的团结一致感。

除此而外,种种差别仍旧可以非常清晰地感觉到,而各种联系则将更多地以个人对个人的形式,而非民族对民族的形式来发展。培育和描绘这种共同感乃是伟大的诗人和史学家的任务,欧洲文学在这方面早已作出了光辉的榜样。[101]对于民族集体来说,热爱家乡、故土和母语,有共同的荣誉感和维护自由与独立的意识,以及为此而必要的一切智、勇美德,这就足够了。除此之外,种族、行业和阶级的差别都是难以消除的,而宗教和哲学的成分,即便有现代民族主义,也不会受民族性约束或受一元论压制。

现代民族主义乃是对"共同精神"这一观念的一元论式夸张,颇具危险,它尤其有碍于解决这里所说的问题。最后要谈的是家族。在我们这个时代,家族已经变成了家庭,前者对于塑造精神来说已经基本失去了重要性,剩下的是基于生理的亲近感和世代关系感、基于社会的家族荣誉感和孝顺感,来互相照顾和共同尽责的各种义务。其余的一切都在家庭之内获得空间并且自然地独立发展。关于有目的的结合和社会友谊圈子,在这里无须详谈,因为最重要的东西都很明白。

我们同时生活在素不相识的各种圈子中,既不感到困难,也不会混淆。想要给这许多圈子加上某种联结和关系,将它们不仅视为并列的,而且理解为同心圆式的,我们就不得不诉诸形而上学的和宗教的因素,只有从这种因素之中,才能够找到一种联结和一个共同的穹顶。从前一直是由教会担此重任,而如今教会已不再且不能再担此重任,即便是像曾经那样作出妥协。撇开其他一切人所共知的理由不谈,教会之所以不可能再像从前那样行事,还因为它本身早已成为一个多元体——在这儿已不会再有任何一元体了。对于这一非常中心的伦理学难题说来,在今天仅有良知道德、文化价值和既定情境在每个个体之中的综合作用,就如同我们以上所谈。任何一种形而上学—宗教性质的共同精神都能够与教会并行,并在教会之外——当然也会相当经常地从教会内部产生出来——以一种相应的方式产生并起作用。

这样一来,我们就面临着问题的核心。但也正是这样一来,现时唯一可行的解决问题的方案也就清楚了。我们发现,现代各民族都已在实践中将这一方案付诸实施,特别是现代各民族的青年人纷纷提出了种种极其激烈的要求,发起了各种青年运动,建立起了基督教的、哲学研究的、人道主义的各种协会,缔结了形形色色的同盟。

不论在何处,只要那里的人们了解现代形势,[102]他们就会渴望多有一些原创性,也多有一些共同性。这也就是说,人们出于本能,渴望一种个性的且有创造力的个体原则,这种原则综合着一种深刻的、对内在必然性的感觉。但人们同样渴望综合,不是作为个人情绪和意见的有趣的或差强人意的游戏,而是出于某种责任感,是属于一种来自人际情感的交流冲动。应当引发并塑造种种精神力量,这些力量不是要带来文学上的孤芳自赏或者巧智奇思,而是原则上有助于促进共同体的内聚力,增进领导阶层与[下层]人们的沟通。

这是一种新的拯救,它的产生是基于一种形而上学的原初综合;这是一种新的爱,它植根于把所有的精神价值体验为根本的普遍价值。在这种形式中,这些综合的普遍有效性汇聚为一种"共同精神"。当代最伟大的一位德国诗人说,"新的救赎只能来自新的爱",①这句话使我们想到的,不是什么新的普世宗教,也不是什么苍白无力的博爱,而是由个人将交流与教育结合起来、由中心人格构成的基本的伦理综合及最终建立的宗教和形而上学信念。

这乃是精神上某种生气、力量、综合和训练的胚芽,以期克服业已变得琐屑平庸或者漫画化了的、日趋荒芜解体的文化的粗野、浅薄和卑劣。按照事物的本性,它们必须从小而大,顺着个体的独特

---

① Stefan George, "Leo XXIII", in: *Der Siebente Ring* (1907), S. 45.

动机生长。事实上，一切胚芽到处生长之时，首先会力图将它们的个体综合中所包涵的普遍性和必然性因素，首先以个人交流和爱的方式对外加以扩散。由此而发将怎样继续发展，这是一个疑问，今天还不能完全回答。

从这些胚芽里面，必然会产生出一般性生活的种种巨大的斗争的生命力，它们原是从个人的和独特的视角极力寻求普遍性因素和爱。因此，它们必将互相接触、彼此交织、共同融合。随后，可能因此会在终极的伦理学基础层面上，出现对于现代各民族来说唯一可能的共同精神。由此，现代民族或许还会令他们业已僵化的教会恢复生机；而我们现代世界最后的机会，或许就是令各民族沿其类型各自发展。这不是一元性的社会。[103]从来都不曾有过这种社会。现代精神的一致性只是相对的，它自然比中世纪的一致性带有更多的裂痕。

但是，对一片新的土地还是必须勤加耕耘，只有这样，对某种新的伦理学综合的迫切要求才能够获得其共同精神。在这方面必须强调的一点是：这种主要的综合应当涉及宗教上的和形而上学上的基础，而综合这一切的生活的能量与热力都从这儿发出。上面提到的那些实际存在的各个圈子，将会相对独立地继续存在下去，只不过应向它们注入基本的综合力量，使其枝繁叶茂，成为人生在世的基本的精神立足点。

对历史生活之流构筑堤坝与赋形的任务，就是这样一项在许多方面都十分错综复杂的任务。这一任务必须将伦理意识的各种不同的根本方向结合起来，但这一决定性的结合往往只能采取一种合乎良知且合乎个人条件的形态。这样找到的解决方法，就是在形而上学和宗教核心得到贯彻，并且以个体形式所表现出的交往与爱的精神。

这种精神将会尽可能扩散到最广阔的领域，并且总会与别的方式形成的信仰立场进行斗争。但是，每个核心的伦理力量都有自己的次级邻域，其中的人们在自然的发展过程中，接受了该伦理中心发出的相对简单也比较安全的伦理规范，并可以借助这类规范使生活相对地独立，不必完全被中心力量决定——当然，它们也会一再地渴望被吸收到那些中心去。

人们常说，任何一种伦理学都极其复杂而又缺陷甚多，这话究竟是什么意思，现在已经十分清楚。运用这类复杂的力量，能够给生活之流加筑堤防并赋予定形。但正因为如此，每一次赋形过程总是斗争着的、不断变化着的，它将促使共同精神沿着各种不同的路线不断发展，只在例外的情况下才会对人有较单一的规范。既然已不再有一个统一的教会来促成这种结合，这一任务就落到了众多的教会，以及与之并行而替代教会且将努力成为一种教会的各种私人圈子和社团身上。

因此，筑堤和赋形的任务就其实质而论，既不可能最后完成，也没有终止之期，但它在具体情况下却又显得可及与实际。不会有彻底的和绝对的解决办法，只能有不断斗争、部分地解决和多方综合的解决方案。但生活之流一再汹涌澎湃，向前奔腾不息。[104]历史就其本身不可超越，也不会有任何解脱，除非我们预先虔信彼岸，或是接受逐渐拯救的圣化和跃升。上帝之国和涅槃都在一切历史的彼岸，而在历史本身内部则只有一些相对的制胜之道，它们本身按照时间和情势、力量和深度而颇为不同。

这对于行动着的人们的实际目的来说，可能已经足够了；真的，此文也不过是描述了事物的实际进程而已。谁若还不满足，就应当将目光移向历史的彼岸。如果说历史上的种种隐秘和混乱、种种矛盾和斗争确有某种通行的解决办法，那么，该办法也往往不存在于历史本身,而存在于历史彼岸的那个未知之域——精神在历史中不断向上奋斗所极力喻示的正是那片土地,但它本身却永远不可见。

不过,即使是对于那些将目光移注于未知之域的人们来说,生活的实际进程和斗争也当依旧,对生活之流的伦理调节既不能因为彼岸有所增加,也不可能更加完美。相比于那些唯在此岸生活中怀抱希望的人们,他们只是更加愉悦地肯定、更加完全地感受到那种喻示。

二　基督教在世界宗教中的地位

[105]访问久负盛名的牛津大学,乃是我长久以来热切的愿望。牛津大学在我们心目中首先是其中世纪的辉煌荣光,经院哲学中产生的唯名论和经验论问题,对于我们经常多有启发。但是现在我竟能够站在高高的牛津讲坛上来探讨这个问题,这在我最大胆的想象中也不曾有过。感谢韦勃(Clement C. Webb)教授和诸位对我的学术工作怀有友好兴趣,给了我这一巨大荣誉。我唯希望今天的讲演能具备平时教导你们的老师所具备的智慧和学问。

在这个险峻的位置上,我不应当选择任何别的论题,我只想在这里谈谈我的学术工作的核心和出发点。这一核心主题,在我的那本小书《基督教的绝对性》(*Die Absolutheit des Christentums*)中讲得最为清楚明白。这本小书结束了我先前的一系列研究,同时又展开了后续探索中种种新的历史哲学研究工作。这个论题本身对我而言,乃是我最初许多兴趣与现代精神状况的种种问题的中心交汇点。贵国有一位布克(A. C. Bouquet)先生在他所写的《基督教是最后的宗教吗?》(*Is Christianity the Final Religion?*)一书中也提出了同样的问题,他的精当论述和批评使我获益良多。[106]因此我想要在这一个小时里,向大家说明我那本小书的要旨以及我的后续研究工作。

简单地说,我那本小书的要旨来自这一深刻感觉:历史反思与种种真理和价值的规范性相冲突。我在青年时期就遇到了这个问题。我过去受的是一种人文主义特色浓重的史学教育,因而养成了深入而广泛地研究历史的兴趣。对于"历史"和"人性"这样的词,我在我们德国人最美好的时期所习惯的意义上使用它们,即意在进行客观思辨性探讨,将视界尽可能扩展到广大人类的历史生活,而不带有特定的实际目的;我的兴趣仅在于人的存在的丰富性、多样性和变动不居性。在我们看来,一个东西在这个历史性的、无穷多样的世界上表露出来,并以其自身的广袤和宏伟注入观察者心灵,那就是神性生活及其影响作用的无限丰富性。

但我还另有一种最原初的兴趣,它同样十分强烈,即对于一种强烈而中心的宗教生活立场的兴趣。从这样的立场出发,我自己的生活才可以在一切实际疑问之中有一个中心,并使我对这个世界种种事物的思考有一个立足点。这一需要将我引入神学和哲学,我以一种同样出自内在需要的激情沉浸其中。但是现在,这两种兴趣显现出一种非常尖锐的矛盾和冲突。一方面是对历史多样性的层出不穷和过度丰富的解释,对应于人们对于传统的种种习俗的批判和不信任——他们认为,在不断更新的研究中虽能获得对过去的知识,但这些知识只能不断接近而非等同于真实。另一方面,人们全都拥有一个实际的出发点,这对应于他们那种倾心奉献和满怀信任的生活态度,即他们对神启和天意的开放态度。这两个方面的冲突并非玄想虚构,而是一种实际经历。我在学术研究中提出的疑问基本上全都由此产生。

但是,这种冲突也并非纯粹是个人和偶然的经历。毋宁说,虽然它在形式上个人的,但是,现代世界在时间和发展之中呈现的某种普遍的生活问题,却以这种个体形式进入了我的意识。我当然知道,在欧美文化世界里,这一问题绝不是到处都会这么尖锐地被人们察觉到。特别是在英国——正如刚才提到的布克先生的著作所表明的;更遑论在[107]通常极少有历史情趣的美国。

尽管如此,一种感觉仍然到处在弥散,人们觉得,历史批评和历史的全面主义,会使种种简单的应然性价值发生动摇和受到危害,不管是理性上的价值还是传统上的价值。在盎格鲁－撒克逊族各国,人种史和宗教比较研究尤其造成这种感觉,何况还有精密的语文学批评对此推波助澜。在我们那里,主要是对欧洲文化世界本身的考察,使我们直接看到所有一切文化价值——甚至最高等的文化价值——的相对性和暂时性。但两边研究的结果却相当近似。不论人们是从斯宾塞主义和进化论的观点出发,还是从黑格尔、兰克和德国浪漫主义者的观点出发来考察,历史研究总是展现出历史图景的杂多及内在的易变性。尤其是宗教史的比较研究,它几乎就是对外殖民民族,尤其是英格兰民族所从事的工作,这种工作更会展现出历史思维的相对化趋势。在此也不缺少对圣经和教义的批评,而在这个领域,不确定的历史感也在日益增长。德国历史思维与这种思维的根本不同之处仅仅在于,它在批判时较少考虑实际需要和社会的利益,而且在理论上着眼于个体性概念,而不是以社会学的或进化论的规则为指导,后者能使一切最后都汇入某个统一而合乎自然的目的中去。

尽管有这些差别,但这不足以影响到一个基本的结果:历史批判研究中的不确定性、易变的杂多和多样的原则,与渗透在宗教观念中的对确定性、一致性和宁谧安定的要求之间,存在着普遍的根本性冲突。无论这种冲突是否会通过对细节的批判分析或通过对基本原则的质疑变得更加明朗,冲突的原因和影响终归都大致如此。

处于这样的冲突之中,我便在那本小书《基督教的绝对性》中检验了一番我的方法,希望能使神学避免这类困难。这也是对整个神学构思的检验。我相信在这方面能够确定两个观念,它们都曾被认为足以对付历史相对性,奠立基督教宗教真理的绝对有效性。

第一个观念[108]是借助神迹把基督教合法化。在这条路上,今天所首先考虑的已不再是外在神迹,即自然界神迹和自然规律的突破,而是内在神迹,即通过与耶稣及其信徒的交通而皈依并因此获得一种高尚的内心生活。在这里出现了一种与世界上其他地方完全不同的逻辑。基督教的生活乃是历史之流中的一座小岛,岛外风狂雨骤波涛汹涌,四周凡俗生活以千般奇技淫巧蛊惑诏媚,但小岛上却是另一片异象纷呈的坚实乐土。基督教的绝对性乃是建基于神迹中并直接显现出来的上帝本身的绝对性,在这片岛屿之外,上帝仅仅作为 causa remota[远因]、作为所有一切相对事物相互关联的基础而显现。借助这样的理论,就可能有一种超自然神学和一种自然神学,前者依靠内在的新生和体验,后者则依靠外在事实和宇宙现实。古老的神迹护教学在卫理公会派和虔敬派的影响之下,在此获得了内在的精神复苏和深化。

与此相对,后来还有第二种基本观念:我称之为进化论式观念,其最重要的代表者是黑格尔。按照这种观念,基督教只不过是圆满完成的宗教理念,即所有宗教之中都包涵的那种内心的根本要求——企望拯救和与神精神相通。这种要求与精神的普遍发展相联结,总是克服着种种感官上的、自然主义的和神秘的束缚,直到在基督教中达到完满的明晰和纯粹,从而与最纯粹、最富精神性的哲学——柏拉图哲学相结合。基督教不是什么特殊事物,而是某种普世性的事物。它绝不是孤立的神迹,它根本就是精神生活盛开的鲜花。一切宗教都是拯救和新生,但在基督教外总有种种无法克服的感官性和自私性的限制。在众先知和基督的身上,神性生活突破了发展上的限制,毫无拘束地流溢向焦渴仰望着的世间,世人便从中认识到了他们内心冲突的解决办法和努力奋进的目标。

全部的宗教史，及其明摆在一切人眼前的这条路，就是对基督教的完满充足的证明。历史的发展绝不是与基督教相对立的，相反，作为统一体和一致性的历史，正好说明了基督教登峰造极的伟大和无所不及的威力。与基督教规律性的发展[109]相伴随的种种神迹，也正像在其他各种宗教中一样，部分属于神秘荣耀的神学传统，部分出自因精神生活的突破而产生的震动。神迹并非基督教的凭证，而是基督教的伴随现象，因此历史批判可以不用顾虑对神迹的态度。

但是现在我必须宣布，这两种理论都站不住脚。就第一种理论来说，内在的神迹固然是一种很强烈的内心震动，却绝非"神迹"（Wunder）一词原有的那种意义。为何柏拉图的 Eros［爱欲］属于自然因果，而基督教的 Agape［挚爱］就属于超自然的因果呢？人们如果一般地认为应当那样，又将如何证实呢？大概又只能来求助于外在神迹的伴随现象了。如此，所弹出的就非乐曲本身，而只是其伴奏而已。如此，人们就要面对各种非基督教神迹的竞争，以及历史批判和哲学理论的挑战。

但如果为此而转向第二种理论，那么，种种困难虽然不同，却并未有所减少。在实际的宗教历史上，从来不曾出现过对各宗教形态的无谓的态度，甚至以为这些形态能自然地引向基督教。宗教史上所见到的，乃是世界宗教与各种民族宗教之间处处存在着一种尖锐的分歧，而且世界宗教之间也存在着种种无法克服的内在矛盾，因而它们最终不可能在基督教中融合为一，无论在实践上还是在理论上。更何况，基督教的理念本身原是一种抽象，它绝不是一种统一体，而是每一个时期都分化成某种不同的东西，甚至还分化成为许多教派。因此，完全不能够说，这种理念本身是宗教理性最终所达到的一致性和明确性，它只是一种独特而独立的历史原则，其本身包含着极其多样的可能性和倾向。

这样我们就终于谈到最后一个重要问题了，即主导着全部历史事实的个体性概念(Begriff der Individualität)。对于这一问题，德国以外学术界的感受，当然不像我们那边经常体会到的那么强烈。历史的事实不是某种普遍事物的影子和分化，也不只是各种基本心理力量混合在一起所形成的混合生成物，仅仅在大方向上符合某种合理性的或者合乎自然的结果的普遍倾向。毋宁说，[110]个体性概念所探索的是不断更新的种种特殊的——因而也是个体的趋势所无法估量和无可比拟的——丰富性。这种种趋势无不出自未知的历史深处，每次都是种种独特性的突破，而且每次都产生于各自独特的环境。每一种都以其特有的方式发挥影响作用，而且在发生影响时，都会继续显现出不断更新的独一无二的形态，直到它们力量耗尽或者作为质料和成分转入新的形态。

此乃普遍的历史规律，由神圣理性——或者说神性生活——在历史上不断更新而又永远特殊的个体化之中启示出来，而且正因为如此，其所指向的目的不在于一致性和普遍性，而在于每一个独特的生活领域都在其自身中不断提升，以达到它的最纯粹和最高的可能性。首先正是这一规律，使我们不可能将基督教说成是历史力量的统一和目的；它尤其确定，我们必须将基督教本身理解为历史的个体性的发展。

这些现代史学思想都发源于德国浪漫主义针对一切理性主义，也针对一切拙劣的神迹护教学的伟大反抗运动。德国浪漫主义在全欧浪漫主义运动范围内所表现出的特殊方式和意义正在于此。19世纪的全部德国现代史学，以及德国神学的最佳部分，都以此为出发点。我们现在所面对的问题的最后核心也在于此。也正是由于这个原因,这个问题在我们那里才变得十分急迫,远过于在那些尚未由于某种自发性或由于受德国影响而产生出与我们相近似的思想的其他地方。

既然如此,我们应当怎么办呢?我曾试图在我的那本书中回答这个疑问。① 我首先强调指出,无论如何,绝不可能重新回到旧日那种神迹护教学上去。决定这一点的不是种种理论,而是许多文献、发现和出土文物,这类证据至关重要。凡是受过语文学训练而具有求真意识的人,或者甚至仅有质朴自然常识的人,都不能够回避这些证据。接着我强调指出,事实上基督教的普世性这一观念对于我们来说完全用不上。关键并不在于基督教是否普遍存在于在一切宗教中,而是在于那点存在于任何宗教的有效性。

随后我又在书中将我的思路发展下去:极有可能的是,一切宗教都蕴藏着某种有效的成分,但它与无数独特而暂时的特殊性成分混合在一起。[111]不论在何处,这种有效成分都只有通过突破和斗争才能生发出来,这种生发是一件永远常新的任务。有效性本身乃是一种体认,只能够由个人从内在的体验和纯粹的真诚之中来加以肯定,而不能够予以实际证明。因为见证某种实际显现的真理并不等于确立其有效性——即使这种验证很容易,所以,只能够在事后、在一切生活疑难有了实际结果和宽松缓解之后,才能间接地证实那种体认。就基督教而论,这样一种体认只有通过个人的确信和直接的印象才能够产生。其正确性只能通过信仰和感觉,并在事后由一切生活问题的解决来得到巩固。

如此说来,这样的有效性始终都建立在个人信念的狭窄空间之

---

① 参见 Ernst Troeltsch, *Die Absolutheit des Christentums und die Religionsge-schichte* (1902/1912)。

上。但在实际的、客观的事实之上,我们还需要有一个比较宽阔实在的牢固基础。我相信,基础可以找到,就像基督教的普遍有效性能在基督教崇信神启和宣称拥有真理的方式之中找到一样。我相信,我们必须把基督教同其他各宗教进行一番比较,因为后者在崇信神启和要求普世性方面处处都与基督教完全不同。

我们如果考虑一下犹太教、伊斯兰教、波斯祆教、佛教和基督教,也许还有儒教等等普世性大宗教,就会注意到,它们全都宣称具有绝对性,但却足够质朴地以完全不同的方式提出——其宣称总是暴露出它们结构上的特异性。它们的绝对性全都十分质朴,并非由护教学系统建构出来的绝对性;这种种质朴的绝对性的不同,暴露出各宗教内在实际所愿的、由其宗教思想本身所导致的不同程度的绝对性。

在我看来,这可算是宗教比较中最为重要的一点,因为这是对可加以比较的教义内容的实质最深刻的检验;关于各教是以何种方式凭情感植根于直接的宗教经验,教义内容少有透露。荷兰人库恩(Abraham Kuenen)在他论述民族宗教和普世宗教的那部卓越的著作中,也提出了与此近似的思想。① 我们若针对这一点来研究和比较,就可以立即看出,犹太教和祆教都是执着于其故乡土壤和特殊文化任务十分明显的民族宗教,[112]犹太教更是根本与民族的归属和期盼结合在一起。

最后,儒教和佛教与其说是宗教,莫如说是哲学,而且它们的绝对性与其说是得自对某种特定的宗教神启的确信性,莫如说是得自普遍有效性的思维本质。但儒教从根本上说仍是民族性的,佛教则事实上与热带地方种种生活条件相结合。

---

① 参见 Abraham Kuenen, *Volksreligion und Weltreligion* (1883)。

与以上种种形成对照的是,基督教质朴的绝对性完全是另一种样式。民族性的限制基本上已被排除,这一点反映出基督教理念纯人性的特征,即它完全适应于人的最简单、最普遍、最内在和最个人的种种需要。而且,它绝不以任何方式依凭于人的思维作用和艰辛的思想活动,而是依凭上帝在伟大先知身上和他们内心生活中的强大显现。因此,基督教的宗教理念就是生活,而不是思想,是力量,而不是社会制度。它的普遍有效性得自上帝本身在人类的心灵和生活中的显现,而不是得自思维的正确和证据的周详。因此,基督教质朴的绝对性正如它的上帝观念本身一样,独一无二。这种绝对性乃是基督教内在心灵启示观念的必然结果,是生命的觉醒和提高,是对负罪感带来的种种顾虑的克服,以及对日趋顽强的自私自利之心的突破。

正是由于如此,出自基督教宗教理念内涵的那一绝对性要求才显得更加合理。基督教理所当然具有的,乃是一切宗教之中最内在地以神和人的本质为依据的普遍有效性,其他宗教在这方面的有效性程度如何,可以坦然地不予细究。至于宗教今后可能会有的发展和提高,我们也可以安心地不加探求。我们只需这样说就够了:基督教本身乃是一种尚处在变化之中、仍力图不断更新其表达式的宗教。

[113]我们能够感到满足的是,我们尽力环顾四周,视野所及之处,有效性程度最高者当属基督教。我们无需成为犹太教徒、祆教徒或者伊斯兰教徒,也不想做儒家信徒或者佛教徒,而只愿致力于使我们的基督教与不断变化着的周围环境的关系永远常新,使它的精纯的人-神内核不断地更加精纯。这就是我们一般说来所认识到的最终极、最内在的事业。它具有最高的有效性。能致力于此也就可以满足了。

　　这就是大约二十年前我那本小书得出的结论,实际上,我至今仍无需对它删改什么。但今天,在理论上,我还是作出了一些并非毫无实际效果的修正。我所考虑到的是:个体独特性这一概念对于现代史学研究的意义,在我看来已经变得越来越明确和重要了,但这一概念并不那么容易与最高有效性概念统一起来。

　　我其后的许多研究,首先是有关基督教史的研究,正如我在关于社会学说的著作中所陈述的,①都向我表明,历史上的基督教总是更加倾向于个体性,虽然它总是处在不同的时期,而且每次都由不同的时代情势和生活条件所决定。不论是作为一个整体,还是就其个别方面来看,基督教都完全是一种具有历史独特性和相对性的现象,说到底,它是只有在古代文化和拉丁日耳曼民族的土壤上才有可能出现的现象。雅各派(Jacobiten)、聂斯脱利派(Nestorianer)、亚美尼亚基督徒和埃塞俄比亚人的东方教会则完全是另外一种基督教。确实可以说,就连俄罗斯人的基督教也是一个独立的世界。但这也就是说,宗教历来都有赖于它所生存的土壤和精神、社会与民族基础。

　　另一方面,对基督教以外的宗教的研究日益清晰地向我表明,它们质朴的绝对性也都是真正的绝对性,尤其佛教和婆罗门教的绝对性,更是一种纯人性的和内在的宗教性,能够以其自有的方式,依靠内在的确信和献身精神而恰切地达到这一点。但它们当然是在完全不同的种种历史、地理和社会条件之下,才获得了那种特殊的、在那样的土壤上需要具有的形式。

　　不过,我首先极力探索的,乃是历史上种种独特的现实,与整个

---

　　① 参见 Ernst Troeltsch, *Die Soziallehren der christlichen Kirchen und Gruppen* (1912)。

史学领域在政治、社会、伦理、艺术和科学等方面的观念形成中的普遍规律。不久以前我刚将这方面的一些研究成果[20]集结为《历史主义及其问题》一书面世。① 我在一切领域,并非单纯只在宗教领域,都遇到了同样的困难。实在说来,甚至科学和逻辑的有效性,似乎也在不同的天空下、不同的土壤上,直到最深刻、最内在的基础中,都显现出种种强烈的独特差异。尽管一般说来人类彼此有亲缘性并能相互了解,但其真正普遍和绝对之处基本上极少共通,所能见到的多半是在感官性的物质方面,而不是在文化价值理想方面。

这些认识对我早期著作的思路产生了影响,可以表述如下。

欧洲文明和与之密切结合的基督教的独特性这一观念,现在强劲得多地进入了人们的视野,而有效性和终极有效性那种始终多少带有理性主义色彩的观念,则大大地退居其后。起决定作用的,乃是种种事实和机遇的过程。那些个事实现在一下子将希腊文明、罗马文明、北部欧洲文化都与基督教极繁密地焊结在一起。我们的一切感觉和思考,都浸透在基督教的种种动机和前提之中,也可以反过来说,我们的整个基督教都与欧洲文明种种古代和现代的成分不可分解地结合着。

基督教原是从一个犹太教派,演变成为整个欧洲文明的宗教的。它与欧洲文明盛衰与共,也可以反过来说,它完全脱去了东方色彩,已经希腊化和欧洲化了。欧洲的个性观念,欧洲的永恒且神性的权利观念,向一个较高的精神王国和上帝之国前进的观念,对精神方面和世俗方面加以扩展和结合的巨大能力,还有我们的社会制度,我们的科学,我们的艺术——所有这一切都自觉地和不自觉地、自愿地和非自愿地立足于这个脱去了东方色彩的基督教土壤

---

① 参见 Ernst Troeltsch, *Der Historismus und seine Probleme* (1922)。

之上。

基督教的效用首先在于,我们只是由于它才成为现在这样的人,只有在它里面,才包涵着我们所需要的宗教力量。没有基督教,我们不是陷入自取毁灭的自命不凡,就是流入萎靡不振的卑微猥琐,或者变得厚颜无耻、粗鄙野蛮。有了基督教,我们就可以利用它崇高的精神性与实际生活需要之间的种种矛盾,顺应着它或好或坏地安排自身,不断有新的开始,不断地有所为和有所不为。这种张力为我们的本质所必需,它既会促成可怕的谎言和恶行,也能促使我们不断重新作出种种英勇的努力。我们就是这样的,我们只要活着就会总是如此。[115]我们不能没有宗教,但我们所能承受的唯一宗教就是基督教,因为它是与我们一同成长起来的,是我们自身的一部分。

现在,看待这类问题显然不能停留在单纯的事实这一粗糙的水平上。基督教若非具有一种强有力的内在力量和真理,若非本身确实包含着某种神性生命,就不能够成为一个如此高度发展的人类群体的宗教。关于这一点,不论就上述理论来说,还是就任何别的一种理论来说,都总是要对某种深刻的内在体验提出证明。基督教的效用因为有此体验才得以成立,但这效用仅仅对于我们来说才存在。基督教乃上帝显现给我们的容貌,要对我们赋予义务并拯救我们;它对于我们来说是绝对的,因为我们除此以外一无所有;我们在我们所有的东西之中聆听上帝的声音。

但是,这也并不排除其他人类群体,由于全然别样的文化环境,也能以一种独特的、全然别样的方式,感受到与神性生命的关联,从而会有一种同样是与他们一同成长起来的、他们不能脱离的宗教,在这宗教中,他们才是他们之所是。他们可能会满心真诚地感觉到他们那种宗教特有的绝对性,从而对之作出他们的宗教性所要求的表达。人们自然会认为,只有在那些有了较高且独立的精神文明的民族那里,当他们的全部精神生活已在长久努力中与他们的宗教结合起来时,才会出现那样的情形,而不会是在那些于宗教方面尚处于分裂和贫弱状态的民族那里,也不会是在十分单调且尚在不断变化着的那些贫乏的异教信仰那里。

事实上,这些区域正在缓慢地被一些具有某种真正的绝对性感觉的大宗教征服。但是,在那些大的精神性宗教之间,起决定作用的仍旧是其所处时代背景所给定的根本的精神立场。若要对这些大宗教作一番价值比较,那就不能够比较宗教本身,而始终只能比较整个文化体系。宗教历史历来都从属于文化体系,并成为它不可分离的组成部分。

可是在这方面,谁敢来作真正断然的价值比较呢?只有上帝自己才能那样做,因为其间的种种差别原是上帝安排的。不同的人类群体只能够从自己的标准出发,各在其区域内力求达到最大可能的纯粹和深刻,从而胜过那些在精神和文化上比较贫弱的群体。但随后在较弱的群体那里,由较强的群体传来的宗教便会重新分化。

实际上,总体说来,这种新的思考方式所取得的成果,与我早先的看法并无大差异,[116]而且最终也与基督教的种种坚信和希望所阐释的神学无大差异。但是由此我们能得出若干重要的结论,我一一陈述如下。

首先是对外传教事业。对于传教,我们总是应当从两个方面来看:一方面,传教是国家和民族在政治、军事和贸易方面进行扩张时的一种伴随现象,另一方面,传教是出于信教热忱而致力于传教的这一活动。前一个方面对于世界历史极为重要,但对于我们的问题没有意义。相反,第二个方面则与绝对性观念(Idee der Absolutheit)大有关联。但在这里必须指出,从我们迄今作出的所有阐述来看,这第二种类型的传教活动,在面对深受哲学浸润的那些世界性大宗教时,与面对小部落的原始异教时,情况完全不同。与世界性大宗教相遇永远只会是一场精神搏斗,并且很可能会有相通之处;而小种族的异教则不论在何处,一经与欧洲文明接触,就会在道德上和精神上瓦解,从而渴望借助较高级的宗教和文化得到一种补偿。在这里就有了传教义务和传教成就,而且,并非只有基督教一方从事这类传教活动。伊斯兰教和佛教也都传教。

但是,面对那些世界性的大宗教,必须采取这样一种立场,即,这些世界性大宗教乃是宗教意识在适应它们的文化圈形态,而且会因为它们自身的内在要求,逐渐趋于纯粹和深刻。因而,基督教与之接触,不论对于我们还是对于他们,都可能很有助于这种内在发展。那些大宗教看来像是那些大种族的精神结晶,正如那些大种族本身乃是生物学—人类学上种种形式的结晶。它们相互之间并无改宗皈依或者改造转变之事,但却有协调和谅解。

我的第二个结论涉及基督教本身的内在发展问题。如果我的整个基本观点还算正确,那就应当说,基督教的内在发展与欧洲文明本身的整个精神和文化发展密切相关。当然,以上帝和永恒的宁谧为旨归的宗教意识,并不会受种种纯属世俗方面的动荡变迁所影响,这种意识相应地潜藏于各大教派之中,后者由于种种既定的内在原因,都已成为欧洲生存的保守部分。尽管如此,基督教还是在教会以内,更在精神活动和文学活动以外和以上,卷入精神发展史之中。它也像所有的普世性宗教一样——甚至更甚于一切其他宗教——具有一种不断自我纯粹化、自我深刻化的力量,因为基督教的宗旨在于得到全部真理,[117]而且要在未来的上帝之国中求得其圆满完结的精神,也因为它从一开始就与希腊文明的一切智慧力量融合在一起。在这样的情况下,它的发展不可估量,而且它能够不断更新其个体特性。

今天,新的世界历史时代的钟声已经对基督教敲响。基督教必然与新的自然景观、新的社会状况以及精神世界深刻的内在转变重新结合,从而必然给这个苦难的世界带来新的和平、新的一致性。这一切怎样能够实现,在这里还无法谈说,事实上到今天为止,前景仍然甚欠明朗。显而易见的只是,基督教正处在继续发展的关键时刻,此时它需要超过迄今所有宗派之上的根本和大胆的更新。我自己在这方面已变得日益激进和超教派,但另一方面,我更日益感觉到,真正的宗教性比生活上的自主力还更为独立自主和更具特色。

但是,难道现在就完全不应当有任何共同的目标,完全不存在对人类某种共同的最高精神内涵这一客观意义来说具有任何绝对性的事物吗?人们出于本能的信念,不会乐于对此表示同意,而且人们首先会根据我们已认识到的种种主观绝对性这一事实,来对此加以驳斥。这种种主观上的绝对性并不简单只是一些幻想和自夸,而是来自对客观绝对真理的渴求,它在经常加以批判的自我纯化和经常提高的努力之中实际产生作用。这一点我早先已在我的那本小书中指出。

只不过,我现在想要比先前更加明确地指出,上面所说的结合并不能在某个历史宗教内实现。各个宗教只是全都显示出一个共同的方向,并且全都由于内在的推动而正在努力攀登一座未知的高峰。仅只在那座高峰上,才能够有最后的同一和客观绝对性。正如某个最后的共同目标在于未知之处、未来之境,或许更还在彼岸,共同的基础则在于神性精神,它正在变得显明并进入人们的意识之中。神性精神就包含在有限精神之中,从它与有限精神的统一之中,才会产生出全部杂多的运动。

但是,在神性的基础和神性的目标这两极之间,将结合着文化圈和种族圈的种种特殊性,同时也结合着它们的大宗教形态的特殊性。种种形态的宗教,如果可以摆脱那种过分人性的固执和僭妄,就能够彼此了解。它们如果各从自己的根基出发,力求提高和加深,并在这方面与其他宗教同样的努力有相通之处,就能互相接触和彼此相近。[118] 施特里特(Canon Streeter)在《萨都》(The Sadhu)一书中描述了一个很动人的例子。但是,就人眼力所及的未来而论,不同的文化圈尽管都会有某些边界性的变化,其主要的启示内容仍会各自保持不同,而其价值的判别则永远不可能客观地给予,因为每一种论证的前提都与当时那一文化圈特定的属性相关。人格个性这一概念本身在东方和在西方内涵并不相同,从而,以人格个性概念为基点而提出的一切论证,在这儿和那儿只能够得出不同的结论。并没有可据以提出有关实际价值和真理论证的公共基点。每一次提出的论证,本身就已经与自己的根本立场关联,并由后者所决定。

对于我早先的种种理论,我今天所要说的就是这些。我希望诸位能感觉到这里面没有任何怀疑精神和不确定之处。一种真理,即便它只是对于我们而言才是真理,也并不就不再是真理和生命。我们每天都在对他人的爱中体验到,他们都自有其标准地自为存在着;这也是我们在对人性的爱中必然能够体验到的。这一点并不排除竞争,只不过,那必须首先是一种为了提高自身纯粹性和明晰性的竞争。我们若在各宗派里寻找自己的深度和广度,就能期待相见。这适用于每个宗教,适用于各个教派,也适用于互相交往的所有个人。在我们的尘世经验中,神性的生活不是一,而是多。在多中领悟到一,这才是爱的实质。

三 政治、爱国主义、宗教

[119]我首先自然要说,我真诚感谢诸位给予我极高荣誉,邀请我到你们的圈子里来讲话。我相信,贵学社在宗教事务上所持有的种种一般性原则,也是我与诸位所共有的。而且我感到,诸位希望我来探讨的论题,也是从这个精神圈子里生发出来的。从理论上来探讨这样一个论题,在十年前当然要比今天容易一些,这个论题今天已经有了一种格外令人痛心的实际意义,在当今人类所遭遇的所有痛苦中,它是最为切身的痛苦。我想试图避开这类情境上的困难,仅仅探讨一般性的理论问题。尽管如此,种种困难仍然相当大。

我们首先应当讨论的是,世界上到处都是各种政治力量和伦理宗教力量在彼此对立。

政治是什么,并不需要多下定义。政治乃是组织一个共同体来维持秩序,并对外宣告和扩张这个共同体的艺术。为达此目的需要采取手段,一是在心理上施加影响,一是行使实际的治安和军事暴力。由此产生的后果是:每一个这样的组织,都有赖于它最初所定居的地理位置、人口增长程度以及群体的好胜心和占有欲。就第一个条件而言,若定居的地理位置不利或者要扩大,就会发生与相邻者的战争;就第二个条件而言,若是人口猛增,就会迁徙、移民和对外扩张;就第三个条件而言,会出现追求荣誉、权力和光辉的英勇热情;就第四个条件而言,会产生力图不断提高生活水准的无法压抑的欲望。

政治权力形成的这一切特点及其后果,都与异教部落和民族宗教有着互相促进的关系。那些宗教上的神灵与各种族或其首领同一;首领都是神灵的后代或化身,或者至少与神灵关系密切。[120]掠夺征伐乃是神灵之事,种族内部的制度、权力和习俗也都同样如此。遭到的挫败即神的挫败,崇拜该神的人由此转而依附更强大的神。

伦理道德处在与这些神的松散关联之中,而且首先是武士和英雄的伦理道德,作为公平正义和个人尊严的伦理道德,在最有利的情况下也只是一种内部道德,是兄弟之间的道德,但绝不适用于对待异族、野蛮人、敌人、不信神的人、奴隶和役夫。在这方面不存在任何社会对等关系上的问题。政治如同宗教一样,都是顺应自然,所崇尚的权力、力量和成效,都像是各种自然力量和自然环境所赐予的。唯有勇敢的英雄行为,才作为一种美德,在古代印第安人和荷马史诗中的英雄们那里,被赋予了某种超自然的伟大性。

普世性的和道德性的宗教则完全是另一回事。它们之所以是普世性的,乃是因为它们崇尚一种统一的世界权力;之所以是道德性的,则是因为人与这种权力之间只能够有一种精神上的和个人的关系。也仅仅是从精神和道德角度来看,而不是从自然的角度来看,统一性才有可能。当然,这样一来就有了一种新的道德,它完全不同于由自然和血缘形成的群体的道德。这种价值和道德的重心在于对神性事物的崇敬和奉献,并在极大程度上按照这种奉献来衡量人。英雄和战士的种种美德即使尚未完全消失或遭摒弃,也都已退到幕后。

这样的宗教与政治之间的关系当然不融洽,因为政治始终依附于个别的国家,而且十分推崇斗争美德和英雄性格。因此在历史现实中,宗教很难对政治有重大影响,除了两例:儒家伦理昌盛的中国,欧洲的中世纪。

佛教的主旨与政治精神的对立大概要算最尖锐了,正因为如此,佛教始终对政治毫无影响,只在它传播所及的地区形成一种生活方式,不能形成任何统治权力。犹太教在大卫的国度灭亡之后,也只能在梦想和希望之中实现其政治理想,即在苦难中树立起来的一种宗教性和道德性的理想政治。而在其弥赛亚希望中,基本上仍保留着某种犹太统治,甚至扩大为世界统治的古老政治理想。无论在何处,犹太教的那种受难和忍耐、内向和怜悯的道德总是一种末世前的临时道德(Interims-Moral)。

[121]最后是对犹太教产生过强烈影响的祆教。它虽然是伦理性和道德性的宗教,却只是为了给农民和战士赋予战斗力量,以捍卫他们的文化和民族性。

当然,在以上所有这些领域内,这些基本立场从来都不是铁板一块。它们都在历史的波涛起伏中经受了人的影响和互相融合。但后来却反对这种结果,也从来没能对政治及伦理起到真正人道意义上的决定作用。因此,可谈的仍只是中国和欧洲的中世纪。

儒教中国的那种宗教,乃是一种非常微弱而又非常抽象的宗教,基本上只是普遍的对世俗秩序的信仰,道德上的种种制度也以这种信仰为依据:长幼尊卑间的安定,家族中的美德,诚与义,礼与直,勤勉的文化活动以及和平的集体意识。中国在许多方面得以保持最幸福、最有利的政治社会秩序,但是对外很软弱,而且深受人口过多之苦无法解除,除了瘟疫和饥荒,再没有解脱。但我们且把中国放在一边。虽然中国在过去很长时间里成了道德的田园牧歌和世界的模范之邦,但对于我们解决欧洲问题无所助益。

自从古代和中世纪的野蛮状态以来,欧洲一直有一种急迫的冲动,想要干出一番盖世伟业,一切都敢作敢为,一切都能创造,充分得享冒险之乐,踏遍并征服全世界。欧洲的象征就是普罗米修斯(Prometheus),他从诸神手里取来火,全凭自己的力量成就了一切。勇闯并征服大陆的维京人也是欧洲的象征。只有在欧洲,"政治与宗教"的问题才亟待解决。因为,正是这个欧洲深刻且毫无障碍地接受了犹太教最精致的内化形态(Verinnerlichung)——基督教,同时又接受了古代哲学中那种与政治和平民宗教的自然主义相对立的最高尚的人文观念。

因此,在北欧野蛮主义与基督教—古典式的温顺心灵的矛盾结合之中,产生出了欧洲中世纪那样值得注意的现象。这个中世纪,就其农业社会和贵族统治的特色而论,就其人口稀少和交通缺乏而论,就其管理薄弱和好战心强而论,都与其他文化圈的中世纪并无二致。但这个中世纪将所有这一切要素,[122]与实行集中制并极力注重内心生活的宗教——天主教结合了起来。这样就在理论上,也多方面地在实践中,产生了一种为宗教所约束同时又受宗教促进的政治。宗教于是成为超民族的和人道的因素。

一个处于神职上层领导之下的基督教民众共同体,承认人人共享生活上和健康上的种种权益;在一种固定不变的内部秩序和阶级划分下,各等级之间相互关心,人的生活重在圣洁和心灵的无限价值,人格个性享有自由并受教会法庭的保护,爱和灵魂最终从尘世中获得最内在的独立,这一理想体现在修道院内和各个国际教团中——这就是在理论上并在实践上一定程度地表现出来的那个时代的时代实质。如果说理想并未成功实现,那么,其原因看来也只在于人的罪孽深重。但这不过是因为对罪恶的不断斗争永久必要,而不是什么理论上的错误。因此毫不奇怪,就连德国的浪漫主义者和法国的实证理论者这些彼此对立的思想家,也在某种意义上看出,中世纪的欧洲文明和世界秩序理想有一种永恒性。

　　但这样一个中世纪也只是欧洲文化的最初形态和开始,它的周围原本有许多丰富而强大的文化,例如拜占庭文化。随着欧洲各民族相继巩固而形成民族国家,并在经济上不断发展提高,基督教世界的统一日趋崩溃。那些组织得很松散的独立国家逐渐形成牢固的主权王国,摆脱了基督教理念世界居最高统治地位的感觉和想法,中央集权的君主专制国出现了,随即又在卡尔八世入侵意大利以后,开始了以欧洲各强国间的均势为目的的斗争。

　　参加这场斗争的主要国家都摆脱了教会的控制,它们的教会,不论是新教教会还是天主教教会,甚至也都或多或少地民族化了。与此同时,这个由许多君主制主权国家构成的不断斗争着的旧秩序,也在我们这个星球上成功扩张:[123]欧洲展开了对这个星球的殖民征服,逐渐形成了我们今天视为当然的政治、经济、强权政治、人口增长和世界剥削的紧密关联。

　　这种事态立即得到理论的重视和阐述。马基雅维利学说的实质不是一种不道德的邪念,而是摆脱宗教道德和宗教普世主义的政治解放。他的不道德元素来自意大利文艺复兴,而且是次要的,起决定作用的其实是他的政治独立自主学说。现代中央集权的政治和国家形成是一种崭新的力量,它既表现在对内管理,也表现在对外关系上;它必然以持续不断的战争来实现其目的。权力思想和这类斗争的逻辑,就是要纯粹从自身出发来谋求发展,同时注意地理、人口和经济等方面的关系。在马基雅维利看来,这在道德上意味着要自觉地与基督教的道德及政治理想一刀两断,退回异教时代罗马人坚忍不拔的美德、英雄式的生命感和贵族式的英雄气魄中去。至于马基雅维利认为的最佳国家体制究竟是共和制还是君主制,那原是无所谓的。他的共和国,也不过如罗马和威尼斯那样,是一种由贵族执政的国家而已。马基雅维利的全部思想,说到底是基于对平常人的蔑视。平常人乃是治国之术所需并用以形成种种力量的材料,必要时必须而且能够借助道德和宗教上的种种幻想来统治之、驱使之。

与此相近的话语也出现在许多威尼斯公使的著名的公务报告书中,这些人都是马基雅维利的前辈和同辈。朗克正是由此获得了他对这个时代和这种政治的洞见,这个时代、这种政治与基督教和人道主义的根本信念完全对立。同样的观点后来也见之于所有那些重要而美妙的指导实际政治的文献之中。在意大利和法国,这些文献都作为国家利益理论而与官方建构起来的亚里士多德式的自然权利的国家哲学一同流行。在意大利崭露头角的是博卡利尼(Boccalini)和博特罗(Botero),在法国是黎塞留(Richelieu)和若昂公爵(Rohan)。在英国则由培根和霍布斯代表这一方向。培根有所克制而且较为谨慎,[124]从来不曾完全透露统治的奥秘,霍布斯则十分矛盾而又冷冰冰地泄露出那种奥秘,并将它与自然主义哲学联系起来。

当然,政治生活与文献中的这种趋势也遭到了许多反对。在古典主义后期对人道主义理想的崇尚中,以及在基督教情感奋起反抗这种趋势的过程中,出现了从莫尔(Thomas More)的《乌托邦》(Utopia)直到康帕内拉(Campanella)的《太阳城》(Civitassolis)等一系列所谓空想社会主义文献,甚至德·圣彼尔神父(abbé de St-Pierre)和康德关于永久和平的论文亦可归入此类。其后还有卡贝(Cabet)和傅立叶(Fourier)的社会主义乌托邦以及贝拉米(Bellamy)的《回顾》(Looking Backward)。但是,这些空想社会主义文献正好十分有趣地揭示出了实际上的种种困难。

在这方面第一位极其引人注目的,就是诸位的同乡莫尔。他在荷兰写出的《乌托邦》初稿,还是纯粹且强烈地从人道主义的情感出发,这或许由他在荷兰处理政治谈判事务时的经历所决定。他让他的书中周游世界的主角拉斐尔(Rafael)讲述了一个没有金钱、没有强制的奇异国土的故事,那里的人很高兴地接受了基督教的和古代的种种教导,因为他们的传统与那些教导相近。莫尔无疑很想看到他的英格兰故乡能有这种意义上的改革,人们也常指出乌托邦岛与不列颠岛的相近之处——只有岛屿具备进行这类试验的必要条件,即与外界隔绝。这对英国说来不失为一种希望,但就事论事也是一大困难,所以,就连莫尔也只敢将整个方案施行于一个遥远的异域,并将他的拉斐尔描述成幻想家。这表明他认为必须抱持何等谨慎的态度。[125]此外,他的那个理想国对内实行的却是奴隶制,公民被豁免体力劳动,一切劳役由罪犯、战俘、逃犯承担。

但是,他根本没有发表这份初稿,而是在返回英国后发表了新写的导言部分,其中明确地说出了他对某邻国所运用的马基雅维利式策略的憎恶,但他又认为,就政策本身而言,这不失为一条实际的中间道路,因其考量了实际形势的需要。他还给业已写就的全书主要部分增加了许多显然的修改——从文意的前后关联受到破坏可以看出——例如人口过多的问题。他首先提到,应当采取一种人为的措施,以谋求各地区之间的人口均衡,但随后又以对外移民和进行征服为首要目标。为此他还构想出一项自然权利,认为凡属人口稀少或开发不良的地区,均可予以占领,并使用军事力量予以保护。

但是这么一来,莫尔也就卷入了一项很复杂的战争与联盟政策,一来二去,就会与马基雅维利的政策难分轩轾。莫尔还提倡一种"文化使徒"思想,认为高等民族理当改造、解放并造福于低等民族,不管后者是否愿意。但这样一来,低等民族在其解放者的领导和统治之下,就成了一种手段。自古以来无数次的战争与征服政策都是靠着这种手段,光明正大地或者不光明正大地被合理化了。威望和权力的意识,以及对自身优越性和特殊天职的确信,也都借此得以发展。看起来,所有大民族都在某种方式上具有这种信念,这与它们的扩张欲望相符。

最后,莫尔将自己的注意力转移到民族经济自给自足的难题上,这个问题自亚里士多德以来就备受关注。为达到经济自足这一目的,他让他的乌托邦保持着一种尽可能最原始的纯粹农业经济阶段,尽可能摆脱享受奢华和精美之物的欲望。这在现实中从来都是无法实现的,就连柏拉图的那个典范性的理想国也都未曾贯彻过。但莫尔又教导说,若遇饥馑和歉收,或者只要不能充分自给,就可以进行自由贸易;若仍不足,就可实行殖民剥削并建立黄金储备。在这里,他的建议与马基雅维利的策略更是不相上下。这种乌托邦确实在真诚努力地维护宗教伦理思想,并为此而采取了许多古代柏拉图式的以及一些基督教式的办法。但是这类办法同时也为现实政治和治国权谋大开了意义重大的方便之门,足供引进马基雅维利主义的一切理论和实践议题。

但是,尤其值得注意的是,莫尔最后出于什么原因作出了诸多修正和让步:[126]他在发表该书时正要投入一场政治生涯,他即将膺选进入枢密院。因此,他不仅必须对政治家表示恭敬,还要对自己未来的措施多加考虑。尽管如此,他仍不失为一个宗教上的理想主义者。尽管他基于人道主义立场对教会提出了相当尖刻的批评,但他绝然地作为一个殉教者而死,不愿支持教会附属于世俗政权,从而助长国家的权力。命运仿佛要在此不失时机地表明,死亡乃是政治理想主义所当受的惩罚。

类似以上这些评论,对所有这类乌托邦也都适用。但最重要的是,尽管有许多严肃认真的著作,实际政治却始终对之置若罔闻。从宗教改革时期的法兰西—哈布斯堡之争,直到三十年战争,再到英国克伦威尔战争和西班牙王位继承战争,后来又从弗里德里希大帝时代的全面战争直到拿破仑战争和最近这次世界大战,实际遵循的基本上一直都是马基雅维利的信条。这些信条看来已成为权力均衡原则的一个有机组成部分。在最近这次世界大战前后,许多聪明人都曾为这个问题深思熟虑、痛心疾首。但从一切迹象来看,这次大战也还绝非转折点,而仅仅只是一段插曲而已。我担心,这一充满不祥之兆的阶段在向我们表明,更令人痛苦的命运等着我们。

如何可能找到一种解决的办法呢? 所有国家的真诚明达之士近年来一直都在重新思考这个问题。许多方法摆在我们面前,但是很可惜,它们彼此差异极大,且每一种方法都有其局限性。

第一种方法,在原则上放弃一切理想主义,尤其是放弃一切普世性宗教,并信奉某种完全的自然主义。正如欧洲数百年来,马基雅维利式的争斗方式已经深深植入各大国的骨髓,各大国只要强大昌盛,就不会停止为巩固和扩张而发动战争。而且各大国随着自己的成长壮大,还可能将它们之间的战争带往世界的远方,不断地施行于异域,虽然最后仍必须回到本国作一决战。获得胜利的是较幸运和较强者,是受惠于各种有利形势者。它将无所不用其极地利用它的胜利,尽其所能地使自身不致陷于解体,然后再寻找新的对手。

[127]只要列强本身保有强大实力,只要这个星球的各种资源尚能维持,上述过程就会一直重复下去。一旦这种力量枯竭,诸多资源耗尽,整个文化体制就面临末日,走向崩溃。根据上述自然主义的观点,上帝超感官的世界都是梦想,代表着一种不可能有的、永远无法实现的理想。宗教的王国并非属于这个世界——耶稣早已说过并意识到这一点,他也据此而行动。政治并不因此缺乏道德,

但这是一种以悲观主义为主导的道德,除了荣誉、权力和实现命运以外别无企求。这在根本上也曾是马基雅维利的用意之所在,德国的斯宾格勒在他最近一本论述西方没落的书中也是这么想的。从马基雅维利到斯宾格勒,这种思维模式为伟大而悲剧性的人类历史写下了判词。

第二种方法与以上对立,是纯粹宗教性和精神性的解决办法。按照这种办法,尘世中的上帝之国仅仅只是承受苦难,并怀抱希望。上帝之国,或者天上的耶路撒冷,在地球上仅仅是少数不忘上帝的共同体,教会是其代表。教会曾经为了上帝热衷于争斗和分裂,热衷于争夺权力和尘世手段,过于臣服于尘世的力量。领悟神意和获得拯救的人保有和平与爱,忍受地上的罪恶之国,直到尘世终结时上帝之国显现,或者历尽苦难和牺牲后得享天堂的永恒幸福。这也正是奥古斯丁在其《上帝之城》中所想到的:"上帝之城"指天上的耶路撒冷,而不是教会的统治。德国神秘主义者和马丁·路德的反对者弗朗克(Sebastian Frank)也是这样想的。还有福克斯(George Fox)以及今天许多新的信教者都有这样的想法。这乃是英雄主义加悲观主义——那些极端的马基雅维利主义者抱有相同的信念,只不过价值定向和实际效用恰好相反而已。这种想法在耶稣之死到今天无数和平之友的殉教中,一直贯穿始终。

以上两种方案都很难纯粹而彻底地施行,即便施行也总是失败。纯粹而毫无约束的马基雅维利主义,会导致各民族自身的毁灭和互相之间的极端猜疑,而人始终需要彼此间的关心和道德情感。另一方面,[128]纯粹精神性的方案则放弃任何克服有限世界的努力,这其实是一种信心的缺乏。因此,该方案若毫不妥协地去施行,也难以成功,所有基督教会关于国家和社会的理论,实际上的确都具有妥协性。就连贵格会(Quaker)在美国宾夕法尼亚州的虔诚的实验也是一种妥协,而且要想持久,那样的妥协仍是不够。

在前面所说的两种情况下,人们都很热衷于他们虽然在实践上已经违背的理论,并热情洋溢地以斗争捍卫这些理论,尽管实际上只有少数几个人认真相信那些理论。简化理论的要求根植于人的本性之中,遇到二择一的时刻,简化的命题常常最切合需要。人们在生活上能够承受复杂性,在理论上却办不到。只有傻子和狂热家,或者还有鲁莽片面的英雄,才会将一元论式的理论认真地付诸实践。因此,上述两种激进的出路实际上都不在可能性范围之内,而且后一种比前一种更不可能。

人们因此还要寻找另外第三条出路,而且非要找到不可。这第三条出路乃是保障和平世界的统治之路,或者说,是统一的世界王国之路,即由一个中央实行统治,容许各邦国享有相对的独立自主,但要由中央行使权力排除冲突,并保证所有人的生活自由。

这一解决方案的范例就是罗马世界帝国及其帝制——吉本在其名著的章节中称赞帝国最初两百年为人类最幸福的时期。其间,基督教和罗马廊下派派自然法学说也都相应地作为世界帝国的连带现象而出现。但是,这个世界帝国与消灭各民族的自豪感和独立性结合在一起,最后竟因自身的军事防务力量而衰弱。倘若没有那种力量,它当初就不会出现;运用那种力量,它却又未能持久。而且,那时人类尚处于分散状态,罗马帝国只囊括了世界上的一小块地域,在经济上仍以相当简单的关系为基础,并且只拥有有限的人口。而今天一个这样的帝国必须能够囊括全球绝大部分地区,必须能够管理庞大地域内的经济和人口流动。什么人能够领导这样的国度呢?罗马帝国由于管理技术的不足,由于不能驾驭庞大的地域,终归失败了。今天庞大得多的地域又该怎样管理呢?况且,欧洲那些古老国家[129]早已习惯了享有主权和自由,且都已经充分独立,怎能够承受统一的大帝国的管理呢?

　　有一本美国人巴布森(Babson)写的书《人类的未来》(*The Future of Mankind*),鼓励美国来担任这样的角色,容许半加盟、半隶属的各国尽可能地民主自治。但巴布森自己也很明白,庞大的人口变化,以及它所带动的经济需求的变化,使经常不断的调整成为必要,任何民主宪法都难以应付这样的情况。这仍是比较渺茫和困难的道路,即使大多数民族都如巴布森所说,作出重大退让。

　　第四,如果不考虑采取一种由军事上支持的最高权力和中央统治,那就只剩下一条出路:自由协议,或者仅仅依靠条约和互信来予以支持的民族联盟。今天,由于战争的大规模技术化,以及化学和机械技术取代了英雄主义,这条出路日益深入人心,或许它的确包含着某种解决方案。

　　只是它有一个危险:由于联盟各成员强弱不均,所产生的联盟只会成为一个新的霸权外交工具。罗马帝国说到底也是一个民族联盟。即使能够避免这一危险,那也还有各大强国在放弃完全主权上的种种心理困难:自从 16 世纪以来,主权问题一直与所有政治情感紧紧结合。最后,各民族的定居和今天的迁徙也会产生出许多无法克服的困难。国族边界并未划清,很晚才产生的国族意识,与自然地理疆域划分永远相冲突。自治和对少数群体的保护迄今证明在实践中很难贯彻,它们有悖于最近数百年人们关于国家所想到和感觉到的种种政治必要性。尤其是从人口变动和永不停息的民族迁徙来看,再加上相应地变化着的种种经济需求,就更不能指望各种力量会长久保持不变。

　　这个在莫尔那里就已经说明了一切的问题,将会导致不断的领土变化,但这难以获得普遍的理解和善意的同情。即使是绝对的自由贸易,也很难对这种形势有所补救,且不说这种自由贸易本身就与现代的种种国家情感和主权情感相抵触；只要参与贸易的不是一个不管怎样都能控制贸易和工业的强国，就会马上出现麻烦。[130]并非毫无意义的是，我们今天有了一种新的重商主义，这不同于从前从属于专制经济政治的重商主义。

所有这一切困难都要求在实际上进行妥协。政治意味着，而且必定意味着，既对内也对外安排并组织权力，它不能片刻停止猜疑，每当有所考虑，都必须作超越当前世代的长远打算。政治永远不会脱去马基雅维利曾经尖锐指出的基本特点。它发源于人的种种自然特性和自然需要，成了通体贯穿着人的智慧的自然主义的一部分。

但人并不是单纯的自然存在体，政治也是如此。政治必须能够一定程度地人性化和伦理化，必须能够对内承认人的尊严，对外互相满足种种生活需要。不然，它就会成为国家和民族之间的粗暴相处和自相摧残。上述各点如何才能实现，历来都取决于大政治家们的创造力和想像力造就的形势。我在这里无法就此问题展开详细讨论。我只能说，在这方面并没有什么普遍规律。

超出于政治和自然主义的领域之上，还有一个精神和宗教的领域，它出于全然不同的力量和动机，将各民族的个人联系在一起。这个领域创造出人们精神上的统一团结，抵制单纯政治的种种尽管智巧实却粗暴的需求。它比种种自然需求和力量柔弱一些，且易受损害一些，时不时地被种种激情撕扯得粉碎。但它却总又恢复原状，而且重新长出比一切政治都更宽广和深厚的根基，因为它与生活的意义和目的关联，而政治则根本不能满足那种意义和目的。政治只有在为精神生活创造供其发育滋长的物质前提之时才有意义。不过，正是因为这个缘故，第二个领域总会一再地对第一个领域发生反作用，而且在遭逢一切自然灾祸以后仍使之复苏。

何以竟能出现这样的情况呢？对此又不能有任何普遍的解释。一切要视形势而言。最明确的是，勇气、真诚和献身精神不能仅限于一国之内。但是，这条妥协之路需要与一个重要的区分关联起来，我最后要说明这种区分。这就是政治与爱国主义之间的区分。这两者原本就非常不同。爱国主义[131]与国土、家乡、语言、血缘有关，是某种多元的和静态的事物，是对自身存在和实质的一种质朴的爱。随着人们的交往慢慢增多，精神生活不断提高，爱国主义才上升为普遍性的民族观念；民族性统摄了所有语言上和血缘上的亲缘关系，包含着共同的爱和自豪感。利用这种情感和热情来达到自己的目的，向来是政治家的巧妙手法之一，自从现代各民族实现民主化以来尤其如此。政治家很懂得将他们独揽大权的行为和政治野心，与这种颇为内在而且不计利害的情感不断结合起来，为他们自己的需要和欲望装点上道义的色彩。这种事在过去经常发生，今天我们也见得够多了。

但两者实际上并不相同。这一点在国家主权论——现代政治从这种理论中获得其自身活力和激情——的观点上表现得最清楚。单纯的爱国主义不需要无条件主权，只需要容许居民迁徙流动，享有自由与自尊。就爱国主义本身而论，它可以毫无困难地适应种种国际性的组织和容忍国家主权的某些削弱，只要那些条约平等且不意味着某个国家的霸权。爱国主义与政治（这里指的是现代技术意义上的政治）分开，就其本身而论完全可能。不过，这将会要求那些脱胎于专制制度，虽已完全民主化却仍继续保持专制主义传统的现代国家，在结构上和自尊心上有深刻的转变。

此类变化思潮如今已在各民族中出现。我最近读到拉斯基（Harold Laski）的一本英文著作《论主权的基础》（*The Foundations of Sovereignty*），其中就宣传了这种新的思维方式，并列举了相关文献。在德国,由于其复杂和困难的地理位置,这种转变当然有些困难,但人们还是一再地谈论着这类问题。在法国,则有狄贵(Duguit)和索雷尔(Sorel)在为此进行斗争。很可能我们的政治思维在这方面正经历着种种重大的内在变革。这些变革可能不会创造出上帝之国和乌托邦,但上述妥协也不会一无所成。事情或者会变得越来越简单,因为,专制主义传统干预议会民主事实上已经不再流行。无论是对内还是对外,这种干预都越来越不能保证秩序与和平了。

[132]以上种种都是思想家和学者难以解决的实际问题。我也只能为基本理论问题指出以上种种理论核心。解决我们的问题只有一个办法,那就是自然主义与理想主义之间的妥协,尘世生活的种种必要性与精神生活的种种理想目标之间的妥协。

在我们德国,很多人将妥协看作有思想的人所能做出的最卑鄙、最粗俗的蠢事。人们要求遇事采取"非此即彼"的激进主义态度。愈往东部,这种种声音愈是尖锐。但人们都希望照自己的愿望行事,因此任何激进态度都只能是成事不足而败事有余。在这一点上,基督教本身的历史倒是极富教益。整个基督教的历史就是上帝之国这一乌托邦诉求与持久延续的现实生活之间不断更新的巨大妥协,虽然福音本身敏锐地直觉到了尘世即将到来的末日。

但是,事情不止于此。说到底,整个生活本身,无论纯然动物性的存在,还是我们人类的生活,都包含着由各个因素达成的、持续不断的、一直处于不确定性中的妥协。正是在这种二元性的生活和这种妥协之中,才形成了宗教内在性和宗教性交流所能达到的种种高度,并从而指出了它们能够获得全面自由的彼岸。

人类的命运就是:不仅要为生存、为政治—社会领域的要求斗争,还尤其必须在自然生活与精神生活之间努力斗争,精神生活高出自然生活,且又在与之对立之时仍与之结合在一起。既然全部历史的实质就是妥协,思考者就无法回避妥协——同时也必须承认:一切尘世事物的妥协本性,可能已在什么地方,深深地印在我们的心版之上。

附　　录

《历史上的各个时代》(1854)序言

兰克　撰　谷裕　译

[中译编者按]1854 年 9 月 25 日至 10 月 13 日,兰克应邀为巴伐利亚国王讲了 19 次世界历史,从古罗马、中世纪、近代早期讲到美国独立战争和法国大革命。讲稿随后以"历史上的各个时代"为题出版,副标题是"为巴伐利亚王马克西米利安二世所做的讲座"。头两讲是序言,阐述了整个讲座的基本思想。

序　一

引　言

为本次讲座,首先需要就两点达成共识:一是从哪个时段讲起,二是主要概念(Hauptbegriffe)。

先谈讲座的起始点。考察很久远的时代、很偏僻的状态,离本次讲座的目的过于遥远。它们虽对当下仍有影响,但不过是间接的影响而已。为避免在历史中走得过远,我们将从罗马时代讲起,因为这个时代汇聚了极为不同的重要因素。

以下我们再就两点达成共识:一是普遍意义上的"进步"概念(Begriff des Fortschritts);第二点也与此相关,即何为"主导理念"

(die leitenden Ideen)。

1　如何理解历史中的"进步"概念

若如某些哲人认为的那样,人类整体是从一个既定的原始状态朝着一个积极的目标不断发展,那么似乎就得以两种方式想象:要么有一个普遍的引导意志促使人类从一点向另一点发展,要么人类精神天性中似乎有某种趋向,驱动事物必然地向某个目标发展。

我认为这两种看法在哲学上站不住脚,在历史上也无法证实。哲学无法接受该观点,因为第一种情况[即普遍意志引导],径直扬弃了人的自由,让人成为无意志的工具;而在第二种情况中[译按:即人天性中存在某种趋向],人只能要么是上帝,要么什么都不是。

上述观点在历史上也无法证实。首先,人类绝大部分如今仍处于原始状态,处于开端阶段。其次,问题是:何为进步?人类的进步表现在哪里? ——在伟大的历史发展进程中,有一些因素已在罗马和日耳曼国族中固定下来,此中倒是存在一个逐级发展的精神力量。而在整个历史中,确乎也有某种相当于人的精神的历史力量显而易见,这是在原初时代就已奠定的运动,然后一直保持着某种持续性。只是归根到底,人类只有某个系统的人群参与了这场普遍的历史运动,另一部分人却排除在外。在一般意义上,我们也不能把那些正处于历史运动中的民族,视为处于持续的进步中。

倘若我们把目光转向亚洲,就会看到,文化从那里发源,而且这块大陆经历了很多文化时期。只是整体来看,那里的运动更多是一种倒退式的运动,因为亚洲文化最古老的时代才是最灿烂的时代,接之而来的第二个、第三个时代,也就是古希腊和古罗马元素占主导地位的时代,就已经逊色,及至蛮族即蒙古人入侵,亚洲文化就彻底结束了。

针对这一事实,有人想要求助于地理进步假说[按:即文化进步有地理上的规律可循]。倘若有人比如彼得大帝认为,文化是绕着地球转的,即文化源自东方,也必将回到东方,那我必须从一开始就声明,这不过是一个空洞的宣称。

其次,要避免一个谬误,即认为多个世纪以来的持续进步同时包括人类本质和技能的所有分支。历史向我们展示——仅举一例——比如在近代,艺术在 15 和 16 世纪上半叶最为繁荣,相反,在 17 世纪末和 18 世纪前七八十年,却大多走了下坡路。文学同样如此,这门艺术只在某些时期真正繁荣,历史并未显示它在千百年中不断向更高水平发展。

倘若我们排除地理发展法则,倘若我们看到,另一方面,正如历史教导我们的,在很多民族中已开始的发展不总是包括各个领域,而这些民族可能走向没落,那么我们就会更清楚认识到人类持续的运动到底在何处。人类持续发展,是因为掌控人类的大精神趋势(geistige Tendenzen)时而分开,时而联合。在这些趋势中,总有某个个别的倾向占得上风并使得其余的退居其后。

比如 16 世纪下半叶宗教因素占得上风,文学相对就靠边站了。相反,18 世纪对功利的追求赢得了市场,艺术及其相关活动就要退让。可见,人类每个时期都表现出某种大的趋势,而进步的基础就在于,每个时段都有一定的人的精神运动,它交替推出不同的趋势并在其中显示自己的特性。

倘若与上述观点相反,认为进步表现在人类的生命在每一个时代都会大幅提升,或每一代都完全超过前一代,故而最后出现的一代就是更受欢迎的,而此前各代不过是后代的传送者(Träger),那么,这就等于说神是不公正的。这样一个几乎只是过渡性(没有正位,mediatisiert)的一代本身不会有意义。其意义仅在于,它是通往后一代的阶梯,与神之间并不存在直接关联。而我却认为,每一个时代都直接与神发生关系,每一个时代的价值都不在于从它里面产生了什么,而是只在于它的存在、在于它自己本身。只有当人们必须把每一个时代都看作自身有效的,认为每一个时代都极具考察价值时,对历史的考察,尤其是对历史中个体生命的考察,才获得了完全特殊的吸引力。

故而,史学家首先必须集中考察人在某一时段如何思想和生活,这样就会发现,除了某些不可改变的永恒的主要理念,每个时期都有自己特殊的趋势、特有的理想。既然每个时期自身便有存在的权利和价值,我们也就断乎不得忽视从其中发展出来的东西。其次,史学家还必须意识到各个时期之间的不同,从而考察相继发生的历史事件的内在必然性。

在此的确可以看到某种进步。但我不想因此就认为这种进步是一种直线运动(in einer geraden Linie bewegt),我认为,它更像一个以自己的方式为自身开辟道路的潮流。神——恕我直言,我认为他在人类总体历史中俯瞰整个历史上的人类——在他看来,各个时期都是等值的,因为在他面前没有时间[区别]。人类教育的理念或许本身有真理可寻,然而在上帝面前,人类每一代都有平等权利,史学家必须这样看待问题。

在我们能够观察到的历史中,无条件的进步、最大程度绝对的上升也是有的,比如物质利益方面。就物质利益方面来讲,即便没有巨大变革,也几乎不会发生倒退;然而在道德领域却无这样的进步可寻。当然,在道德理念方面,可以发生量上的进步;同样,人们也可以认为精神领域在量的方面有所进步,比如今天比以前有更多受众欣赏文学艺术中的伟大作品。但是,如果想成为一个比荷马更伟大的史诗诗人,或者想成为一个比索福克勒斯更伟大的悲剧作家,那就贻笑大方了。

2 如何看历史中所谓的主导理念

哲人们,尤其黑格尔学派就此提出了某些理念,根据这些理念,人类历史如同一个逻辑进程,按正题、反题、合题,或按积极、消极规律无限发展。然而在经院哲学中,生命本身则消失了,同样,这种历史观、这种自身按不同逻辑范畴发展的精神的进程,其基础便是我们上文已摒弃的观点。

按上述哲人的观点,只有理念才具有独立的生命力,所有人不过是用理念填充的阴影和模板。同样按彼学说,世界精神相当于是通过欺骗来创造事物,并利用人的激情来达到自己的目的。而该观点或学说的基础,则是极端的、对神和人的不恰当的想象,但它径直引出了泛神论。于是人就成了形成中的上帝,成为借助蕴于天性中的精神进程生出了自己的上帝。

我理解的主导理念不是别的,正是每一个世纪占主导地位的趋势。人们只能描述这些趋势,却不能最终用一个概念来概括总结,否则,我们就回到了上述被摒弃的观点。

可见,史学家的任务是拆析各个世纪的大趋势,展开人类的伟大历史,这历史本就是不同趋势的结合体。从神的理念的立场来看,我认为人类蕴藏着无限多样的发展可能性,它们将逐渐显露,而且是按照我们所不知的法则,这些法则比人所想象的更充满奥秘、更伟大。

序　二

在上讲(序一)部分,我们主要考察了"进步"的概念。我们得出的结论是,"进步"概念并不适用于所有不同事物。比如它无法应用于普遍意义上世纪与世纪之间的关系,即不能认为,一个世纪是在为另一个世纪服务。进而,进步的概念也无法应用于艺术、文学、科学和政治领域的精神产品,因为这些精神产品直接与神发生关联。它们尽管立足于某个时代,但其本质和创造性却独立于之前和之后的时代。好比修昔底德创造了历史书写,后人无论如何都无法超越这种创造性。

同时,在个体的道德和宗教存在方面也几无进步可寻,因为二者同样与神之间存在直接的关联。人们只能承认,早期的各种道德概念并不完善[所以可以有进步],然而自从基督教出现,并且与此同时真正的道德和宗教出现后,在此就不可能再出现进步了。还有一种情况,比如说,在希腊人中占主导地位的是某种关于国族的想象,诸如允许复仇之类,而基督教则清除了这种思想。

然而,这并不等于说,基督教之前的不完善状态对基督教本质的形成做了准备。相反,基督教是一个突然的神性显现,正如伟大的精神产品无一不本身就带有直接被光照的性质。柏拉图之后不可能再有柏拉图;例如,我或许没有充分认识到谢林在哲学方面的贡献,但我也不认为他就超过了柏拉图。柏拉图在语言和风格方面,尤其在他的文学表述方面是不可超越的。但若涉及内容,则不可否认,谢林可使用更多前人所提供的素材。

与上述领域不同,在关系到认识和控制自然的方面,则有进步可循。就认识自然来讲,古人尚处于童年阶段;就控制自然来讲,古人也无法与我们相比。这进而与我们所谓的某种扩张联系在一起。道德和宗教理念的扩张,抑或所有人类理念的扩张,处于持续不断的进步之中。在曾经的文化中心,文化就有一种向四外发散的趋势。但这绝不等于说,进步在各个方面都毫不间断。进步更多会无条件地发生在物质性领域,诸如精密科学的建设和使用,又如在把不同国族和个体引向人类和文化理念方面。

反过来再看,在各人文科学领域,尤其在哲学和政治领域,是否真的出现过进步。在哲学领域,恕我直言,最古老的哲学,如柏拉图和亚里士多德所成就的,足矣。在纯形式方面人们从未超越它,即便在物质性方面,新近的哲人现在也在重提亚里士多德。政治领域同样如此:政治的普遍原则,古人已以最大的可靠性给出,以后的时代拥有的不过是更为丰富的经验、更为丰富的政治尝试而已。我们现在的政治当然建立在已有的历史状态上,比如,立宪君主制或长期君主制的问题从我们今日的立场来看不言而喻,但它们离不开既有的历史状态。因为谁也不能说,在君主制的理念中就已存在与不同等级(Stände)的关联。也就是说,后来的时代胜过古人的地方,仅在于在政治领域得到了更多的经验。

同样,人民主权(die Souveränität des Volkes)或君主主权(die Souveränität des Fürsten)的问题并不能通过科学来解决,而是需要以历史途径通过党派建构来解决。至于历史书写领域,也与政治领域别无二致。如上所述,无人会生出狂念,要成为比修昔底德更伟大的历史书写者,而我自己则有狂念,在历史书写中成就某些与古人不同的东西。因为我们的历史洪流比之古人的更为宽广,因为我们试图把另一些囊括了各民族整体生命的潜力引入历史——一言以蔽之,因为我们试图把历史把握为一个整体。

至此,我们解决了本期讲座的几个主要概念和出发点,以下我们将转入讲座的正式内容。

历史主义的危机

（1932）

侯斯（Karl Heussi） 撰　郭笑遥　译

1929 年秋，我在萨克森教会会议上和耶拿学者协会（Die Jenaer Gelehrten Gesellschaft）做了同名讲座，以下论述是讲座的拓展。我在讲座后进一步展开并追踪了本文处理的问题，一边深化思考，一边坚定了自己原本持有的立场。下述这篇论文经过了扩充和拓展，但就其学术倾向而言，与 1929 年秋那次重要但更简短的讲座所提出的内容相同。

如今，在史学理论领域中存在着如此多的问题，对这些问题的论证也往往非常困难。读者但凡稍微了解这一情况，就不会期待从我以下阐述中得到这些问题的详尽解答。而只要在近代哲学中得到讨论的问题进入此处的研究视域，我就会论证，该问题对于本文的论题框架是多么必要。除了在导言中对"历史主义"这一概念作出澄清之外，我此处的研究还涉及一个特定的、界限明确的问题：就 1900 年前后流行的历史科学对历史主义这一概念的理解而言，我们过去十年所经历的巨大的精神危机在多大程度上动摇了历史主义，或是否决定性地改变了历史主义？

以上是对本文所探讨的"历史主义"概念的回顾。由此，我已经说明了我将如何使用"历史主义"这一概念，即"历史主义的概念"一节所罗列的第三个义群。针对"历史主义"这一表达的多义性，存在这样的考量：完全避免这一多义性是否不利？若如此实践，本文的论述完全可以称为"对历史知识的批判"。然而，且不论这一标题过于苛求，而且人们对"知识"这一表达可能抱有顾虑，对此更切近的考虑应追溯到"历史主义的危机"这一标题，因为任何一种历史知识或是对此知识的批判都不可能存在于真空中。也就是说，任何历史知识和对此知识的批判都必要地、不可分割地与一个具体的历史情境相关联。

因此，在今天，所有针对历史知识的批判，都一定或明或暗地源于我们身后的历史情境。但是，对于这一情境，尤其对于我们这个世纪前二十年的情境而言，没有哪个表达比"历史主义的危机"这一用语更切中肯綮。这一用语在此情境中自有其根源，同时也击中了这个时代精神危机的本质和内在。此外，这样的标语和口号（"历史主义"是其中之一）往往也很难被打倒；对我而言，致力于澄清"历史主义"，是比禁止使用"历史主义"这个表达更有前景的做法。

导言：历史主义的概念

在研究历史主义概念的过程中，我读到了迈内克（Friedrich Meinecke）的如下句子：

> 一个全新的口号从生活中孕育出来，最初还闪耀光芒，它通过驱使零散的个别现象统一为整体关联，往往并不会发展出意料之外的成果。因此，若有可能，澄清和界定口号只能逐渐实现。人性、人道主义、民族、民族主义、历史主义、个体主义等等——到处都是这些多义、模糊的口号和概念，它们同时也富有成果、不可或缺，并且在使用中逐渐得到澄清和深化，即便这

一过程从未完全结束。①

[迈内克]针对"历史主义"概念特征的简短总结佐证了下文的研究(在这里,我们并不考虑迈内克此外引出的概念):在这里,一个多义的、闪光的口号("历史主义")因其模糊性被赋予了人们所能想到的最为不同的含义,这些含义有时处于直接对立的关系中,以至于这一概念一有希望得到实现,人们就会想要根除它。但这也是一个从诸多"模糊口号"中脱颖而出、追求科学概念之荣耀的词语,一个已经证明了自身多么富于成果且不可或缺,并逐渐得到澄清与深化的词语。如果没有自觉的工作,这种澄清与深化当然不可能发生。

我们首先要确定,这一概念是如何产生的? 它有何种不同的意义? 这些问题马上将我们引向各种有趣的观察。

单单一个事实就会使许多人惊讶,即直到过去三十年,"历史主义"这一概念才在人文科学领域中为人所熟知。据我所知,在19世纪90年代,这一概念在史学、神学和哲学领域所流行的科学语言的使用中还没有成形。首先,人们在书中徒劳地寻找它,希望能够猜测出这一概念的含义,这本书就是尼采的《论史学对生活的利弊》(1873/1874)。尼采在书中清晰地认识到并严厉地谴责了这个被后人描述为"历史主义"的概念,亦即片面、夸张的史学,但即便如此,"历史主义"这一概念仍没有形成。②

----

① Fr. Meinecke, "*Kausalitäten und Werte in der Geschichte*", HZ137, 1928, S. 13。一开始我们便应觉察到,引文出处的注释只能提供一种选择,并不能完全避免偶然的性质。如果想要追求文献均匀或"完整",在我们的这一对象面前,人们很快就会陷入一种漫无边际的状态。

② 尼采谈到了史学的过度、历史感的无节制、史学的危险和史学的疾病。

当然,这一表达可能早在 19 世纪就已经形成并得到使用了,就像近年成为时尚的词语 Problematik[成问题]一样——后者在本世纪初流行的科学语言中仍不常见,但可能在早些时候就已经出现。据我所知,"历史主义"[这个词语]可以被证明最早出现在国民经济学学说中。华格纳(Adolf Wagner)在《政治经济学基础》(*Grundlegung der politischen Ökonomie*,1892)①中反对施穆勒(Gustav Schmoller)和他所在学科中更年轻的代表学者的观点,并指责该学科的"历史主义"倾向(时在 1886 年)。②

华格纳对历史主义的理解是"一种对于经济史和经济理论在任务、方法和处理方式层面的差异的模糊"。华格纳在《政治经济学基础》序言中谈到了这种自负的思考方式:

> 正如更为年轻的历史主义处理一切不在其航道上移动的事物一样——这里说的是所有不适于历史归纳的事物、所有希望将具体的经济史等同于政治经济学的事物。

通过威斯特法尔(O. Westphal)的《俾斯麦的敌人》(1930,S. 154),我将注意力转向了华格纳对"历史主义"这一概念的应用。

到了世纪之交,[历史主义]这个词开始在哲学、史学和神学领域内传播,但它从一开始就具有多种含义。通过在此处以及下文中展示的"历史主义"概念逐渐传播开来的过程,我们当然只能确定

---

① 比较 *Briefwechsel zwischen Wilhelm Dilthey und dem Grafen Paul York von Wartenburg*, 1923, S. 63。

② 参见 L S. VII, 47. 51. 67。

这一过程留下的单个的、某种程度上只是偶然发现的踪迹。但是，即使我们彻底研究观察视域内全部时间的所有科学文献，以寻求其"完整"的呈现，结果也仍会有许多漏洞，因为对这一概念起决定性作用的口头传播并不能通过历史手段把握。仍需澄清的问题是：历史主义的概念是如何从国民经济学进入史学、哲学和神学领域的（而这一概念在此过程中可能被重新定义）？

我猜测，"历史主义"的首次应用出现在神学内部，因为神学领域首先出现了对史学威权的强烈质疑，这一质疑来自克勒尔（Martin Kähler）。这种猜测并不错，却没有将我们引向所期望的目标：克勒尔并没有使用 Historismus，而是在与 Kritizismus［考据主义］的类比下采用了 Historizismus。①

以下是"历史主义"概念发展的几个例子。

1904 年，施密特（Ferdinand Jakob Schmidt）在柏林参与了一个节目，该节目的制作受到了卢瓦西（Alfred Loisy）关于"新教与教会"著作的启发。施密特在节目中反对立敕尔（Albrecht Ritschl）的神学，并指责后者的神学实证主义。这种实证主义更确切地说是一种心理学和史学的实证主义，为此，施密特也提到了心理主义和"历史主义"。他认为，心理主义和历史主义是经验心理学和经验史学对精神和思想领域中本质性知识的代替。②

1905 年，兰普雷希特（Karl Lamprecht）提到"艺术与诗的无能模仿——如同 1850 至 1870 年代人文科学徒劳无功的历史主义"。③

---

① 参见 RE 3 III, 1897, S. 198; *Der sogenannte historische Jesus und der geschichtliche, biblische Christus*, 1896, S. 44, vgl. S. 118。

② 参见 Ferd. Jakob Schmidt, *Der Niedergang des Protestantismus, eine religionsphilosophische Studie*, 1904, S. 23 f. 。

③ K. Lamprecht, *Moderne Geschichtswissenschaft*, 1905, S. 12.

西美尔(Georg Simmel)在《历史哲学问题》(*Probleme der Geschichtsphilosophie*)的新修订版本中,给了"历史主义"这一表达式又一不同的含义。西美尔的研究是知识理论性质的,正如康德打破了认识自然这一天真的唯实论(Realismus),西美尔也尝试克服认识历史的唯实论。也就是说,他在康德理性批判的意义上提问:"历史是如何可能的?"他将对于我们的精神正在形成的产出能力的天真误解描述为"历史主义"。①就我所见,西美尔对这一概念不太令人愉悦的应用并没有得到继承和发展。他本应描述人们在面对作为自然主义的自然时那种天真的、唯实论的认识论态度,而他显然没有这样做。

在接下来的几年中,这个词语主要在一种片面的史学的普遍意义上得到广泛传播。1913年,特洛尔奇在他关于19世纪史学转变的研究中提出:

> 历史的笼统知识和对于当下持怀疑心态的毫无成果所带来的印象,既让人负担沉重,又令人疲倦,而对过去的随意建构必然带来这种印象。史学难免转变为纯粹的历史主义,转变为重新唤醒彻头彻尾的相对主义。

他同时还看到,自然主义决定论与历史相对主义那种使人丧失活力的影响融合了起来。这种历史主义属于"这个世纪重要的基本特征之一"。②

1913年前后,人们还较少见到"历史主义"这一表达,而十年后

---

① Georg Simmel, *Die Probleme der Geschichtsphilosophie*, 31907, S. IX, 28 f.
② Ernst Troeltsch, *Gesammelte Schriften IV*, 1925, S. 628 (最先刊于 RE3 Bd. 24, 1913, S. 250)。

却相当频繁地出现。十年前这一词汇只是偶然出现,十年后却已经被收入参考书。但是,参考书所给出的对"历史主义"词条的解释往往并不能说明问题。[1]事实上,这一词汇主要通过一场精神运动得到传播——这一精神运动在[一]战前业已开始,并在[一]战中,尤其在战后得到显著增强。这一运动力图坚决克服 19 世纪的思考,追求形而上学和综合法。

1922 年,这一表达出现在一部伟大的历史哲学著作的标题中,即特洛尔奇的《历史主义及其问题》(*Der Historismus und seine Probleme*)。在这部文集中,也正如此后所进行的讨论一样,"历史主义"的意义有了显著的变化;[2]这本以"历史主义"为标题的书,也为这一词汇此后进一步的传播和保留下来做出了贡献。

自本世纪 30 年代以来,我们已经可以区分"历史主义"这一术语的三种不同含义。第一个含义指夸张、片面的史学,从而也是触及各种危险区域的史学。据此,"历史主义"首先指史学依照自己的意愿所进行的活动。必须加工整理历史材料。当古希腊和罗马的文化世界被详尽地研究(这些研究详尽而透彻,以至于在其中发现新的主题越来越困难)之后,人们就会开始进一步研究希腊文化、古代东方或是拜占庭世界。为了搜寻和积累这些新材料,人类的整个现实生活都被牺牲了。结果却是新的材料和更多的问题不断出现,并不断要求得到相同的加工和整理。

在这里,过去成了一种惨无人道的暴力:它以富于成果的创作的无限可能将生者吞食。而真正的研究者则会以热情和一种本分

---

① 参见 *Meyers Lexikon*, 7 Bd. V, 1926, R. Eisler, *Wörterbuch der philosophischen Begriffe*, 4 I, 1927,或 RGG2 Bd. II, 1928 s. v. 。

② *Gesammelte Schriften* Bd. III.

守己的感觉,献身于这种为历史本身服务的事业:"为历史而历史"(正如"为艺术而艺术")。不容误解,这就是发展中的 19 世纪学界的基本氛围。而尼采在他"第二篇不合时宜的观察"中所抨击的对象(我们刚刚提及了这部作品)——尽管他做出了提醒和讥讽——在接下来的几十年间才出现、发展并取得完全的统治地位。

今天,我们确信无疑地承认,"历史主义"这一表达正是在此种理解中取得了巨大成就。但我们也能清晰地看到与这种精神态度相关的显著弱点。我们看到,与一种审美、质疑或讽刺的特点相符合,这种对于在无数牺牲中汇集起来的材料的加工,如何以纯粹冥想的方式发生,随之而来的同时也是一种对于不可耗尽的个体性的充盈、对于力量游戏和事物持续变化的满意情绪,或者一种面对在本质上无法引向存在、只能在新的变化面前退却的永恒变化的断念和悲观主义。

审美主义、质疑、相对化所有"价值"的相对主义,它们充满威胁地抬起头颅,将史学置于纯粹观看的框架中,并剥夺了史学对于自身时代的每一种更为强烈的影响。史学家与汹涌澎湃的生活之间的联系被尽可能地隔开甚至切断了;史学家不能成为实践政治家,也不能成为神学的教义主义者。他常常也不具备这种能力,因为历史知识带给他的巨大负担压制着他的活动。

"历史主义"概念的第二个含义将我们引向了争取哲学和神学系统化的最新斗争。面对历史思考的要求,历史主义的概念被用于捍卫自身哲学和神学的总体看法。它在系统整体内划定了历史意义的界限。它的功能是限制性甚至是否定性的;这就将第一和第二个含义联系起来。"历史主义"这一概念所经历的变化的总量,与不同哲学和神学多彩甚至令人迷惘的充盈相符。这一充盈当然总是与所涉及的哲学和神学的总体结构有特定关系:它反映了"历史主义"概念在当下系统地呈现出的多彩的混乱状态。如果要寻找构建了每一个"历史主义"概念的隐秘功能,我们就会发现,一些思想家为了能够实施其系统化的看法,常常限制或否认关于历史思考的要点,而这些要点大多被描述为"历史主义"。

因此,人们用"历史主义"描述历史思考的一种确定的片面性和无约束性,正如激进的进化主义或是不受限制的相对主义,后者即对一切价值真实一视同仁。"历史主义"是不受到任何哲学认识批判的史学,它相信"客观"再现事实的可能性;但"历史主义"也是这种"客观"史学的对立面,是一种怀疑论的看法:"史学不可能得出任何可靠的判断。""历史主义"是史学的要求:严格意义上的科学认识只有在史学领域内才有可能,也只有在确定了历史事物的可证明性的条件下才能被穷尽。历史主义以实证主义的形式排除了一切追求"形而上学"或"综合法"的哲学与神学系统论。

"历史主义"也是在历史的道路上探寻哲学或神学真相、探寻常规和与本质相符合的认识的一种尝试,是对"综合法"的一种反实证主义的尝试。这一切都可以被"历史主义"所囊括。同时,这一词语的直接对立的不同含义常常发生碰撞,这在以下情况中最为明显:拒绝历史主义的研究者自己常被其他历史主义者指责为历史主义。因此,特洛尔奇不仅谈到伯努利(Bernoulli)的历史主义,①也以一种贬低的口吻谈到作为历史主义哲学家的狄尔泰(Dilthey),在这里,特洛尔奇考虑的是质疑和"一种在史学中随意游走、可被多种事物触发的悲剧生命感";②而沃贝明(Georg Wobbermin)则以特洛尔奇一贯的方式谈论历史主义。③

---

① *Kantstudien* IX, 1904, S. 73.

② *Festgabe für Harnack*, 1921, S. 288.

③ *Kantstudien* XXXIII, 1928, S. 204.

布鲁纳(Emil Brunner)是近代神学家中最为坚定的历史主义的拥护者之一。他以"中保"的化身成人作为根据,断言基督教的绝对适用性。他的这种看法面对的不仅是没有历史的理性主义,也是将耶稣视为宗教史高潮并因此赋予他"启示"头衔的历史主义。①在这里,历史主义相当于"历史实证主义",它在不可理解的个体性中,在违背了"分解为理念"这一趋势的事物中发现了原本的历史和价值。布鲁纳将这种宗教哲学或者神学的历史主义理解为神学从晚期的施莱尔马赫到立敕尔、最终到达特洛尔奇的发展阶段。

不容置疑的是,当人们运用哲学家李凯尔特(Heinrich Rickert)的"历史主义"概念时,布鲁纳本人便成为当下历史主义的主要拥护者之一。我们可以读到李凯尔特的以下观点:

> 我们……最为坚决地——同时也是在宗教哲学问题方面——拒绝任何一种历史主义,也就是说,如果有人谈及任何一种成为历史的宗教,并认为这必须永远是唯一的宗教,那就是不合理的。每一天,新的、我们至今尚未知晓的历史个体和历史力量都可能出现。②

因此,"历史主义"这一表达以最为多样的方式被用作口号,是

---

① 参见 beispielsweise ZThK, 1925, S. 270 f. ;亦参"历史主义"("Der Historismus"), in Emil Brunners *Religionsphilosophie protestantischer Theologie* (*Handbuch der Philosophie*, hrsg. Von A. Baeumler und M. Schröter, II F, 1926), S. 19–23。

② H. Rickert, *Die Grenzen der naturwissenschaftlichen Begriffsbildung*, 51929, S. 736.

出于界定和防御的需要。这一用法往往模糊且不稳定。在战后，历史主义在神学辩论中更多与一个类似的亮眼的词"心理主义"相关联。"心理主义"的传播可能主要归功于坚决反对心理学的胡塞尔现象学；但在 19 世纪后期，这一词汇已经用于描述对心理学的一种片面应用或心理学对哲学的替代。到 19 世纪末，心理主义也已经开始在神学领域使用。①

特洛尔奇在 1903 年的文章中已经多次使用"心理主义"这一词汇：

英国的思想家在跟随和抗争霍布斯传统的过程中树立起在 18 世纪作为一切精神、习俗和历史问题的根本科学和导向手段的心理主义。②

1904 年，特洛尔奇在同一篇论文中使用了"历史主义"和"心理主义"，二者出现的段落不同，也并无关系。③ 1908 年，这两个词又出现在卡坦布什（Ferdinand Kattenbusch）的同一篇论文中，但被用于描述不同的思想家："心理主义"被用于谈论施莱尔马赫（Schleiermacher）、爱尔兰根学派（Erlanger Schule）和近代学界在心理学道路上追求神学的努力；而"历史主义"则是理解立敕尔神学的一种可能性："面对在宗教理解的纯心理主义，立敕尔的观察可以

---

① A. Dorner, *Grundriß der Dogmengeschichte*, 1899, S. 536.

② ThR 1903, S. 16 (= Troeltsch, *Gesammelte Schriften II*, 1913, S. 686)；in dem Artikel „Moralisten, englische" (RE3 XIII, S. 449 = *Gesammelte Schriften IV*, 1925, S. 404).

③ *Kantstudien IX*, S. 731；35. 113.

被理解为纯粹的历史主义"。①

自从巴特(Karl Barth)提出"历史主义和心理主义"以来,这一双重口号主要出现在新教神学领域,《罗马书释义》中的一句话可能显著推动了这一口号的传播:

> 因此,尽管存在所有的虔信与非虔信的历史主义和心理主义,耶稣身上仍有一种永恒启示的障碍,这种启示是对亚伯拉罕和柏拉图早已洞见的事物的启示。②

巴特并没有补充两个词语的定义。但经由这一汇编,两个词都得到了飞速传播,因为那些在由巴特激起的神学圈子之外或之前活动的研究者,如沃贝明,也能够接受它们。沃贝明在巴特之前已经开始了反对历史主义和心理主义的斗争,但就我所知,这两个口号并没有在沃贝明更早发表的文章中出现。而对于巴特所提出的双重口号,温克勒(Robert Winkler)曾给出一个定义,这个定义也得到了最为晚近的教义学者的支持:

> 人们尝试着以历史手段尽可能真实地描绘的耶稣生活图景,如果不能的话,也至少要描绘耶稣的内在生活图景,并由此将宗教信仰置于一种被科学保证的基础之上。这就是历史主义。人们尝试着以心理学的手段来探究进入宗教经验的结构,

---

① Kattenbusch, RE3 XXI, S. 912。

② Karl Barth, *Der Römerbrief*², 1922, S. 260。亦参 Emil Brunner, *Erlebnis*, *Erkenntnis und Glaube*, 1921, S. 102:心理主义的孪生兄弟是历史主义,是精神生活的联合基因的表达。

以便科学地为自己保证一种宗教性的现实,这就是心理主义。但是,史学家必须承认,以他的手段并不能接近原本的宗教性;心理学家也必须承认,在他们关于宗教经验的工作中,宗教性从他们的双手中消失了。①

对"历史主义"概念的澄清,当然不能通过将其与另一个同样模糊的概念"心理主义"合并来实现。

除此之外还出现了这一概念的第三种用法。"历史主义"这一概念在这里不具论战性,而是以客观事实为特征。这一过渡出现在若塔克(Erich Rothacker)1919 年创作、1920 年出版的著作《人文科学导论》(*Einleitung in die Geisteswissenschaften*)②中。若塔克将"历史主义"理解为人文科学的一种特定方向或态度,它在 19 世纪中叶从冥想热潮的消退中凸显出来,虽然没有完全摆脱德国唯心主义时期历史哲学冥想的影响,但在一种确实的感觉和与实证主义的类比中、在具有细微差别的时代思想烙印中得到了发展。

若塔克也谈及施普林格(Springer)的艺术史方法,并将其称为"审美历史主义"(ästhetischer Historismus):冥想在这一方法中被搁置,对事物的纯粹历史性的把握占据了优先地位。由此,我们了解到自从本世纪 40 年代以来实现了赫特(Hetter)美学反思的历史主义,文学史家谢勒(Scherer)的科学思考因此也具有了历史主义的特征。类似地,若塔克也将单独的科学门类的历史化——即将它们从冥想的哲学中解放出来——称为历史主义。③

① 参见 Georg Wobbermin, *Richtlinien evangelischer Theologie zur Überwindung der gegenwärtigen Krisis*, 1929, Vorwort。
② 1930 重印第二版,但增加了新的详细而有价值的前言。
③ 参见 das Register S. 286 s. v. *Historismus*。

特洛尔奇则在他的巨著《历史主义及其问题》(1922)①中更加全面且非论战性地使用了这一术语。他想要排除掉这一词汇的次等的和必须克服的意义。"历史主义"对他而言是"我们的知识和思考的彻底历史化",即前后一致地应用历史的"生成"(Werden)和历史的"已然"(Geworden-sein)的分类。

> 我们在"生成"的洪流中,在无尽的、总是全新的个体化中,在过往事物的确信中,在未被认出的未来方向中观察一切。国家、法律、道德、宗教、艺术在历史的"生成"洪流中瓦解,并只有作为历史发展的组成部分才能被我们理解。②

除此之外,"历史主义"这一概念在特洛尔奇这里还指总体的历史思考,包括形式的和质料的历史哲学的总体历史科学。③在这一意义上,特洛尔奇说:"自然主义和历史主义是现代世界的两大科学创造。"④"现代的质料科学思考的素材可以划分为历史主义和自然主义";同时,自然主义"不表示或不应该表示一种辱骂的言辞,而是表示这项重要的原则:按照普遍自然因果论的自然科学原则去研究包括生命过程、神经过程和脑过程在内的总体躯干世界"。⑤

----

① 参见 Otto Hintze 的出色研究,"Troeltsch und die Probleme des Historismus",刊于 HZ 135, 1927, S. 188-239;进一步参考 Fritz-Joachim v. Rintelen,"Der Versuch einer Überwindung des Historismus bei Ernst Troeltsch", DVS VIII, 1930, S. 324-372。

② E. Troeltsch, *Die Neue Rundschau*, XXXIII, 1922, S. 573.

③ 关于这两个术语,参见 Troeltsch, *Historismus*, S. 27 ff., 67 ff。特洛尔奇谈到了形式的历史逻辑和质料的历史哲学。

④ Troeltsch, *Historismus*, S. 104.

⑤ *Die Neue Rundschau*. XXXIII, 1922, S. 574.

几乎没有人继承对历史主义概念的这一理解。对于大部分人而言,李特(Theodor Litt)的概念更具启发性:

> 对于自然主义,即那种思考方式与精神姿态而言,一个事实不言自明,即一切认识问题甚至生活问题的解决同样需要借助已经在自然科学领域得到证明的思考方法论。

特洛尔奇在他的著作中并不想战胜或克服历史主义的概念,这与此概念宽广的表达内涵相一致。但是,他强调了毫无界限地应用历史主义的片面和危险,这并不比毫无界限地应用"自然主义"所带来的危险更少。

> 自然主义毫无界限地导致一种可怖的自然化和一切生命的苍凉化,而历史主义则引向相对性的质疑。这种质疑未必是形而上的,但至少是对可知性和历史事物意义的相对性价值的质疑。这就是人们如今几乎不能听出的这两个词著名且糟糕的次要意义。

"毫无界限"这个词语以及上文最后一句都清楚地指明,特洛尔奇在他的著作中想克服的并不是历史主义,而是他的当代问题。就私人精神生活的塑造和新的政治社会关系的建立而言,时代的优缺点源于我们的知识和思考的彻底历史化;特洛尔奇从中看到了这一问题。[1]对照这种表述,特洛尔奇为一次不能成行的英国报告之旅而在临终前数周写下的文章的德文版标题不免令人

---

[1] Troeltsch, *Historismus*, S. 9.

吃惊:"历史主义及其克服"(1924)。这个标题是特洛尔奇自己想出来的吗?英文版本的标题是:"关于基督教的思考:其历史与应用"(伦敦,1923)。

另一个属于第三种"历史主义"含义的例子是曼海姆(Karl Mannheim),他在一篇富有启发性的研究论文中处理了"历史主义"的问题。①对他而言,"历史主义"是"一种无法估计效果的精神力量",是"我们世界观的实际承担者",是一项总原则,该原则并不只是以无形之手组织总体的人文科学工作,同时也渗透于日常生活。"历史主义"是世界观本身,它形成于中世纪与宗教相联系的世界图景瓦解之后,也是在这之后世俗化的、带有超时间理智思想的启蒙世界图景结束之后。"历史主义"完全不是历史书写,而是"世界观",其"哲学轴线"是发展的思想:

> 一种历史的思考和体验方式的首要切入点总是:能够经历精神灵魂世界的每个部分,并将其理解为处于洪流或"生成"之中。

曼海姆通过以下表述赋予这个概念一个不同之处:"历史主义"并不只是一种变色龙式的转化,它更意味着,人们在这一转化中可以理解一种秩序原则,理解"一切转化最为内在的结构":

> 从对单个要点的细致研究中加工出这种总体性的结构或形态,这是历史主义的终极目标……这一目标同时也是已完结的历史主义的一种预期中的图景。

---

① Karl Mannheim, *Historismus. Archiv für Sozialwissenschaft und Sozialpolitik* Bd. 52, 1924, S. 1-60.

关于"历史主义"的三种含义就说明到这里。所有这些说明已经指明，如今我们与这一概念的统一运用相距甚远。对"历史主义"概念的使用是如此混乱，任何人都应该在准确说明他对"历史主义"的理解之后再使用这一概念。

那么，这一概念是否正在得到澄清？是否有某种清晰且有说服力的表达正在传播？事实是，这个概念在近代哲学与神学系统性中的用法是如此不一致，以至于我们很难断言，某一种特定的含义在可预见的未来是否会胜出。

与上述情况相反，在第三个义群内部，却有一种澄清的趋势正在出现。在此之前，也许我们可以稍加补充这一词语第三个意义的普及过程。克吕格（Gustav Krüger）在著作《历史主义与圣经》中联系了特洛尔奇对这一概念的使用，并将历史主义理解为"人类关于自身、文化以及价值的一切思想的基本历史化"（页6）。

在近代科学式的历史书写的意义下，迈内克在多弗（Alfred Dove）选集①的导言中两次运用了这个词："历史主义在其逐步发展的过程中，还没有受到怀疑论的相对主义氛围扰乱"；"多弗的认识可能最为精细地表达了这种从当时德国历史主义的发展阶段中自然形成的世界观"。布尔达赫（K. Burdach）对于由兰克和格林（Jakob Grimm）创造出的历史主义的观点与此类似。鲁特（Paul Hermann Ruth）关于阿恩特（Arndt）和历史的研究的副标题是《阿恩特与历史：为阿恩特研究及历史主义的问题历史而作》，它与特洛尔奇证明的"对于所有历史思考而言，沉思和活动在其建构性意义中构成了成问题的转换关系"有所关联，这部作品也指出了鲁特理解历史主义这一概念希望采取的方式。

---

① Bd. I, 1925, S. XXIX.

　　李特在他对于此处问题富有教益的研究《科学、教育、世界观》(1928)中,使用了这一概念的积极意义。只要我们"在这种人类历史特征中认识到一种具有形而上意义的本质性断定",那么在李特看来,这种历史主义就"绝不是人文科学的错误建树或越界"。历史主义在这里意味着"富有活力的精神形而上学,这种形而上学承载并实现着人文科学工作"。此外,李特也使用了这一概念的论战性含义。普雷勒尔(Hugo Preller)在《理性主义与历史主义》中也使用了这一概念:他非论战性地使用了"历史主义"的概念,并将其理解为由启蒙运动发展而来的、一贯相对主义且经验性的历史思考方式。

　　为了从内部澄清第三种含义,若塔克、特洛尔奇与曼海姆对这一概念的使用虽然仍有细微差别,但也具有共同特征,即非论战、客观的概念运用,以及这一概念在近代欧洲思考内部与一种特定历史现象的关系。然而,蒂利希(Paul Tillich)却反对特洛尔奇对这一词汇的这种客观、非论战性的运用——于是自然也关涉到若塔克和曼海姆对此概念的运用。蒂利希认为,"几乎不可能长久地将这一概念从其糟糕的次要含义中解放出来"。[1]蒂利希的反对中有一个正确的要点,但我认为仍存在一个问题:人们能否运用特洛尔奇式的或是类似的对这一术语的非论战性理解。蒂利希反对意见的正确之处在于,这样一种次要含义能够也将会不断出现,但尽管如此,人们也仍能够在纯粹客观和非论战的意义上使用这个词语。

　　一个在斗争中被打上烙印、长久以来作为斗争词汇来使用的概念,成了一种对特定历史现象的纯粹事实性的描述,这并不是

---

① ThLZ 1924, Sp. 26.

第一次。例如，在语言上以类似的方式被塑形、同样在斗争中创造出来的词语"虔敬主义"——在科学语言使用中，它成了对近代新教主义特定历史尺度的纯粹事实性、非论战性的描述。自然神论、有神论、泛神论和理性主义的情形也与此类似：这些表达也都是在斗争中创造出来的；它们一开始都具有消极的贬义；这些意义今天也可能继续留存下去。但在这些针砭的意义之外，它们同时也是纯粹事实性的、特征性的科学概念。

语言推导和语感当然不能决定哪一种用法更受偏爱。希腊语的名词一般以动词形式为前提，比如"希腊文化"，其动词指的是像希腊人一样行动，调整自己以符合"希腊性"并模仿它。犹太教以及基督教形成的方式与此一致：两者的语感都在论战和中性之间波动。历史主义也是如此。正如其他无数在构词上以-ismus结尾的新词，Historismus的语言学构词也带来了相似的疑虑：历史主义本应该以一个动词为前提，这个动词可能代表着模仿研究，或给自己以研究者的外表。

因此。"历史主义"可能也会上升为一个以客观为特征的科学概念。问题只是：人们在何种现象上运用这一表达是最合目的且最自然的呢？就我所见，答案存在多种可能。"历史主义"可以是：

第一，思考的彻底历史化，是彻底的历史思考，也是作为历史"已然"和在不断发展中的历史"生成"被观察和理解的一切。然而有人会提出异议："思考的彻底历史化"这个术语还不够吗？也有人会问，这个概念的含义对一种特定精神倾向做出了限制，如此一来，概念本身是否过于狭窄？

第二，从19世纪流传下来的史学方法连同其总的世界观背景，即总的史学思考方式。暂且不论史学思考方式、史学方法和世界观背景自身需要更加清晰的表述以排除误解,人们还抱有深重的疑虑:19 世纪的史学思考方式是一个高度分化的尺度,其内部包含了最为多样的对立,这就导致"历史主义"这样的总体描述对其几乎没有任何效果。

第三,如果人们想要和曼海姆一样,在一种近三个世代逐渐可见的意义上表达"历史主义"这个概念,那么,这个概念只存在于未来可实现的尺度上,即科学地认识"一切转化最为内在的结构"。除了实现这一认识的可能性并不确定之外,我们也不能充分洞察到,"历史主义"这一概念在今天如何上升为对科学理想的描述。而正因人们将其提升为对科学理想的描述,这个词语一开始具有的贬义论战性含义就会一直留存。另一个问题则是:人们能否纯粹特征性地运用这一概念,并将其视为一种对特定的过去的尺度的描述(我们已经宣称这完全可能)或对一个科学理想的描述。

第四,将这一概念应用于过去的尺度上——由此,这些尺度相比第二点就被更加确定无疑地改写了。"历史主义"这个概念应该与某个特定的史学家、史学家群体或史学家代际有关。将这一概念应用于 19 世纪中叶那些从冥想中脱离出来的史学家并不能说明什么问题,因为我们很难洞察到,这一表达为什么可以涵盖这一现象,人们又该如何用"历史主义"解释这一现象。与此相反,尽管"历史主义"的概念指出了一切内部分化(我们在后文也将谈到),将这一概念应用于在我们这个阶段之前的历史书写阶段,即 1900 年前后的历史书写阶段,在我看来仍是极富启发性的。

在与这一历史书写阶段的斗争中,"历史主义"的概念已经得到了提升。我们对"历史主义"的运用绝不是一种主观专断,而是与历史"已然"的连接贯通。在这种意义上,我使用"历史主义"这一概念,并将它理解为 1900 年前后的历史书写。我指的当然不是某个特定史学家的历史书写,而是将这一历史书写阶段的连续、典型特征统一为一致的图景。在第二章开头我将详细解释,这一图景有四个决定性要点:对于主客观问题的确定立场;对处于全面联系中的一切历史尺度的连贯分类;对普遍发展的构想;历史对内在性的限制。

我们在何种意义上谈论"历史主义危机",也至关重要。这一短语在本世纪 20 年代被随处使用。它出现在特洛尔奇的论述中①(此人也以这一短语为标题写成了一篇论文),②也不时出现在蒂利希或其他人的作品中。③ 那些把"历史主义"仅视为论战性表达并将其用于确定的片面性描述的人,当然无法谈论一种"历史主义的危机";而人们如果像我刚刚提议的一样表达"历史主义"这个词语,"历史主义的危机"这一表达就会显得非常自然。更为细致的思考甚至指明,这一短语实际成了一个口号:它展现出一种历史"标记",这一标记完全切中了晚近精神史的特定总体。"历史主义的危机"是历史思考在世界大战后遭遇的危机。

因此,"历史主义的危机"这个短语与这一精神运动极其相配,因为它正来自这一运动并赋予该运动一种时代色彩,使其明显不同于历史思考所遭受的其他危机。"历史主义的危机"是一场以"历史主义"这一口号的传播为特征的危机,而这一口号通过其模糊和含混的性质,将 1920—1930 前后精神阵营的混乱以不可想象的方

---

① E. Troeltsch, *Der Historismus* (1922), S. 9.
② *Die Neue Rundschau*, XXXIII (1922), S. 572–590.
③ ThLZ 1924, Sp. 25.

式展现在历史舞台上,如此鲜明而令人印象深刻。

接下来的研究应澄清问题,并查明"历史主义的危机"究竟是什么。我们将明确,这场在世界大战后发生的精神变革是否真正危及历史思考并使其面临危机,或是迫使历史思考经历了重大的变革。

在将目光转向这一任务前,我们还需要简要介绍这场危机的起源和过程。

一　历史地审视历史主义危机

为了能在合适的范围内说明历史主义的危机,[①]防止人们在如此短的时代间隔后高估这一现象(然而这几乎是不可避免的),我们需要指明,这一危机按照其类型而言,并不是全新的现象。当然,这一对史学的反驳有非常宽广的进攻前线和清晰的本质,这似乎意味着它可能不会更早出现;而对于许多尝试解答历史、宗教和世界观问题的人们而言,这个如此撼动了历史思考的现象,也不会在欧洲思考的任何一个更早阶段出现。然而,在历史主义危机之前,已经出现了无数不同的、更小范围的危机。而如果我们将此前的十年想象为一个在历史理论视角下充满高贵、和平和友好精神的时代,

---

①　在这里的框架中,下述段落不再是简略的概要,而必须具有相比第二章的论述更加充分的要点;引用文献出处也不再追求"完整性",而是对特征性现象进行选择。然而,不提及不意味着没有更进一步的批判,好的文献概览参见 Oskar Kende, *Neue Strömungen auf dem Gebiete der deutschen Geschichtswissenschaft* (1928, S. 34 - 38), 以及 Fritz Kaufmann, *Geschichtsphilosophie der Gegenwart*, 1931(S. 130-136)。

就是在颠倒黑白。

16、17 及 18 世纪，特别是上世纪和本世纪初的历史思考，在其内部是统一而紧密的；这些历史思考包含了尖锐的对立，并一直处于充满活力的流动和内在的变化之中。较早的时代也绝不缺少对历史思考的本质性讨论。1700 年前后，法国耶稣会会士哈尔杜安（Hardouin）宣布，公元 13 世纪前流传下来的书面材料几乎全部是伪造的，特伦托大公会议之前的所有教会会议都是非历史的，维吉尔（Vergil）的《埃涅阿斯记》（Aeneis）——这部作品以寓意的形式描绘了彼得（Petrus）去往罗马的旅程——是本笃会教士的作品，贺拉斯（Horaz）颂歌也是非历史的，因为它也是由本笃会会士引出并以比喻的方式来解释的。①

在这种情况下，所有这些深奥难懂的古怪念头和现实的批判难度所激发出的批判冲动，绝不亚于当代人们对以科学方式实施的历史理论性的质疑。这种批判虽是一种对于历史流传文献的全面进攻，距离对史学的本质性质疑却并不遥远。在法国启蒙运动的基础上，将史书视为一种约定俗成的谎言②的倾向得到广泛传播——即使没有今日哲学思路的美化，这也是针对史学的根本性质疑。

在 19 世纪，历史思考得到了从未有过的广泛传播和深化，然而

---

① 参见 RE 3 VII, 1899, S. 416 f. 。Das Bravourstück leistet Hardouin mit der Deutung der Lalage Horat. Od. I, XXII (Dulce ridentem Lalagen amabo, Dulce loquentem) auf das Christentum: „Nam Lalage hoc loco non alia est, quam ipsa pietas christiana: haec in homine probo dulce ridet, dulce loquitur: haec est coniuncta cum hilaritate, comitate et urbanitate. " Vgl. Heinrich Wuttke, *Die Gewißheit der Geschichte*, 1865, S. 5 ff.

② ［译注］原文为 fable convenue。

也并不缺少个体激进的反对声音。我只需提起叔本华①对史书的根本性敌意,或是在这一时代被广泛阅读的杜林(Eugen Dühring)的实证主义作品,后者将史书描述为一出"理念向后转向的皮影戏"。②面对这些质疑,历史理论意识得到了增强:它尝试证明史学的可能性并已在 18 世纪取得了瞩目的成就。③ 德国唯心主义哲学的伟大代表人物已经细致地思考过重要的历史理论问题了。

在接下来的 19 世纪,史学家从"专业角度"热情地参与了历史逻辑和历史理论的研究。我们应该注意到《史学杂志》(*Die Historische Zeitschrift*)最初出版的几年,和诸如德罗伊森(Droysen)、洛伦茨(Ottokar Lorenz)、伯伦汉(Bernheim)等史学家,或是想到关于兰普雷希特的史学争论所带来的丰富文献。其中一篇文献得到广泛传播,它从哲学角度论述了历史理论,正如狄尔泰、李凯尔特、西美尔和特洛尔奇在近代对历史理论做出的论述一样。另一方面,任何一个时代都不缺少以天真自负的技巧从事史学研究的史学家,而他们并没有意识到自己在什么样的理论深渊旁活动。在所谓的科学革命之后,在历史主义危机中以及在其之后,可能存在过,也仍可能存在这样不曾反思自身技巧的专家。

以上概述指明,"历史主义危机"并不是全新的,而是一种状态的尖锐恶化;而且,这种恶化早就以某种方式出现了。但历史主义

---

① 参见 G. Sparlinsky, *Schopenhauers Verhältnis zur Geschichte* (*Berner Studien zur Philosophie und ihrer Geschichte*, Bd. 72), 1910。艺术史中存在的代际问题被叔本华(页 3)描述为"有意识的史学敌人和无意识的伟大史学家"。

② Eugen Dühring, *Die Größen der modernen Literatur populär und kritisch nach neuen Gesichtspunkten dargestellt*, Bd. II, 1893, s. 333.

③ 我们想到的是爱尔兰根学派教授 Chladenius。参见 Hans Müller, *Joh. Martin Chladenius* (*Historische Studien*, veröffentlicht von Ehering, 134), 1917。

危机的意义绝不应因此被削弱。为了防止误解,我们应该再次强调,在欧洲人文历史早先的任何一个阶段,都没有发生过一个如此撼动了历史思考的事件。历史主义危机如何到来,其最近的原因、决定性的历史关联是什么,这些问题已经无需赘述,因为答案显而易见:这一危机整体上是各种立场的分化结构,而这些立场中的大部分都可以理解为重大的政治、社会、经济和精神变革的局部现象。这一变革在世界大战之前已经可见,但战后才逐渐变得清晰而重大。我们在"历史主义危机"中论证的总体问题,经常通过彼此分化的调解,与作为事实和经历的世界大战和世界革命产生联系。我们必须同时考虑到,这一变革在世界大战前已经萌芽了。

贝克尔(Carl Heinrich Becker)在他的《历史意识中的转变》①中描绘了一种针对历史世界的观点,这一观点在本世纪 20 年代得到发展并被完全改变。我在这里只谈及德国的历史主义危机。特洛尔奇针对其他国家的类似进程有过以下的论述:

> 这一危机……在不同的国家和民族中涉及不同的范围。最少受到影响的当然是美国人,他们只有很短的历史,并将欧洲视为一座博物馆……在英国,历史主义的危机更多是基督教价值体系的危机,我们可以通过历史批判和历史对比感受到这一危机……在法国,巴莱(Barrès)作为战争的主要发起人之一,反对根除文化、知识主义、审美和普遍主义,并最为严厉和激进地要求肯定自身的民族及其一切历史财富、权利和要求,由此,他以历史主义暴力地战胜了历史主义。在意大利,未来主义已经打响了反对一切史学的战争,它也宣告,只有当下力

---

① *Die Neue Rundschau*, XXXVIII, 1927, S. 113–121.

量的巨大发展才能将我们从史学、博物馆和旅行指南中解脱出来。①

在俄罗斯,人们则"完成了反对所有迄今为止的历史的最为宏大的当下实验,并获得了新的经验,这些经验将为新的历史思考提供根据,而所有旧时的经验都将过时"(页 584)。海纳曼(Fritz Heinemann)和雅斯贝尔斯(Karl Jaspers)分别在《哲学新道路》(1929)和《时代的精神状况》②中给出了对当下危机的分析。克罗齐(Benedetto Croce)在他的讲座"反历史主义"中从狭义上切中了"最后"指涉的形势,沃士勒(Voßler)译出了这篇精彩的分析。此外还有约尔(Karl Joel)的《在当下思考中克服十九世纪》。③ 科勒(Walther Köhler)在他于海德堡关于"教会史中的史学和超史学"的就职演说中,也提供了对于"在单一史学专业的视角下理解现代问题总体"的洞见。④

我们最好通过危机的不同症候来追踪其进程,而非通过单线描述。我们在上文已经谈到,这一危机的主要特征是"历史主义"概念的传播。如果这场自从世界大战后就席卷欧洲的巨大精神危机把握住了历史思考和史学科学的单项学科划分,并追求阐明和分析总体的历史流传资料,它就并不只是部分现象,而是同时

---

① "*Die Krisis des Historismus*", *Die Neue Rundschau*, XXXIII, 1922, S. 572-590.

② *Sammlung Göschen* Bd. 1000, 1931.

③ *Kantstudien* XXXII, 1927, S. 475-518.

④ 此外还有:Bernhard Schmeidler, "Zur Psychologie des Historikers und zur Lage der Historie in der Gegenwart" (Preußische Jahrbücher, Bd. 202, S. 219-239, 304-327)。

处于自身的根本性特征中,从而也是历史主义的危机本身。历史主义危机撼动了总体思考,而这种总体思考以某种方式被判定为"史学"。这一危机以其最极端的现象力图使19世纪发生的思考历史化地倒退。在这里,我们可以感受到它对当下极端反对历史的布尔什维克主义的反映。接下来,我们将只讨论作为部分现象的危机,即只讨论那些在历史学科领域内可见的症候。

这一危机的清晰症候是,世界大战之后的数年中,人们对政治史和战争史表现出明显的疲乏。这种疲乏容易理解,它首先是全体公众数年来全身心参与战争活动的结果,同时也是人们并不能以历史的方式处理如此丰富的事件的后果。历史材料——首先是所有国家的新闻界提供的材料,接着是档案出版物——以这种方式无限且不可预知地增长,以至于迄今为止,针对此类历史事件序列的科学加工程序已经不能再应付了。正如1813年的莱比锡战役一样,我们已经不能继续一边考虑所有在世界战争中发生的伟大行动,一边同时描绘大战本身了。世界大战涵盖巨大的范围,它的分解带来不计其数的前线和阵地战的无数事件,使这种描绘成为不可能。我们必须洞察到,为何总结性的历史描述已经不能应付这一重大事件。而面对历史细节,我们也失去了兴趣——这是多年来我们被给予了过多的历史细节材料后不可避免的后果。另一个令人沮丧的印象也导致了这一后果:无数的英雄行为在纷繁浩杂的事件中消失并最终失去影响。

于是,人们越来越强烈地渴望理解战争作为伟大事件在其更深的存在层次中的根源和终极"意义"。在战争时期,人们还经历了另一事件,这个事件同样极大减小了他们对历史事物的兴趣:人们发现,信息和实际真相在许多情况下并不一致。信息中已经隐藏着一种特定的观点,甚至隐藏着一种服务于传播特定观点的政治意愿。贝克尔指出了"关于信息和事实关系、关于历史根本概念的难

忘一课",这是德意志民族通过世界大战所吸取的教训:

> 至今为止,大众思考对所流传信息的客观性几乎没有提出
> 任何质疑。主观性似乎首先在解释和评价信息时渗入。而现
> 在,如下事实才明确起来:在这些信息自身中就藏有一种历史
> 立场;不仅如此,这些立场总是能够得到表达。[①]

这样一来,结果一定是对历史事物的质疑和淡漠。

正值这一兴趣重心转移之际,自从 1918 年以来,一种激动的革命气氛又直接侵入历史学科领域。"新建"和"重建"的口号被移植到科学领域,一场"科学革命"即将到来。接下来,科学传统,即流传下来的科学活动,好像不能再继续维持了。事实上,这种科学活动以一种得到保障的、在坚实基础上建立起的文化生活为前提,以当时科学领域的一种不受时代事件扰动的悠闲状态为前提,以重要的金融手段为前提——这就是战前的德国或整个欧洲。如果说,那一代在战前就已经投入工作的学者能够维护与先行的科学研究的伟大时代的联结,并使其良好发展,那么,我们很快便能断定:

> 年轻一代这种暴力的、遁入实用和喧嚣世界的感觉,从内
> 向外危及了科学的成果和力量。[②]

但这很快就不只关乎科学活动在原有范围内的维持了。科学

---

① C. H. Becker S. 19 f.
② E. Troeltsch in der Festgabe für A. v. Haruack, 1921, S. 283.

职业和作为职业的科学本身成了讨论的对象;①如果人们想要继续从事科学活动,就应该采用与之前——这指的是被不公正地视为完全不可接触的战前时代——"完全不同"的方式。如今,历史的判断得到更新,大范围的"历史修正"必须得到实施,随着新教皇权的垮台,关于德国历史的"小德意志"观点似乎也结束了,而一种主要是以天主教为导向的德国历史的"大德意志"观点得到了表达。因此,建立历史标准的复杂问题在历史书写内部重新开始发展。②

此外,史学的新方法得到传播。斯宾格勒(Oswald Spengler)的《西方的没落:世界史形态学概要》(1919)引起史学领域的空前轰动,几乎没有任何其他史学作品在短期内激起过如此大的反响。③考虑到1835年与1919年文学出版物得到广泛传播所需的不同条件,人们最多可以拿大卫·施特劳斯(David Strauss)的《耶稣传》(1835)与之相比。

不过,比起斯宾格勒(到目前已被确定)的影响,大卫·施特劳斯的影响明显更深远:前者像一颗流星般出现又消失,20年代后期,他在处理自己于1920年前后集中撰写的著作《学术青年》时,已经几乎不严肃了。无需说明,当年这部作品激动人心的力量已经耗

---

① Max Weber, *Wissenschaft als Beruf*, 1919 (= *Gesammelte Aufsätze zur Wissenschaftslehre*, 1922, S. 524–555). Erich v. Kahler, *Der Beruf der Wissenschaft*, 1920. Arthur Salz, *Für die Wissenschaft gegen die Gebildeten unter ihren Verächtern*, 1921. Ernst Troeltsch, *Die Revolution in der Wissenschaft*, 1921 (Schmollers Jahrbuch Bd. 45; abgedruckt Ges. Schriften IV, 1925, S. 653–677).

② 参见 Philipp Funk, *Wege der Geschichtsrevision* (Hochland 1927/28, Nr. 12); *Der heutige Ruf nach Geschichtsrevision und das Bild Friedrichs d. Gr.* (Hochland 1929/30, Nr. 1)。

③ 参见 Manfred Schröter, *Der Streit um Spengler*, 1922 (mit reichem Literaturnachweis)。

尽。斯宾格勒的思想触动了一些人,而布莱希格(Kurt Breysig)在战前已经阐明这一思想,后者则与兰普雷希特产生共鸣。①对那些对历史感兴趣的人而言,布莱希格此时重新进入他们的视野。②许多与斯宾格勒产生共鸣的历史思想家也都与他交往,这其中首先是种族学家、非洲研究者费罗贝尼乌斯(Leo Frobenius)及他的学者圈,这一圈子早在战前就已经形成。③

与此同时,一种完全不同的史学方向出现了,它与斯宾格勒历史观点的兴起都带来了令人惊讶的影响,这就是聚集在格奥尔格(Stefan George)及其创作周围的圈子,贡多尔夫(Friedrich Gundolf)是这批学者中最富天赋、同时也是文学上最多产和最为成功的领袖。④

---

① Kurt Breysig, *Kulturgeschichte der Neuzeit*, Bd. I und II 1 – 2, 1900 – 01. *Der Stufenbau und die Gesetze der Weltgeschichte*, 1905. *Die Geschichte der Menschheit*, I, 1907.

② Kurt Breysig, *Der Stufenbau usw.* 2 1927. *Vom geschichtlichen Werden* I (Persönlichkeit und Entwicklung), 1925. II (Die Macht des Gedankens in der Geschichte), 1926. III (Der Weg der Menschheit), 1928. *Die Geschichte der Seele im Werdegang der Menschheit*, 1931.

③ Leo Frobenius, *Paideuma*, *Umrisse einer Kultur – und Seelenlehre*, 1921. Erlebte Erdteile, 1925 ff. *Schicksalskunde im Sinne des Kulturwerdens*, 1932.

④ H. Drahn, *Das Werk Stefan Georges*, *seine Religiosität und sein Ethos*, 1925; F. Wolters, *Stephan George und die Blätter für die Kunst*, 1930. Franz Josef Brecht, *Platon und der George-Kreis*, 1929。格奥尔格圈子的主要作品出自贡多尔夫:*Goethe* (1916), *George* (1920), *Heinrich v. Kleist* (1922), *Caesar*, *Geschichte seines Ruhms* (1924), *Caesar im 19. Jahrhundert* (1926), *Shakespeare* (1928), *Lessing* (1929);此外还有:Ernst Bertram, *Nietzsche* (1918), Berthold Vallentin, *Napoleon* (1923), *Winckelmann* (1931); Ernst Kantorowicz, *Kaiser Friedrich II.* (1927); *Ergänzungsband* (1931)。关于 Kantorowicz 可参见 Albert Brackmann, "Kaiser Friedrich II. in , mythischer Schau ' " (HZ 140, 1929, S. 534 – 549) 和 F. Baethgen, DLZ 1930, Sp. 75–85。

在贡多尔夫之前,西美尔在其创作的最后阶段贡献了许多重要作品。这些作品已经在尝试把握现象的形而上学内容,它们也在某种程度上与格奥尔格圈子有关,并由此构成了这一学派的早期阶段。西美尔《历史哲学问题》的第三版就题献给了格奥尔格。①与格奥尔格带有静态古典特征、以常态与"形态"为倾向的性格及创作相似,胡塞尔提出的现象学哲学也以其"本质观"(Wesensschau)在 20 年代模糊得多的历史意识中产生了影响。②

尽管如此,一种独特的新浪漫主义已经出现。它接受了对于事实研究实证主义的、纯粹智性的限制,证明了因果论完全不适用,并在此之上向外追求"综合法"、"象征"和创造性,以及一切脱离了条件和时间流逝的事物。如果这种新浪漫主义富有活力,③那么实证主义衍生出的研究方式就仍具有效力,并在当下保持着重要的科学强力和巨大的拓展力。这就是如今韦伯(Max Weber)所拓展的社会学,特洛尔奇将它应用于教会与教义史领域,舍勒(Max Scheler)和一个广泛拓展的学派将它提升为知识的社会学。伴随这种社会学类型学而来的是一种在心理学——心理学和世界观类型学——基础上发展起来的人文科学类型学。在这里,做出贡献的学者主要

---

① M. Frischeisen - Köhler, *Georg Simmel* (*Kantstudien* XXIV, 1919). M. Adler, *Georg Simmels Bedeutung für die Geistesgeschichte*, 1919.

② Th. Siegfried, *Phänomenologie und Geschichte* (*Kairos*, hrsg. Von Paul Tillich 1926, S. 93-231)。格奥尔格圈子的作品和现象学都显示出这种倾向,但两者的根源并不相同。

③ 参见 „ Gestaltwandel der Götter" (2 Bde., 1920) und „ Das heilige Reich der Deutschen" (2 Bde., 1925)。这里必须也提到齐格勒(Leopold Ziegler)。他从哈特曼(Eduard v. Hartmann)的观点出发,通过哲学性思考形成了自身的尺度。他与上文提到的这些现象有关,因为他同样以"形象"的直觉性把握和综合法为目的。

是狄尔泰。约尔总结了不同的新型类型学：

> 狄尔泰和诺尔(Nohl,此处可能指 Herman Nohl,著有 *Die Weltanschauungen Der Malerei*)的世界观类型,斯普朗格(Spranger)的生活形式及雅斯贝尔斯和荣格(Jung)的灵魂类型,新的心理学的想象与记忆类型,种族类型,斯宾格勒的文化类型,纳德勒(Nadler)的本源类型,奥托(Otto)的音乐类型。[1]

约十年前出现的(由洛伦茨提出的)代际学说则经历了复兴和美化性质的完善。[2]人文历史的类型学尤其在曾经风行一时的"处理单个文化时代的人类类型"的尝试中得到发展：布克哈特(Jakob Burckhardt)在他的《希腊文化史》(*Griechische Kulturgeschichte*)中对希腊和希腊化的人类进行了探讨；魔力的、阿波罗式以及浮士德式的人类在斯宾格勒的文化史幻像中得到了抬升；此后,其他学者也开始尝试描绘中世纪的、哥特的、北方的、新教的和伤感的人类。[3]

最后,战后由弗洛伊德(Siegmund Freud)奠基的精神分析也得到广泛传播,它在战前已开始应用于特定的历史问题,并带来了意料之

---

① *Karl Joel*, Kantstudien XXXII, 1927, S. 491 f.

② Ottokar Lorenz, *Die Geschichtswissenschaft in Hauptrichtungen und Aufgaben*, Bd. II, 1891, S. 143-276. Pinder, *Das Problem der Generation in der Kunstgeschichte Europas*, 1927, 2. Aufl. 1928. Karl Mannheim, *Das Problem der Generationen*. (Kölner Vierteljahrshefte für Soziologie, 1928, Heft 1-2). Eduard Wechssler, *Die Generation als Jugendreihe und ihr Kampf um die Denkform*, 1930.

③ 参见 Hans Preuß, *Luther und der gotische Mensch*, 1919；Paul Th. Hoffmann, *Der mittelalterliche Mensch*, 1922；Max Wieser, *Der sentimentale Mensch*, 1924；Walter Strich, *Der irrationale Mensch*, 1928；Heinrich Bornkamm, *Der protestantische Mensch nach dem Augsburgischen Bekenntnis*, 1930。

外的洞见。这一理论对史学的影响相对有限,①但上述追求、本质观、现象学和社会学开始在人文科学的其他单个学科中产生巨大影响——在文学、艺术史、古典哲学中,它们的踪迹随处可见。

我在这里无法处理这些单一学科。我当然不是妄称要概览不在我自己的科学领域中的事物。一般而言,人们认为以上所描绘出的时代历史倾向会在所有的学科领域中生效,而一些特殊情况则只能在某一学科自身的特殊情况中得到解释。对局外人而言,文学领域中尤其是西萨兹(Herbert Cysarz)的《作为人文科学的文学史》(*Literaturgeschichte als Geisteswissenschaft*)(1926),成了争取概念澄清的引人注目的表达。在艺术科学领域,李格尔(Riegl),沃尔夫林(Wölfflin),德沃夏克(Dvorak),斯特泽高斯基(Strzygowski),这些名字象征着全新的追求;在古典语文学领域中出现的则是为阐释柏拉图做出的近代努力,尤其是蒂利希采用新方法开展的敏锐研究。②

当然,这里并不缺少反对力量。例如,在史学中继续存在着较古老的、主要在事实领域保持不变的事物:一方面是如历史哲学一般的精神史,另一方面则是拒绝社会学的历史书写。③此外,在史学中还可能产生如克勒尔(S. Kähler)、洪堡(Wilhelm v. Humboldt)和

---

① Oskar Pfister, *Die Frömmigkeit des Grafen Ludwig von Zinzendorf*, 1910, 2. Aufl. 1925. Werner Achelis, *Die Deutung Augustins*, 1921. Programmatische Forderung der Neugestaltung der Kirchen- und der Dogmengeschichte auf Grund der psychoanalytischen Einsichten bei Oskar Pfister, *Die Aufgabe der Wissenschaft vom christlichen Glauben in der Gegenwart*, 1923, s. 40-42.

② *Die religiöse Lage der Gegenwart*(1926).

③ 这里是几个例子:Karl Müller, *Kirchengeschichte* Bd. I 1, 2., völlig neu bearbeitete Aufl., 1929;Alexander Cartellieri, *Weltgeschichte als Machtgeschichte* 382-911, 1927;Ders., *Die Weltstellung des Deutschen Reiches* 911-1047, 1932。

施塔特(Staat)的著作一般的完全反唯心主义的作品,这些作品以一种之前无法达到的、不存在任何幻想的现实主义使万物具象化了。所谓的辩证神学或是危机神学同样以强烈反对精神史传播的姿态发展起来,对此,巴特和其他人都提出了根据。在这里,作为纯粹事实史的历史被保留在其领域内。但这并不只表示,每一种"历史哲学"以及对历史事物的每一种精神史的处理都将遭到反对,而是说,一种独特的历史概念首先从基督教信仰中发展出来。而根据这一神学倾向支持者们的判断,这一概念会压迫所有专业史学,使其成为一种次等的尺度。①

所有这些追求,即社会学、辩证神学、类型学说,和以综合法、本质观为目的的倾向,都尝试贬低迄今为止的史学,因而是历史主义危机的症候。除此之外,在 20 年代"学者"圈中,科学、专业的历史书写立场还受到了另一方面的威胁:历史通俗文学迎来了新的蓬勃发展,在这种文学中,历史书写和小说的界限变得很模糊。这种现象当然并不仅限于德国,但就德国而言,这一时期的作家路德维希(Emil Ludwig)关于歌德、拿破仑、威廉二世和俾斯麦的作品获得了巨大的文学成就。②

正如在科学危机中总是出现的情况一样,这场历史主义危机也伴随着一场充满活力的关于历史理论和方法论问题的探讨。特洛

---

①　有关方言神学的文献在这里无法展开了,下列作品给出了对这一概念给出了很好的定位:Wilhelm Koepp, Die gegenwärtige Geisteslage und die „dialektische" Theologie, 1930。"辩证神学与史学"问题兴许会激发一种属己的处理,在此我不能顺带解释。比较 Walther Köhler 对这问题的评断,见 RGG, 2. Aufl. , Bd. III, 1929, Sp. 895 Mitte。

②　参见 Wilhelm Mommsen, 'Legitime' und 'illegitime' Geschichtschreibung, 1930。

尔奇全面分析了自启蒙运动以来伟大的历史哲学家和史学家,触及了论题的核心(总结出自《历史主义及其问题》);我们也应提到若塔克、布莱希格、凯泽(Keyser)和其他学者[1]的研究:他们针对许多单一问题展开研究,特别研究了狄尔泰从施莱尔马赫传统中发展而来的历史理解问题。[2]

此外还有历史的分期问题——如今,我们更加尖锐地感知到了这一问题的相对性。[3]在过去的几十年中,人们并没有完全看透时期划分在其结构内部的问题。这些反对历史的质疑渗入了所有这些问题,而莱辛(Theodor Lessing)正以这一质疑处理了历史问题("作为赋予无意义以意义的史学")。他的激进主义遭到被史学家和哲学家的普遍拒绝,却在读者圈内得到广泛传播,这从他作品的印发数量(第四版,1927)就能够看出。同时,这也更加激化了危机情绪。[4]

---

[1] Kurt Breysig s. o. S. 30. Erich Rothacker, *Logik und Systematik der Geisteswissenschaften* (Handbuch der Philosophie), 1926. Erich Keyser, *Die Geschichtswissenschaft, Aufbau und Aufgaben*, 1931. 对一般定位有益的是:Wilhelm Bauer, *Einführung in das Studium der Geschichte*, 2. Aufl., 1928。

[2] Arthur Stein, *Der Begriff des Verstehens bei Dilthey*, 2. Aufl. 1926. Erich Rothacker, *Das Verstehen in den Geisteswissenschaften* (Mitteilungen des Verbandes der Deutschen Hochschulen V, 1925, S. 22 ff.). Joachim Wach, *Das Verstehen, Grundzüge einer Geschichte der hermeneutischen Theorie im 19. Jahrhundert*, I 1926, II 1929. Heinrich Gomperz, *Über Sinn und Sinngebilde*, Verstehen und Erklären, 1929. Hans R. G. Günther, *Zeitschrift für Deutsche Bildung* 1929, Heft 4. 大规模的辩论也属于这一问题领域,这些辩论于 20 年代在神学领域展开,主题是关于精神的诠释以及基督教的"超历史"问题。总结性的论证来自 Erich Fascher, *Vom Verstehen des Neuen Testamentes*, 1930。

[3] 参见我的论述 "*Altertum, Mittelalter und Neuzeit in der Kirchengeschichte, ein Beitrag zum Problem der historischen Periodisierung*", 1921, dazu u. S. 85 f.。

[4] 参见 R. Strathmann, *Theodor Lessings Geschichtsbild* (Philosophie und Leben, hrsg. von August Messer, 1928, Jan.)。

在 20 年代后期,海德格尔促成的现象学变革终于开始对历史问题产生重大影响。对历史哲学问题持中立态度的胡塞尔现象学,与狄尔泰思想在海德格尔的现象学中得到结合,并发挥了决定性作用。①

整体而言,在 1926 至 1927 年前后,下述印象可能还广泛存在。贝克尔曾经这样描述:

> 历史主义的时代已经过去……对客观历史观的信仰已经消失;因此,先前受到鄙视的主观性、被建构性、哲学性、艺术性和宗教性,都被给予了一种意料之外的、近乎唯一的价值……它们被过高地评价了……时代意识的立场转向了历史。②

正如这里展示的一样,危机情绪很大程度是在此期间平息的。在 20 年代末,这一印象就不断得到巩固,相符的表达自此频频出现。如奥托·曼曾说:

> 一门体弱多病的科学(普遍的危机意识和对于这种意识的公开论证表明了这种确信的正当性)回归到了健康状态……在我们之前的几代人对于这些富有成果的问题拥有坚定的立场。③

---

① Martin Heidegger, *Sein und Zeit*, 2. Aufl. , 1929. Dazu Fritz Heinemann, *Neue Wege der Philosophie*, 1929. Fritz Kaufman, *Geschichtsphilosophie der Gegenwart*, 1931. Siegfried Marck, *Die Dialektik in der Philosophie der Gegenwart I*, 1929, S. 144 ff. , II 1931, s. 149 ff.

② C. H. Becker, *Die Neue Rundschau*, XXXVIII, 1927, S. 113.

③ Otto Mann, DLZ 1930, Sp. 362 f.

自 1920 年代末以来,我们可以观察到,一种对之前热情从事的方法论和其他理论性论证的厌倦情绪,伴随着向新工作的明确转向出现了。①人们对这一危机情绪感到厌倦。危机的水域开始变浅,我们已经可以断定,哪些海岸线的变化将被踏平。

二　系统地审视历史主义危机

要处理历史主义危机这一问题,有人会先寻找引发历史主义危机的个别病原体,而这些病原体潜藏在哲学、社会学神学、政治和文学创作的新思想及其对史学的影响之中。然而,这条道路并不可取,因为如此一来,史学只作为被动的一方出现,我们也只能从外部观察历史主义危机。这当然不是事实,因为史学在历史主义危机中并不被动,在某种意义上,历史主义危机正是产生于史学的内在发展。此外,上述那些尺度,如哲学、社会学等等,既不是与史学相对立的单位,彼此也不是孤立存在的,更不是完全独立的。在一定程度上,它们本身就是更广大的关联系统的表达和影响。而它们自身的变化就是对这一普遍危机的表达。因此,我选取另一条道路,这条路会将我们引向历史书写的内在,也使我们有可能在一定程度上理解历史主义危机的产生。我们密切关注的是:历史形象是如何在史学家精神中建立起来的? 在危机恶化前,有哪些地方发生了实际的变革或受到了撼动?

而作为对比,历史书写在 1900 年前后的实践又是怎样的? 我

---

①　参见佩特森(Julius Petersen)的评论, DLZ 1930, Sp. 20。这是佩特森对由人文科学危机导致的"方法通胀"以及自发产生的对于"价值稳定化的愿望"的必要反弹。

们在前文已经提到 1900 年历史书写的诸多不同之处;此外,在这一时期,世俗史学家和历史神学家展示出对兰普雷希特立场的强烈反对:他们反对后者传播新的历史书写的尝试,反对历史理论的根本问题的广泛一致。[1]如今,在以兰普雷希特为中心的历史科学争论之后到来的一代人非常清楚,当时互相攻击的两方,其立场在许多问题上是一致的,或者其距离并没有当时看上去那么遥远。[2]因此,我们可以将 1900 年的历史书写视为相对统一的整体。

在历史主义危机恶化前,通行的历史书写有以下四个特征:

(1)关于历史书写对象的特定认识论前提:史学家能够意识到历史认识的主观性。当对象本身被给出并被确定时,这种主观性只是史学家可以用于观察的一副眼镜;

(2)历史关系或历史关联的学说[译按:作者在后文交替使用"关系"和"关联"];

(3)历史发展或历史进步的学说;

(4)在可能的人类经验领域内对历史陈述的实证主义限制:对形而上学尤其是历史哲学的排除,或至少是对这些尺度的严格限制。

通过联系这四个要点,我们得到了如下四个主题。我们要处理的四个问题是:

(1)处于与从事历史研究的精神的关系中的历史形象,或思想中的历史建构;

(2)处于与其他历史形象关系中的历史形象,或历史联系;

---

① 参见 Moriz Ritter, *Die Entwicklung der Geschichtswissenschaft*, 1919, S. 436–461;E. H. Spieß, *Die Geschichtsphilosophie Karl Lamprechts*, 1921;Friedrich Seifert, *Der Streit um K. Lamprechts Geschichtsphilosophie*, 1925。

② 参见 Moriz Ritter, a. a. O.。

(3)作为在运动中被思考的历史形象,或历史发展;

(4)对处于历史形象"之上"的事物的发问,即"形而上的
[发问]"。

历史思考自然是一个统一的行为,以下在这四个不同要点之下
的观察自然也是一种逻辑性的抽象。首先不容误解的是,我并不认
为在历史思考的过程中,静态的事物首先形成,随后动态才能得到
发展。历史思考的过程借由以下要素得以发生:由史学家位置决定
的视界,历史形象和与其他历史形象的关系,以及发展要点,三者在
我们精神之中、之间都是不可分离的整体。

在接下来的四个段落中,我要处理的并不是对于四种不同对象
的观察,而是对同一对象在四种不同视角下的观察,因此,这一对象
的某些要点就不可避免地要在多个视角中重复出现,事实也不能完
全按照逻辑划分。因此,第二部分(历史关联)与第三部分(历史发
展)不可避免地存在重复。

1. 论思想中的历史构建

当我们思考历史的时候,在我们的思维中究竟发生了什么? 在
那些有创造力的史学家的思维中又发生了什么? 他的读者或听众
对他所创造的事物的接受类似一种独特的创造,却并不是完全相同
的仿制——在这里,我们并不考虑这种仿制的情况。

(1)通过梳理将要处理的第一个问题,我已经提及"历史"
这个词,我们如果想要有所进展,就必须为"历史"划定明确的
界限,因为它的多义性将给之后的研究带来极大的困难。比如,
人们可以很轻易地整理出这个词语的许多不同的含义(非逻辑
顺序):

a. 我最近经历的历史

b. 作家 X 只写历史

c. 自然史

d. 自然和历史

e. 这一惯例属于历史

f. 俾斯麦属于历史

g. 这一断定有自己的历史

h. 法国大革命力图清除历史

i. 法老的历史

j. 汉斯所著《格奈泽瑙(Gneisenaus)的历史》

k. 他在哲学和历史之间摇摆

l. 我们思考历史

在这 12 个短语中,"历史"一词都有不同的含义,或至少出现了细微的差别,这些含义分别是:

a. 一种私人的单次性体验

b. 一种创作性的讲述

c. 对有知识价值的东西的整理编排(希腊词 historia 最古老的含义仍然存在)

d. 在通过人类并在人类身上发生的事件的意义上,对于一种重大的、作为总体被思考的实在领域(Wirklichkeitsbereich)的最普遍表达,不考虑纯粹的身体事件(rein körperlichen Geschehen)

e. 已经逝去的、消失的和不再通用的

f. 对民族而言确有意义且重要的事件

g. 流传下来的关于过去的资料,或是前人的经验

h. 随着时间流逝产生的状态

i. 过去的某一进程

j. 对这样一种进程的科学展示

k. 历史科学的学习

l. 被史学家思考的事件

如果人们想要领会这些被科学、史学家、哲学家和神学家树立起的对"历史"概念的定义,还可以轻易地找到更多例证。这一事实仿佛指明:区分"历史"的不同含义的方法,要么是引入新的描述,要么是在迄今为止的语言使用中将现存的描述限制在一个更为狭窄、被清晰改写的含义中。因此,人们才提议对 Historie[史学]和 Geschichte[历史]做出特定的区分。不过这样的一种方法并不合适,因为一篇论文的作者不应该苛求读者完全记住词汇。正如"历史"一词的情况一样,紧紧抓住一种表达,以使读者确定地从关联中得出作者想要传达的内容,这种做法是多余的。

通过抛出这个问题,即当我们思考历史时究竟发生了什么,我们理解的便是"历史"的上述第9种定义,即任何一个历史总体,无论大小——如欧洲国家体系的历史或是宗教改革历史,又或者俾斯麦的历史。

(2)那么,历史思考可能并不只是对过去事物的一种简单想象或当下化。

这种对过去事物的简单想象在特定的程度内是可能的。当我聆听一部音乐作品、观赏一幅绘画作品、朗读一首诗歌或阅读一篇哲学论文时,我在一定程度上是在复习过去人们的"经历段"。当康德书写一个段落时,他带给这个段落的思想一种特定的顺序和特征,而当我以理解的态度阅读这一段落时,我就以某种方式接近了康德的"经历段",而这部分的康德就是当下的。同样,人们也会说:"我正在听贝多芬。"这在特定的条件(如好的音乐表演和正确的观点）和界限（估计到完全忠于历史的音乐再现的困难）下并不错。但当我"想象"康德或贝多芬，或将他们"当下化"时，或是当我历史性地思考他们时，我的行为绝不是如此。历史思考不是关于特定个体的特定经历段的简单重复。

这一结论十分明确，我也不需要再做出更多澄清。我们在进行历史思考时以某种缩短的方式去体验，以求暂时性地说出这一事物。我们将那些曾经跨越了数年、数十年之久的事件压缩在数小时或数分钟的时间内。然而在我们缩小化的标准中，那些曾经在广阔时间内发生的事件，并不是在与单一维度准确相符的关系中重现，作为缩略图的事件原本的全部要点在我们这里也并不都是可用的。这样一来，历史思考就会不可拯救地陷入无聊状态，因为有趣的事物在现实总体中本身只占据一小部分，而即使是这一部分也正在消失。历史思考不可能只是一种缩短或缩略性的再现。

但历史思考也不可能是对给定事物的描摹。因为一个被给予我们、面对我们的"对象"，根本不可能被我们描述或描摹。在由普遍的、自然导向的认识论所决定的对历史认识问题的论证中，我们会遇到这种观点。这一观点是一种感官感知、一种对实在对象的辨别。但在历史中，我们却与这种在相同意义上给定且可用的尺度或对象无关。我们思考历史时所发生的过程，其发生方式与一种对实在对象的感官感知全然不同。人们常常将历史表达描述为一种历史图像、一幅历史画或类似的事物，但我们不能被这样的表述蒙蔽双眼，因为"历史图像"这一表达本身只是一种形象化表达。当我们将历史思考时在我们脑海中浮现的东西视为"图像"时，它才会成为一幅图像。

但对多数人而言，当他们从事历史工作时，某个具体的图像就是当下的。具体而言，根据不同的身体天赋、视觉天赋、艺术倾向和抽象思考能力,这种图像在不同人的眼中也不同。对他们而言,情况可能是这样:当他们从历史的角度研究路德时,他们就在自己的精神中看到了他,此时是一种克拉纳赫式的图像在产生作用;如果研究的对象是沃尔姆斯帝国议会,在他们的精神中就会出现身着16世纪服饰的教会或世俗达官显贵正在集会的图像,而这种或清晰或模糊的图像是当下的。有意识在读者中唤醒这种具体直观的图像的历史书写者并不少见,尤其是在19世纪下半叶。我只需提及勒南(Ernest Renan)和方济各会传记作家萨巴捷(Paul Sabatier)。

很明显,在这种关系中,史学家可能做得太多,并可能混淆史学和小说的清晰边界,正如刚刚提到的两个作家一样。但在这里,我们关注的是一种可能且有根据的处理方式。史学家只支持并引导那些即使没有他们的干预,也能够通过心理学联想在其读者灵魂中产生的东西。而这些绕过了历史思考的具体直观的图像,绝不会超过历史思考所附属的完全次等的要点,它们对原本的历史认识而言没有意义或意义不大。这对于历史科学而言无疑是件幸事,因为如果我们以事实去衡量这些附属性的、绕过历史思考的图像,它们几乎总是不准确的;它们经常只是对图像的模糊记忆,其自身也并不忠于历史(如路德图像),而对那些我们几乎或根本不能从中创造出图像的事物,它们更是无能为力(如公元1000年前后的德意志自然风景)。这种心理联想式的图像与历史思考的内核全然无关,它们在历史思考中虽是对给定事物的描摹,却对此处的论题毫无意义。

我并不需要确保这一阐述不被误解,毕竟我的目标并不是克服"历史图像"这一表达:其一,这种尝试本身毫无成功的希望,其二,反对这一术语的论战与我无关,因为我已经鲜明地强调了对于历史思考而言观察的意义(在其不同的种类和正确的界限内)。

（3）到这里为止,所讨论的一切都很清晰:历史思考既不是一种对于过去的经历序列的简单重现,也不是一种简单的描摹。由此,我们得到另一个答案,这个答案使我们更接近事实真相:史学家从过去发生的事件中做出选择,并以特定的方式对其所选择的要点进行加工,最终将这些被选出并加工的要点统一为一种历史表达。

这个答案虽然不能使我们完全满意,却可以将我们带上正确的道路。它不能完全令人满意,因为史学家历史思考的过程并不像"选择"这个词所暗示的那样,在其全部范围内有意识地进行。自然,每一个历史主题已经是从"选择"中产生的,而所谓的资料整理,很大程度上也来自史学家有意识的活动:他们以自己对文献(大多也已经是"被挑选"过的)的熟悉程度为根据,在对一场战争前史的描绘中区分主要和次要人物,并为了总体关联分离出重要和不重要的过程等等。但这种挑选的发生在一定程度上借助了史学家精神中某种看似神秘的功能,因此无需史学家本人的介入。

更普遍的情况是:正如史学家提出"主题"一样,那些进入视域的要点都处于史学家精神中相符的历史分期,并汇聚到一起。而他有意识的工作只是:他以必需的感觉或技巧,批判性地认定或区分在自己的思维中升起的历史思想总体。在他的精神中,对重要与不重要事物的区分,以及历史分组的完整过程,按照观点法则的效果发生。从他的角度出发、在他的环境中、在他自己的一种近乎法定必要性的前提下——即总是以实际的历史技能为前提——这种同样带有强调和"选择"的历史思想形象产生了。

更进一步,许多在史学家精神中汇聚起来的要点,严格来说并不具备"变革"或"加工"的特征。相比那些在"对应面"(Gegenüber)中更早发生过的事件,这些要点是全新的。这些在史学家精神中的要点,包括事实、事实序列和人物,以及如文艺复兴、宗教改革、启蒙运动、古典、现代等历史总体，在"对应面"中总是拥有某种动力、准则和指令。同时，这些被史学家思索的事物完全符合在"对应面"中已经存在过的事物：前者在充满谬误的构成过程中，必然从"对应面"中得到修正。但这种历史思考本身在"对应面"中并没有事实性的对应。也就是说，通过思考历史，我构成了指涉在"对应面"中存在的某些事物的"想象"和"概念"等等，正是它们意指或代表了那些事物。

历史思想要求具有意义，这一要求曾经以复杂得多、不可能穷尽其描述的方式存在过。史学家不能用一两个词涵盖完整的文化或极其混乱的历史进程，如"罗马与希腊""1813 年的莱比锡"。如果我想要构造"莱比锡战役"这一历史思想，那么这一思想就代表或涵盖了从 1913 年 10 月 16 日至 19 日在莱比锡的田野和城市内发生的上千起事件。通过思考细节，例如军队调动、拿破仑的行动、布吕歇尔的行动，以及这场战役与之前或之后的政治和战略事件的联系等等，我可以澄清"莱比锡战役"这样一个重大的概念。

但通过思考这些细节，我仅仅构造了在"对应面"中发生的事件的代表。没有人可以把握住事件的巨大数量和如"莱比锡战役"一样的特定历史时空阶段。每一刻在地球上发生的事件，尤其是人类直至现在在可见的历史中已经经历过的事件，都是一种异乎寻常的、超越所有人类想象的尺度，而人类只能在这种尺度中寻找并取出某些要点，也只能在代表性的思想中思考这些要点。这个神秘的"对应面"本身并不能被我们理解，它永远处于"对应面"中。①

很明显，"对应面"只是一个用于划定界限的概念，对于这里使用的"对应面"概念，还有另一个词语可用，人们习惯性地称之为

---

① 参见 W. Schulze-Soelde, *Geschichte als Wissenschaft*, 1917。

"客观意义上的历史"或"对象"。我并不喜欢使用第一个短语,因为它稍稍削弱了我已经达到的理论强度,就好像"对应面"是一个已经完成了构建的尺度,被"主观意义上的历史"再现了。如果人们有意识地排除这一理论,那就不应该反对使用"客观意义上的历史"这一措辞(至多是因为它的复杂表述)。人们也经常用"对象"这一表达来指涉这个被我描述为"对应面"的事物,而我在上述研究中有意识地避开了这个表达。从逻辑上讲,在"对象"中存在一种包含了"客体"的"对应面"。由此看来,用"对应面"代替"对象"可能也是无意的。"对象"这一表达因其多义性不能采用,因为"对象"不只意味着 a. 划定界限的概念,即对历史塑造所有可能的激发;它也是 b. 史学家提出的单一主题,而 c. 在一些新康德主义者那里,它也是在史学家精神中构建起来的事物。

只有在一个位置上,我们才可以明白、清晰地接触到它:在我们自身有意识的生活界限的内部。形象地说,它在生活总体中是宏大的、永远神秘的事实激流,这激流翻滚着流经"时间"。

近代流行起来的词语"塑造、形象"(Gestaltung)也可以用于表达本文所述的"历史思考"——史学家"塑造"了历史("主观意义上的历史")。这一表达被布兰迪(Karl Brandi)使用过,即他在 1921 年举办的关于"作为形象的历史"的讲座中。我对这一表达抱有疑虑。它切中了与创作形象的思想联系,正如布兰迪强调的一样,历史形象与创作形象有着不可否认的亲缘关系。但是比这一亲缘关系更强的无疑是这个特定的区别:史学家被"对应面"束缚,艺术家则是独立而自由的。亚里士多德已经认识到并清晰表达了这一区别。贝尔特拉姆(Ernst Bertram)在其著作《尼采,一个神话的尝试》(1922,第六版)中没有谈到"形象",而是谈及"神话"或"传奇"。他的表达一开始就与本文所论述的"历史思考"产生了共鸣。他的观点是正确的：史学（指的是历史书写）所创造的图像，相比所呈现的发生在过去的事物，是全新的。但这种全新性在他这里是"一种朝向其他存在类别的转化，是设定价值，而非制造现实"。我们在这里产生了分歧，即分别走向历史书写的道路和英雄赞歌的道路。这本书属于那些来自格奥尔格圈子的"直觉性"历史书写，我将在第二章第四小节回到这一问题。

莱辛在他的《作为赋予无意义以意义的史学》中所持有的观点（首版中没有副标题"或从神话中诞生的史学"）也与这种"直觉性"历史书写相关。这部激动人心的作品包含夸张、尖锐但正确的观察，但这些观察所呈现的理论言过其实，且未能把握到真正的事实。呈现莱辛的分析需要一篇完整的论文。但除此之外，这本书的主要缺陷在于莱辛误解了一件事：被他称为"意义赋予"的事物并不发源于历史思考的精神，而是根植于"对应面"之中，而在"对应面"中已经存在着无数可用的结构（或者它们已经被置于其中）。更进一步，当我们的表述没有切中问题时，它们无疑是从"对应面"中接受修正。李特在《科学、教育、世界观》中以充分的理由谈到，这种"运用'神话'的趋势不仅造成误解，甚至导致堕落"——这一趋势最极端的拥护者正是莱辛。

（4）当我们以这种方式为历史思考问题做好了准备，与此相关的一个要点就被阐明了；但只要我们总是期待某种具有单义、稳固结构的对应面，这个重点就不会明晰。在这种前提下，我们自然不能理解，为什么历史表达，尤其是重要的总结，总是在过时；为什么政治史、文学史、艺术史、教会史等总是被重新书写；为什么不能一次性地达到一种最终确定的表达。我们无法仅用现象的历史观点的变迁来解释这一点。事实上，并不只是观点和对历史事物的判断在发生变化，被展示的历史的内容也以某种方式发生了变化。对于今天的我们而言,阅读 19 世纪 80 与 90 年代的无数杰出历史作品已经不是享受了,尽管我们仍赞同这其中承载的判断,无论这些判断涉及的是小德意志或大德意志、资本主义或社会主义、神学或反神学、新教或天主教、正统或自由。

从以上阐述的历史思考理论中,我们也可以理解另一个要点。为了把握特定的历史总体,我们偶尔会运用一些在当时有意识的经历中并不存在的概念。比如"反宗教改革"这样的概念,这个在今天被普遍使用的新词出现于兰克(Ranke)的时代;再如"后期古代希腊罗马文化",其出现的时期要更晚。我们无法在"对应面"中找到这些词,却在"对应面"中获得了这些概念。毫无疑问,这不仅是合理的,也是必要的。而如果我们以认识自然的方式想像历史知识,我们就无法理解这一现象。

(5)为了理解历史思考的过程,我们还需要接受另外一个要点。为了赢得历史思考,我们必须以某种发问、分类或模式走近"对应面"。历史思考在这一位置上、在其出发点上包含着一个系统性的元素。我们必须拥有某个容器,以从磅礴的生命激流中,从"对应面"中汲取它。例如,如果我想要历史性地展现波拿巴,我就只能依照如下的方式处理:我借助不同的分类建构起波拿巴的历史形象,官员、总司令、政治家、与哲学和教会的关系等等,并将这一历史形象提升至他的历史关联中,在他的历史运动中追踪其形象。只要我不提出这样的问题,"对应面"就会保持沉默。

我同样无需深入地阐明自己以免受误解,因为我并非要借助先定的、抽象的概念为某种建构代言。与我的阐述有关的是在具体直观性中的历史。这当然也不是说,我们必须或应该踏上由神学教义路线所指引的史学道路,同时闭口不谈所有的倾向史学。

史学家自然不能运用不符合当前时间的分类,他必须持续地监督、纠正这一分类，使其适应素材。

很明显，这种不可避免的系统化切入点带来了许多前提条件。我们作为个体、民族和文化圈成员的所有经历，都将在我们总体的历史思考中发挥作用。

我们在这一最近得到活跃讨论的哲学（以及神学）人类学标题下提出的所有观点，首先属于大多数史学家没有意识到的历史思考的先定性。舍勒在其敏锐的研究《人类和历史》（1929）中以令人印象深刻的方式阐述了这些问题，据此，"每一种处于特定人类学中的历史学说都有其根源"（页 15）：

> 如今，我们为何看到如此繁多的历史表达，看到社会学家处于残酷斗争中？最深层的原因可以在这一事实中窥得，即在人类的起源、构成和本质方面存在根本性差异的思想就是所有这些历史表达的原因。（页 14）

因此，舍勒得出，如今在西方文化圈内通行五种关于"人"的基本思想，它们各有"其特殊的与之相关联的史学"（页 16）。

舍勒区分了：1）犹太教和基督教的、以神为导向的人类学；2）发源于希腊人的"智人"（homo sapien）思想；3）尤其被实证主义所拥护的"劳动人"（home faber）的思想，这是一种自然主义观点，在历史书写中产生了三重影响[a. 作为经济（马克思主义）的历史书写；b. 作为在混血和纯种即种族史中窥得"一切事件的独立变量"的观点；c. 作为政治权力导向的历史观点]；4）至今在其普遍塑造世界的意义中仍可被理解的狄奥尼索斯观点，此后，劳动人成为了一种"生活的失态"。5）尼采发展出的超人思想，这一思想与哈特曼（N. Hartmann）和凯尔勒（Kerler）所拥护的极端"严肃和负责任的先定无神论"有关,而这一思想在历史书写中的主要代表是格奥尔格圈子,尤其是贡多尔夫。

舍勒的阐述无疑揭示了一切历史书写的一个关键要点。但所有与此相关的问题都需要得到更精确的研究:这一要点对于一切历史书写是否都是建设性的,以至于我们首先从一种与"人类的起源、构成与本质的思想"相符合的转变中得出关于原子、实用主义和[种族]基因的历史书写次序? 舍勒以主观类型学的方式提出的不同思想,在事实性的历史书写中是否在彼此内部得到发展,而使与这五种思想相符合的历史书写形式的支持者难以自证? 很遗憾,舍勒并不能更进一步地阐述他关于这一问题域的思想。

我们对未来的期待或畏惧总会一起发挥作用。因此,我们就触及了深层的无前提问题——或者用曼海姆的概念表示:史学家的立场受限性。这一问题在历史主义危机恶化前很久就已经被论证过,[①]我们在此只作简短表述。

一切不是完全自然的事物都需要被排除,尤其是需要排除认识得以实现的哲学问题。例如,如果我们从认识论的角度,将人类认识理解为从外部印象和康德意义上的先验状态中得出的产品,那么,这种综合过程实际上在每种认知过程中都在发生,无论认知的对象是自然、历史还是日常生活的过程。因此,我们暂时处理不到

---

① 尤其参见 Ernst Troeltsch, *Der Historismus und seine Probleme*, 1922, 特别是"判断历史事物的尺度及其与当代文化观念之关系"一章(S. 111-220)。特洛尔奇在此提出了他关于文化综合(Kultursynthese)的思想,对此参考 Otto Hintze 的"批判性研究","Troeltsch und die Probleme des Historismus"(HZ 135, 1927, S. 188-239), 以及 Heinrich Benckert, "Der Begriff der Entscheidung bei Ernst Troeltsch"(ZThK, N. F. XII, 1931, s. 422-442 bes. S. 431 f.). umfassend: Eduard Spranger, *Der Sinn der Voraussetzungslosigkeit in den Geisteswissenschaften*, 1929。

这一问题。历史思考的前提问题与这种形式上的先验无关,而与历史思考对象通过我们自身的时空立场所产生的实质影响有关。

我在这里处理的当然不是认识论者的争论。上述阐述的意义仅在于:在这种认识论的形式先验的关联中,即使那些目前通行的认识论并不能被理解,例如新康德学派的认识论,这一情况也与我们无关。另外,在曼海姆《历史主义》那里也出现过此种形式先验、形式和内容之区别的尖锐斗争。曼海姆清晰地指出,这种形式认识论接受了一种在潮流之上仁立、持续存在并通过奇迹与"生成"相联系的主体(页56),并与一种充满活力的、在历史洪流中消解一切的观点相一致。它是启蒙的残余、一种事后补上的建构,符合启蒙时代科学思考的主导类型。

而历史思考对象产生的这种实质影响,所涉及的正是历史思考观点的前后一致性。我既不主张史学纯粹的主观性,也不主张其纯粹的客观性。一切史学都受到立场的限制,这是不言而喻的。人们极少能够跳出自身的阴影,因此史学家的立场受限性极少能够被克服。

所有的历史书写都是"主观的"。当兰克在《罗曼和日耳曼民族史:1494—1514》中写下这个被许多人引用的句子时,他不想争论史学家的立场受限性,这一点几乎无须说明。他只是想指出"史书原本是怎样的",之后他在《英国史》中说:"为了让事物自身言说,我简直希望抹去我自身。"他以史书都是"主观的"这一名言在政治的当下性或未来性影响的趋势中要求历史书写的自由;而希望在自己的史书中抹去自己,则是兰克历史书写中沉思活动的一个或许更加显著的特征。人们不能略去不读"简直"一词,正是它保留了史学家不可避免的立场受限。

但是,如果正确运用了历史方法,在确定的立场上仍会产生一些逻辑上有说服力的、正确的、切中"对应面"并与之相符的观点。

因此，即使存在立场受限性，历史也仍是"客观的"：这是一种相对的客观性。这一大胆的表述也已经指出，我们可以做到完全避免这里的"主观"和"客观"表达，也可以只在史学家面对其论题的态度方面，根据他是否保持了论题的公平公正，将这两个表达用作赞扬或责备的词语。

（6）就我们对于问题本身的观察而言，起决定性作用的并不是立场受限的事实，而是我在这里阐述的观点与 1900 年前后流行的对历史知识的处理之间的差别。当时，人们激烈地强调所有历史知识的"主观"部分，却认为正是这一"主观"部分不可避免地，甚至是极大地模糊了对一种完全给定且具有单义结构的"对应面"的表达。根据这一观点，人们的观察会发生变化，但事物本身总是得到保持并继续存在下去。而根据我们的观点，如此构建起来的事物只存在于人类思考中；但在人类思考中，相同的立场也会产生相同结构的事物；"对应面"并不具有单义且已完成的结构，它不是僵硬的尺度，而是促使历史观点常变常新的无穷刺激。

前文所发展出的被称为视界主义的观点，在我 1921 年出版的论文《教会史上的古代、中世纪与近代——一篇关于历史分期问题的文章》中已经存在了（页 85），只是 Perspektivismus［观点论］这一词语在当时还没有被使用。极具特征性的是，一部分专业史学家强烈抗拒这一思想，除了贝娄（G. v. Below），我曾阐述过他的思想。[1]而这一思想在近代却得到广泛传播，并在哲学层面上得到了根本性的澄清和证实。舍勒在《论人类中的永恒》中明确阐述了这一思想：[2]

---

[1]　*Die Besprechung von J*, Kühn, HV Bd. XXI, 1922/23, S. 191-194.

[2]　M. Scheler, *Vom Ewigen im Menschen I*, 1921, S. 13 ff.

历史的事实存在是未完成的,仿佛仍可以被拯救。而一切在凯撒之死中属于自然的事件则一定是完成的、不变的,正如泰勒预言的日食。但是,"历史的事实存在"是人类的意义网络中的影响单位,是未完成的,且直到世界史终结时才会完成的存在。

舍勒在这里的表达与特洛尔奇、斯普朗格、李特、曼海姆、斯特恩(W. Stern)以及哈特曼相关,其中,斯特恩和曼海姆的表述尤为肯定。舍勒和其余研究学者在这里清晰表述的事物,以及我称之为"流动的过去"的事物,在尼采《快乐的科学》的格言 Historia abscondita[隐匿的历史]中已经出现了:

> 每位伟人都有一种追溯力:他将一切历史重新置于天平之上,过去的千万秘密从它们的藏身之处爬出,暴露在他的太阳之下。我们不可预见,这一切将如何再次成为历史。过去本质上也许总是未被发现而已!还需要如此多的追溯力![1]

但是,我们不能夸大这些表达。无数我们可以认识、思考的结构存在于对应面中,而这些结构又可应用于作为我们思考对象的其他结构,如所有的常规和秩序(生活在其中有意无意地运转),以及个体精神生活所有相对恒定的特征(秉性、智力能力、爱好等等)。这些事物常常具有单义结构,而它们一旦嵌入更重大的历史关联,就会成为问题。即便如此,通过全新的史学处理,历史尺度也很少发生彻底的变化,它自身中存在的所有对立很少会被完全颠倒(为

---

① *Taschenausgabe VI*, 1922, S. 99.

了避免关于特定人物或过程片面且离题的观点,我们在这里并不考虑非科学力量排除研究出处的情况):

> 如果我们比较不同时代对于同一文化时期的不同阐释尝试,就可以断定,这绝不是无政府主义。①

尼禄(Nero)始终是尼禄,但路德会怎样呢?虽然存在为实现历史"客观性"而做出的努力,天主教与新教的观点即使在今天也仍然存在尖锐的分歧,这是为什么呢?显然是因为"关联力量",因为这一历史尺度的"关联财富"。一种历史尺度的关联越贫乏,它就会越靠近历史单义性。从历史角度观察,普鲁士威廉三世(Friedrich Wilhelm III.)要比施莱尔马赫容易总结得多。最混乱的是那些身处异常广泛关联中的人物,比如路德——他的作品在1700、1800 和 1900 年前后总是处于全新的重大关联中,以至于历史的"总"观察总是在移动。历史细节和历史"总"体在单义判断的可能性方面非常不同,我们在这里讨论到的困难总是与分化更剧烈的形象和更全面的历史总体有关。正如路德遵循他的性格天赋来生活和判断,在不同的历史形势中展开行动,关于这些问题,方法论完善的史学家的目标,在大多数情况下绝不应该只是取得同代际史学家的赞同;他们应该使自己的作品跻身更重大的历史关联(即使只是教会史关联),而这将会唤起如此多强调价值的世界观的要点,以至于不同的"总"观点马上就会根据有意和无意的前提条件产生。

我们不能期待这世界上存在一种新教读者可以全盘接受的天主教的路德形象展示。我们可以设想接近对细节及单一总体而非

---

① K. Mannheim, *Historismus* [o. S. 15], S. 47.

对"总"观点的判断。在这里,整个"新教人"或者整个"天主教人"及其所有构建自身的要点都在发挥作用,这两种根本观点是互相对立的。这种"总"观点与被我们称为"时代"的伟大历史总体共同存在。因此,艺术史的伟大时期绝不是如上所述的那种僵硬的、在"对应面"中总是具有已完成结构的事物,而是随观察者立场的变化而变化。

时代特征总是存在,即使我们随着时代发展顺其自然地以不同方式观看它们,即使我们不能从它们中提取出一种客观适用的观点。这种观点处于视界法则之下,如同风格(Stile)(许多人希望能从中体认时代)成了视界(观察立场)事物的一个重要部分。(我们之前观看巴洛克,如今在较远的距离之外看待矫饰主义,而这一转变过程远没有结束。)如今,我们必须以不同于布克哈特时代的方式看待古典艺术(在沃尔夫林所说的意义上),因为观察立场已经发生了变化。(Pinder 前揭书,页13-14)

(7)我们的阐述还需要一些界定。我在之前提供的是一种历史思考理论的基本特征,这一表述是我从自己"历史知识理论"的立场中得出的。这个用法包含了一个对今天的我们而言已经较为陌生的细微差别:它与1900年的问题相一致,清晰地揭露了为证明自然科学与人文科学在概念构造上的差别而展开的斗争,并轻易导向一个想象,即史学家所表述的"历史"好像是僵硬地存在于"对应面"中,其结构已经完成,而我们仿佛只需要为了"认识"它而去观看它。

此后,更重要的是在近代已经被清晰且充分论证过的历史"理解"理论。这是本世纪 20 年代人文科学形势的基本特征：人们已经不能再像努力争取历史"理解"一样去争取历史"认识"了。历史"理解"与自然科学认识的分野就令人伤感地变得更加鲜明了，历史"知识"的情形与此相同。在历史理解问题最近被赋予的含义方面，有一点我们必须直面：我们清晰地划定了历史思考理论和历史理解理论之间的界限，并说明了比起那些至今已经以隐含的方式出现的问题，我们为何没有在自身的关联中更贴近地处理历史理解问题。

不论是与 1900 年前后的历史知识理论，还是与在这里被阐述的历史思考理论相比，历史理解问题的范围都更加狭窄。然而，"理解"这个词在含义范围方面有一种确定的弹性。我能够找出个别的例子，正如路德在沃尔姆斯对自己立场的坚持，或是像歌德的《浮士德》(Faust)一样的艺术作品，或是——如果可能的话①——尝试将大学史理解为总体。这种理解的目标可能是范围非常不同的客体，正如历史"认识"或"历史思考"一样。这种"理解"本身也意味着不同的事物。"理解"可以表示使一个从其关联中得出的尺度变得可理解（路德在沃尔姆斯基于神学发展和自身性格的行为），也可以表示在一个尺度中寻找更深层的内容（如歌德《浮士德》的内容），或者表示寻求切中一种尺度独有的细微差别（巴洛克时代的思想艺术和情感方式），等等。理解理论必须首先研究在我们精神中给定的内容，才能够解决上述任务。一般来说，"理解"是前提，在此之后，历史"认识"或"历史思考"才会出现，并给予"理解"以最终的深化。这种认识或历史思考至少在逻辑上是先于理解的。

因此，现代为争取历史理解所投入的全部努力首先是从施莱尔

---

① 这一条件于我而言是不现实的。s. u. S. 84。

马赫开始的：这一开端是关于诠释学的努力，也即对于文本和现有事物的正确的、符合事实的诠释问题。然而，如果历史思考在逻辑上更早发生，那么我们针对理解问题的论证所划定的界限就有了根据。而关于"你""我"之间理解的可能性的哲学问题，以及对如何理解异己灵魂的发问，必须被划定在我们的问题域之外。①

（8）我们从上述讨论得出了哪些结果呢？

1）"历史书写遭到了质疑"的观点是错误的。首先，这一质疑性的结论并不来自对于被思考的历史进程，特别是对于"涵盖性"概念对历史尺度的构造的讨论。略加思考即可指明，我们所描述的历史思考，与日常生活中在我们与他人的交流中发生的事件，没有根本性的区别。这种被史学家实践的思考不是一种独有的思考，它与我们在日常生活中所运用的思考相同——它只是被批判性地美化和规范了。史学家与路德之间这种充满思想性的关系，与他和朋友 X 或 Y 之间充满思想性的关系并没有区别；那些和我们一道处于当下交往中的人，同样是我们精神中的思想形象，正如历史过往中的人一样。我们能够在精神层面听到、看到他们；新的精神印象能够加强并纠正指涉"他们"的思想形象——我们拥有把握他们的工具。而在面对过往中的人时，我们同样通过一定的替代品来实现这些操作。所有这些事实在本质上没有改变我们的讨论，因为历史思考就是我们在实际日常生活中的行事方法，因此，人们无法从中锻造出反对史学的质疑武器。如果人们想要有根据地否决历史科学并断定它并不来自"主观主义"，那么，他们就必须相应地弃绝自己的日常交往。正是由于历史思考被批判性地规范了，它比起伴随

① 参见 E. Troeltsch, *Der Historismus und seine Probleme*, 1922, s. 679-688。

多数人日常生活的惯常思考才更加可靠和贴切。

2)这种对于历史书写本身的历史思考理论又导致了哪些结果呢？在这里,当然有人要拒绝一切结果,他们会说:

> 这一理论主要是一种新的历史理论洞见,一种对"对应面"和具有绝对单义结构的给定"客观历史"想象的矫正;然而,1900年的历史书写虽然以某种方式与这一想象相联系,却并不相同。因此,这一历史书写自身可能完全没有或没有受到很强的撼动。通过澄清历史思考在史学家精神中的发生过程,历史思考完全不会被撼动,这一澄清证明,历史思考是一种毫无启发性的错觉。

以下是对这种观点的辩驳。认识论论证并不能直接影响准确的来源加工、纯粹的事实批判和严格保持在准确事实判定的框架中的历史书写,但是对其本质性的斟酌,正如在这里进行的一样,却可以改变或反作用于历史书写。哲学家将认识论研究当作自己的私人事务,于是一切都保持原样——这种观点确实在之前得到了广泛的传播。而事实上,当这种思想在他们的领域中出现时,事物一定以某种方式或在某个位置上改变了自身。新的历史理论洞见一定会反作用于事物本身。

这一结论至少在确定的界限内是事实。回忆我们到此为止得出的主要结果:在僵硬、具有单义结构的"对应面"的位置上出现了一种流动的尺度,它总是追求新的历史形态。首先,这里涉及的是我在本章上一节阐明的事实,即历史书写和哲学并没有清晰的分界线。但这也绝不表示,所有的历史书写都必须成为"哲学"的某一部分。史学家的个体天赋和历史论题的提出将以无数的方式产生,其中包括了那些显示出小部分哲学特征的方式。在 1900 年前后,人们认为在史学和系统性之间可能存在一种本质性的二元对立;而将历史书写视为哲学的专有性只能排除上述二元对立。斯特恩伯格(Kurt Sternberg)以充分的理由谈到"历史性与系统性之间的内在关联"和"这种广泛传播的观点的错误性,即历史性可能缺少系统性,或与系统性彻底对立"。

第二,从对一种单义结构的"对应面"的否认,以及对这种对应面显著分化程度的深层洞见中,我们得到了一种提升史学家的责任。贝克尔强调:"塑造历史的去客观化导致史学家责任的巨大提升。"李特也在其著作《科学、教育、世界观》中也说:

> 在每一种思考同时也是决定之处,每一步都必须被考虑,每一种判决都必须被权衡!

第三,一种纯粹冥想式的历史态度的可能性遭到了质疑。事实上,特洛尔奇要求的文化综合性历史,与兰克冥想式的历史书写间存在巨大分歧。但这一分歧马上得到了消解,因为实际上既不曾存在也不可能存在一种面对历史材料纯粹冥想式的态度,同样,也不曾存在过一种绝对不具有文化综合性质的历史书写。冥想式历史书写的专心致志的倾向,与通过观察历史瞥见未来形态的愿望总是并存的,史学家自身的倾向、性情以及时代状况可能会导致历史书写在不同时代更多地偏向其中一侧:激昂的时代偏爱文化综合,而沉静的时代则偏爱冥想。如此,人们就也可以在 20 年代历史主义危机的疲乏中听到对冥想历史书写的呼唤。

不妨引用威斯特法尔对马祖尔(G. Masur)《兰克的世界史概念》的富有特征的评论:

因此,我们越过当下德国精神史的倾向,重新将目光落在被忘却、被否认了可能性的目标上:一种"在纯粹沉思中把握了事件总体的世界史"。①

而我既不会进行纯粹的沉思,也没有掌握事件的总体。

2. 历史关联

到此处为止,我们已经在暂时不考虑历史关联的情况下讨论了历史形象和历史发展。现在,我们将在观察中继续前进,研究处于与其他历史形象的关系(联系)中的历史形象,即被我描述为真正的相对主义(Relativismus)的事实。首先,我假设那些几乎总是与"相对、相对化、相对主义"(relativ, Relativität, Relativismus)有关的劣等次要意义可以被避开。我们首先需要对这个词组的语言使用进行检验,以肃清我们表达的障碍。

如果人们认为"相对、相对化、相对主义"等词汇来源于"联系"(关系),那么"相对"就只能表示"处于与……的联系中"。但这一原始而有意义的含义在语言使用中却被遮蔽了。人们使用这样的表达——"这相对正确""那个相对较大",此时,这个词表示"近似""不完全""相当";其原始的含义虽然存在于背景中,却不再被清晰地思考。如果有人说,"他非常相对化地描述了他的对象",这是说他将真正重要的事物悬置了。在这里,这个词的原始含义进一步退回到背景中。除了原始含义的这种广泛的变形,"相对、相对化、相对主义"这一词组在历史理论问题领域中的使用则是如此:人们要

---

① DLZ 1927, Sp. 1469, S. 84 f.

么在史学家表述的适用性和适用范围方面,要么在历史尺度的性质方面运用这一表达。在前一种情况下,历史评判是相对的,在史学家和历史尺度之间存在联系;在后一种情况下,历史尺度是相对的,在该历史尺度和其他历史尺度间存在联系。

在第一种情况下,所有的问题与我们已经论证过的史学家的立场受限性没有区别。这里,"相对"这一词汇与"主观"含义相同。"相对"这一词语群组的用法在语言和事实方面都没有异议。这里的思想是:历史评判与评判者有关。这一用法已经得到广泛传播,尽管如此,我仍要从"相对"这一词组中分离出这一含义,不只是因为立场受限性的问题在上文已经讨论过,更是因为"相对主义"这一描述在史学家立场受限之下的运用导致了这样的假象:历史思考在立场受限性方面成了一种重要的特殊情况,这一特殊情况将史学降为次一等级的学科。我在上文已经指出,这种观点毫无根据。

此外,如何在史学家和"对应面"的方面运用"相对、相对化、相对主义"这些词,也很棘手。语言使用在这里如此摇摆不定,以至于同一个词有时甚至会表示完全对立的含义。"相对"一方面意味着史学家的判决被"主观"浸染且总是受到立场的限制,另一方面也是尝试克制自我判决,尽可能突破立场限制,从历史尺度本身的关联中向外理解尺度,并理解其对于当时时代的合理性。许多人进一步将"相对主义"理解为历史质疑,即根本性地或在特定情况下强调历史知识的不稳定性,例如历史上耶稣的可认知性问题。这种态度声称,一切历史陈述都是完全可疑的。这种语言使用是如此拙劣,以至于我们无需再继续探究下去——在这里,"相对"等词语已经与其原始、直观、真正的含义相距甚远。

接下来,我们不再在史学家的立场受限性方面运用"相对"这一词组,而只将其用于历史尺度及其他历史尺度之间的关系上。"新柏拉图主义是相对的"这句话,与"新柏拉图主义的历史尺度与其他的历史尺度有关",并没有什么不同。这样,我们就遭遇了这一词组对于史学的决定性含义。这里,"相对主义"与历史联系、历史关系或历史关联理论并没有不同之处。这种"真正"的相对主义从18世纪开始逐渐形成,在1900年左右的"历史主义"中得到完善发展;与此同时,之前的历史书写则在原子论中不断发展,并在特定的切入点或初级阶段中认识了历史关联。

历史关联处于(不论是否已经被过去的人认识)普遍的双重类别中,它描述的要么是实质意义上的历史影响(如普罗提诺的思想受到了柏拉图思想的影响),要么是历史尺度的存在、影响、本质在其得到实现的意义上的前提(如基督教作为一种普遍的、超国家的宗教,是通过罗马帝国内地中海国家的政治关联得以实现的)。

对于这种历史思考而言,建立关联必不可少。假设我在古代希腊罗马的某处土地上发现了一块带有题词的大理石板碎片,一旦我开始建立关联网络并寻找到这一网络的某些线索,这块碎石对我而言首先就是历史的。正如历史事实一样,可能的历史关联的数量是不可预料的。随着物理时代的过去,早已逝去的历史尺度又增加了新的关联。亚历山大大帝的远征胜利使通用希腊语成为可能,但通过希腊语新约的每一次再版,历史也建立了遥远但全新的关联。最后,俯瞰历史中所有尺度关联的理想将成为可能。那些已经逝去、我们根本不觉得重要的尺度,在未来时代的状况下仍可能发挥重要的影响。这样看来,过去并不是僵硬的,而是有活力的,是持续变化和生长的。

我们若以这种方式全面一致地思考历史相对主义，便会浑身战栗。历史相对主义是一种极其巨大而不可全观的网络，它带有数百万的网孔，网线以一种互相缠绕、几乎无法理清的方式编织在一起，并处于持续的变化之中。一种历史尺度获得了生命，这有赖于其他特定历史尺度之间可能仅有一次的相遇；而相遇的尺度又会一起显示出仅会出现一次的资质；因为每个单一的、决定其他尺度的尺度，其本身又被数百、数千个其他尺度所决定，深深编织在历史关联中，这一关联将它和它的环境、它同时代的其他尺度联系起来。这种历史尺度本身与一种关系总体并无差别，它是某种受一个或多个特定承载者作用的集合（但不是僵硬的，而是一个总在流淌、移动的集合）。

例如，"基督教"的历史尺度是通过在特定关系中彼此相连的特定思想、感情和快感构建起来的集合。但同时，现存的关系总是经历着不同的分组和重读。一种历史尺度一旦形成，就会马上开始变化：不只是构成尺度的元素在波动，该尺度与其他尺度的关系也在不断地被其他关系替代。每一个尺度都有一种或强或弱的关联力量，一种建立并保持联系的力量。这种力量可能增强、减弱、最终被耗尽，于是这一尺度就不可避免地被过去的幽暗深渊所吞噬。在无数国家的历史中，我们都可以清楚地看到这种波动、形成、变化和消逝的过程。

从这一简短的解释中，我们已经可以看出：

　　（1）历史相对主义是自然而然且不可避免的；

　　（2）人们在历史事物的领域内必须避开"相对"这一概念
充满缺陷、劣等和糟糕的次要意义；

更切近的观察表明，对历史"相对主义"态度的普遍指责实际上是混乱且毫无根据的。绝大多数的指责指涉我在上文已经分离出去的"相对、相对主义"词组的含义。想要战胜"历史主义",就必须看到与此相联系或相一致的相对主义。我们将证明,这些对相对主义的指责并不涉及真正的相对主义。

这些指责认为,相对主义削弱了行动力量,招致了怀疑和自满的情绪;否认精神的独创性;根除了所有的规则和价值:不只是国家和法律生活中的规则与价值,还有宗教、道德、艺术以及思考形式,即逻辑中的规则与价值。一种尺度从特定的历史关联中产生并根除以上的规则和价值,这一过程已经得到了证明。同时,由于这些关联是一次性的,它们将随着时代的进步而瓦解并永不复返。

这些针对相对主义的思考和疑虑在历史主义的危机中异常活跃且反复出现。同时,它们也给那些由于特定原因视严格的史学为可怖或毫无体系的人留下了深刻印象。事实上,这些疑虑并非不可克服。

(1)行动力量的缺乏、怀疑和自满并不一定伴随相对主义出现,由于其他原因,它们实际上已经存在,只是与相对主义关联了起来。相对主义去除了遮蔽,使事实状态赤裸地显露出来。但这种去除对个体的影响却极大地取决于个体本身。一个人朴素且不抱有任何美化目的地考虑了所有情况后,表明他的体质非常虚弱,并预计自己不会长寿,那么,这种情况会使他压抑,强迫他进入无所作为的状态。但是,这种无所作为并不只由这种思考本身引起,同样也与这个个体的性格有关。

在其他的禀性条件下,上述考虑完全可能带来不同甚至截然相反的影响:它可能会激励富有生命力的活动。历史相对主义也并不一定导致无所作为和自满情绪。如果那些被巨大欧洲危机所激发的行动主义者们认为,历史相对主义应该对这种无所作为和自满负责任,那么,他们就忽视了上述事实:相对主义完全可能导致相反事物的出现。它可能赋予行动主义以灵感,因为它阻碍了奴隶化成为历史中的生活形式,并给予人类从历史重担下解放出来的自由感觉。它不一定削弱,反而可以提高和充实生命。通过指出我们自身所处的重大历史关联,相对主义可以给予我们的存在以意义和形式,并去除所有偶然和无意义的特征。

(2)同样,导致对精神独创性的否定的,并不是相对主义本身,而只是对它的错误运用,这种错误混淆了条件和原因。一个像歌德那样的天才完全是相对的,他受到多种多样条件的制约并依赖于它们,因此并不能通过推论得到。对独创性的奇思式的、不切实际的想象——比如幻想一种哲学思想可能的创新范围和它相对于之前哲学的独立性——将通过历史相对主义得到本质纠正。

(3)最后,相似的情况发生在规则和价值的问题上。自然,规则和价值也处于特定的历史关联之中;因此,它们也都是"有条件的"。例如,古典时期希腊的审美理想与哥特或中国的审美理想有根本性的不同。这是众所周知的,也是无可争辩的。历史相对主义使我们从不同的历史关联中理解这些差异,作为史学家的史学家能做的只是揭示出所有的差异,并使人们能从历史关联中理解单个历史尺度。如果他接受了这里面的任何一种价值,比如古希腊的审美理想,并将其视为绝对价值,认为它普遍适用且是判断所有其他事物的标准,那他就逾越了作为史学家的能力界限,也剥夺了自己对其他事物的实际理解。需要补充的是,史学家不能为了自身而拥有审美理想:他必须像没有审美理想一样去考察和接受审美理想。他必须每时每刻排除自身的理想,从而能够将自己置于每种不同的立场中。

真正的史学家必须在这种对相对主义的使用中发展出一种精

湛的技艺。他必须能够适应这种巨大的财富和无数的现象，这就是说，要前后一致地、相对地思考。这是一种观察实际历史的方式，它以不可穷尽的事物为目标，并与尽可能多的事物进行比较；与此相对的则是一种史学上的自足态度，它遵循就近原则，认为自身对于事物、规则和价值的判断就是绝对的。难道史学家应该放弃前一种而采纳后一种吗？那将引致史学的贫乏化和愚钝化。

也许一些人只是从"历史主义哲学家"狄尔泰那里了解到了这种价值之无政府主义的名言。狄尔泰在他70岁生日的一次演说中将"价值的无政府主义"描述为"自格林、柏克（Boeckh）和兰克以来伟大历史科学的结果"。这是时代秘密的本质感觉。在如今仍然可见的狄尔泰关于此次演说的手稿中，还存在另一种表述：

> 每一种世界观都在历史层面上被决定、被限制，因而是相对的；一种可怕的思想无政府主义似乎要从中诞生。但是……世界观被建立在最终的表达性精神与自身的关系和宇宙自然中。因此，在我们的思考界限中，每一种世界观都表达了宇宙的一个面相；每一种都是真实而片面的。我们没有机会总体性地观察这些面相。我们只能在不同的被折射的光线中看到真相纯粹的光亮。①

这句话使人感到惊恐，但这种价值的无政府主义确是事实；而沃格尔·施特劳斯（Vogel Strauss）的策略并不能帮助我们战胜这一事实。历史相对主义证实而非导致了这种价值的无政府主义。史学家尝试确定并理解这一事实；而对于那些宗教、道德和审美性的

---

① 参见 Ernst Troeltsch, *Gesammelte Schriften II*, 1913, S. 678。

人而言,这种无政府主义本身就是一种价值,是实现人们所认知的"最高价值"并使其在与其他价值的斗争得到承认的一种推动力。这种对规则和价值权利的剥夺,在纯粹历史论证领域、在对规则和价值存在根据的说明中很少发生。如果对事物的历史观察能够根除规则和价值,那么这句话反过来也仍然成立:史学能够树立起规则的适用性。实际的规则和价值塑造独立于理论判定;后者只能产生补偿性作用。因此,应用于规则和价值的历史相对主义是无害的,也是不可避免的。

事实上,在这种意义上,相对主义绝不会被历史主义危机克服,至少绝不会被这些氛围和疑虑征服。但它会被其他的权威克服吗?表面上看,在一些重要的"直觉性"的历史书写中(我们还会提到这些历史书写),历史相对主义好像确实被克服了。当我们阅读贡多尔夫对于观察历史现象深层内容的相对性之难点的阐述时,我们很少会意识到历史相对性的世界。但是,这个世界难道因此就不存在了吗?

贡多尔夫自己一定不会争辩相对性世界的存在和研究该世界的必要性。但在具体的表述中,他认为史学的任务并没有被穷尽,与此相反,史学任务更重要的方面是对历史尺度深层内容的展示。在最近其他的"直觉性"作品中,比如斯宾格勒《西方的没落》,相对主义甚至被拔高到此前颇为少见的程度,因为在这里,数学思考甚至被证明与孕育了它的文化具有相对的关系。

正如平德首先发展出的结论一样,相对主义也被现代的代际学说抬高了。代际学说得出的不仅是单个时代,也是单个时间节点之间的分化特征。平德敏锐地指出,迄今为止的历史书写已经或多或少预期到的简单的当下根本不存在,因为处于完全不同历史阶段的人类经历了每一个历史时刻,而它对每个人而言的意义都不相同。不同的时代更是如此。相同的时代对每个人而言都是不同的时代,是他自己的、只与同龄人分享的一个不同的时代。①

最终,雷斯岗(Hans Leisegang)极大强化了对"思考形式"相对性的洞见。②

上述意义上的历史相对主义当然不能被克服。当历史关联的塑造对于历史思考而言不可避免时,具有绝对性的、从联系网络中提取出来的单个历史尺度,也就当然不可能存在。这种意义上,绝对便是非历史,历史则是非绝对。"历史性地思考一个尺度"指的是在其历史关联中思考这一尺度。这自然也适用于在历史中出现的宗教尺度。不容否认,对上帝信仰的想象内容完全处于特定的、变动不居的关系中。基督教对神、对天父的想象就与带有族长统治烙印的家庭集体形式有关。而对于发展贯穿了两个代际的激进的布尔什维克主义而言,伴随着家庭的完全消失,在基督教意义上将神作为父思考的可能性也将彻底不存在。对这些人而言,基督教的预言不可能与基督教的上帝信仰——至少是基督教的上帝思想中与"父亲"形象有关的联系——建立起任何联结。伦理价值的情况也是如此,尤其是那些代表人与人之间最基本关系的价值,如爱、忠贞、真诚等等。这些伦理价值在某些时候首次出现或被"发现";而发现了它们,只要我们不堕回野蛮状态,就无法超越也不会失去它们。同时,这些价值也必须在丰富而数量巨大的人类事物中不断得到新的实践,并争取自己的适用性。它们处于特定的

———————————

① 参见 W. Pinder, *Das Problem der Generation in der Kunstgeschichte Europas*, 1928,S, 5, 11;还有 E. Wechssler, *Die Generation als Jugendreihe und ihr Kampf um die Denkform*, 1930。

② Hans Leisegang, *Denkformen*, 1928.

历史关联中,这些历史关联不断以不同的方式构建自身;这些价值从各自的历史情境中接受了自身的色彩,即自身的感觉差别、语言表达等等,它们在对自身不利的关联中可能被遏制,在自身的存在中也会遭受威胁。

因此,我们在这一部分得出的结论是:面对历史主义危机,历史相对主义会不受影响和改变地继续存在下去。同时,我们可以在海姆(Karl Heim)的著作《信仰与思想》(*Glaube und Denken*,1931)中发现,相对主义思想在神学教义领域中得到了一致而彻底的实践(页 279-295)。此外,曼海姆的研究《历史主义》也涉及对相对主义问题的根本的历史哲学论证:

> 不存在一种对于所有时代、所有要求都适用的概念;绝对性自身在每一个时代都以不同的方式构造自身。(页 58)

3. 历史发展

即使历史形象在史学家精神中被构建,并被置于与其他历史尺度的联系中,我们也仍未获得这一形象:我们必须同时在时代的方向和运动中思考并理解它。这就将我们引向了深层的发展问题。

我并不需要描绘①"发展"这一概念如何在 18 世纪出现,其对

----

① 参见 Max Heinze, *Evolutionismus*, RE 3 V, 1898, S. 672-681。许多文献都处理过这一对象,例如:Heinrich Rickert, *Die Grenzen der naturwissenschaftlichen Begriffsbildung*, 5. Aufl., 1929, S. 394 – 437; Ernst Troeltsch, *Der Historismus*, 1922, S. 464 – 649; Kurt Breysig, *Vom geschichtlichen Werden*, I, 1925;Kurt Riezler, *Über den Begriff der historischen Entwicklung*, DVS IV, 1926, S. 193-225。

于 19 世纪的自然科学和人文科学又有哪些全面的含义——自然和人文科学中的"发展"概念互相影响并得到了提升。这都是众所周知的事实。在 19 世纪的历史书写中,"发展"是使用最多的概念之一。这个概念对大多数人而言是一种完全给定的尺度,人们认为它足够透彻和清晰,理解它并不需要一种更加鲜明的本质性表达。

而这一情况早已改变。如今,发展概念遭到限制甚至质疑。我们尝试总结这些批判性的抗议,并在可能的情况下进一步作出澄清。

(1)我们从一些关于进步思想的评论入手。进步思想被许多人蔑视——作为欧洲一场巨大灾难的结果,这种态度可以理解。欧洲文明将自身提升为最为精密的技巧,并导致了自我毁灭的巨大灾难。人们从世界大战阴沉而散发着滚滚黑烟的废墟处回望,看到 19 世纪处于一种全然不同的光线中,就好像它完全在自身中独立存在并产生影响:19 世纪仿佛完全将自己献给了宏大而堕落的"进步"错觉。这种独特崇高的文化感充满了战前时间,现在却被忧郁的文化批判所替代,后者尤其出现在史学领域。如果这种文化批判不受限制并崇尚进化论、信仰进步,这该多好!

事实上,19 世纪并不像现代文化批判所相信的一样,完全处于"进步妄想"(Fortschrittswahn)的范围内,但这一妄想凭借其普及但模糊的形式已经传播得足够广泛。自由市民阶级首先拥护这种进步思想;随后,社会民主的工人群体最终进入了历史书写——至少是进入了较低层次的历史书写。总体而言,这一"进步"思想仍含糊不清:究竟是什么在向前发展? 是作为整体的文化吗? 但"文化"又是什么? 这种文化发展的动因是什么? 这背后的原因或者神秘力量是什么? 人们如何能够"实证"地否认所有形而上性,同时又相信这种"整体"的"进步"、"文化"的"进步"？这难道不是纯粹魔幻的妄想吗？在这种模糊而夸张的形式中，进步信仰作为对整体、文化等要素之进步的信仰，实际上毫无价值，本时代的文化批判在这一点上是正确的。

首先，对这种激进进步思想的谨慎批判在历史主义危机出现之前已经活跃很久了。特洛尔奇在海德堡大学 1911—1912 冬季学期的课堂上展开的关于"信仰学说"的一些讨论，可以作为例证（出版于 1925 年，见页 320 以下）：

> 我们新近获得的历史知识，即地中海民族的历史发展是一个关联性的、最终导向基督教的统一体，支持了这种关于持续的、汇集一切的进步的设想。以此为基础，我们应该能够设想欧洲文化和基督教的发展，并得到对于伦理宗教生活的组织材料之基础的大胆想法。然而，由基督教统治的欧洲文化总体只是总历史内部的一小部分；关涉宗教和文化最终统一的问题还没有得到回答。对于一种统一并提高一切的进步的信仰，不仅能够攻克并夺取伟大文化圈的疲乏和耗竭状态，也有悖于那些从新情况中产生的全新的斗争和困难。而将人类的终极状态视为一种统一的尘世完满，则同样困难，因为生活态度的巨大困难更加真实……在这种情况下，一种普遍的提升性进步几乎不可能实现，我们只能期待一场在新战线上出现的新斗争。

其次，没有人能够证明，这种进步妄想决定了 1900 年前后的科学史学。1900 年前后的史学家所谈论的进化论，与真正的进步信仰全然不同。当时，一位主要的史学家梅耶（Eduard Meyer）曾谈到这种"妄想信仰":"地中海民族历史的发展轨迹是一条不断上升的曲线。"①在自兰克以来的德国权威史学家中,真的只有这一位受到了"妄想信仰"的影响吗?②兰克自己始终怀着对于"日常精神进步不间断的持续"的信仰,以及对于"物质和精神进步"的信仰,但这绝非没有限制。

(2)在历史主义危机恶化前,史学的代表人物就已经并无克制地谈到了"发展"(Entwicklung);在更早的 18 世纪,"发展"概念就已经在史学中存在,它形象地表达了人们在历史事物中观察到的变化:

> 若要从历史中得到教诲并变得睿智,单个历史时期便是最精彩的戏剧——人们可以从中注意到人类精神的发展。③

黑格尔哲学使"发展"概念被进一步接受,④同时,这个词独立于黑格尔思想的用法并没有废弃。正因如此,它的使用并没有因黑格尔哲学的衰落而受到遏制。在这一方面,立敕尔对《古天主教会的产生》这一作品的两个版本(1850,1857)的比较十分有趣。两个版本之间存在着立敕尔与图宾根教会史学家鲍威尔(Ferdinand Christian Baur)在历史书写方面的决裂,后者受到了黑格尔的极大

---

① Ed. Meyer, *Kleine Schriften*, 1910, S. 89.

② 参 Moriz Ritter, *Die Entwicklung der Geschichtswissenschaft*, 1919, bes. S. 409 ff. 。

③ L. T. Spittler, *Grundriß der Geschichte der christlichen Kirche*, 1782, S. 6。此外还有 F. M. Schiele, *Der Entwicklungsgedanke in der evangelischen Theologie bis Schleiermacher*, ZThK 1897, S. 140-170。

④ 也使它丧失了部分名誉:例如,在德罗伊森(Johann Gustav Droysen)的《历史》(*Historik*)中这个词并没有出现(3. Aufl. , 1882, Neudruck 1925)。

影响。这一决裂主要表现在:立敕尔有意识且充满活力地背离了鲍威尔对天主教会发展的建构,这一建构从犹太基督教和保罗基督教两种元基督派别中产生。也就是说,立敕尔抛弃了黑格尔—鲍威尔的三步历史辩证法——"正题、反题、合题"。但他在第二版中却像以前一样公正地使用了"发展"概念:他反对尼安德(Neander),并指责后者"仅将事件视为对可证明的发展的解释甚至替代"(页7)。①

"发展"概念仍被使用,甚至被正在涌现的自然科学高潮提升到新的高度。然而,史学家却常常拒绝使历史的发展概念靠近或适应生物学的发展概念。②在1900年前后,人们相当自由地使用"发展"这个词语,例如,人们经常在历史"整体"或者"历史运动"的广阔意义上使用它;或者不加批判地使用它,将其视为一种不再通用或不再被接受的形而上学难以理解的残余。也即是说,人们将"发展"想象为一种穿越时代并向前推进的实体化本质,而没有觉察到这里呈现出的是一种加密的形而上学。

弗莱施曼(A. Fleischmann)和格吕兹马赫(R. Grützmacher)于1922年以"当下自然和人文科学中的发展思想"为标题讲授的课程,提供了从动物学和神学对于发展思想的批判。格吕兹马赫指出,对于普遍历史、欧洲文化史(尤其是哲学史和艺术史),以及习俗生活的历史及其理念,最终还有普遍宗教史和基督教历史,"发展"思想过于狭隘。正如不同的生命领域显示出历史运动的不同类型,它们也经常处于不可预测的波动中,绝不可能保持普遍的持续

---

① 亦参立敕尔在其作品两个版本第一、第二部分中对"发展"概念的使用。

② 参见 Wilhelm Bauer, *Einführung in das Studium der Geschichte*, 1928, S. 19 f. 。该处首先要强调的是,历史发展的概念并不具有新近合法的规律性要点。

和上升状态。根据格吕兹马赫的最终结论,"发展"思想的源头不是严格科学性的思考,而是现代的劣等神话,它以幻想的方式重新解释并微弱地补充了现实的事实构成。

这样看来,人们部分通过哲学思考,部分通过史学的自我修正取得了两个进展。

第一,就"发展"最严格的意义而言,如今人们只有在自然天性的特定过程中才能谈论发展,严格地讲,即只有在本体论的确定过程中谈论发展,其目的是为了对个体存在的特定生命过程进行科学改写。毛毛虫发展成为蝴蝶。这是实际的、真正的发展。在这里,我们首先能够证明一种以特定且合乎规律的方式通过不同形式发展出来的躯体物质。同时,这已经处于种族发育,即处于整个生物群体的变化学说中了。如果种族发育"指的是脊椎动物大脑的发展"(我在这里引用杜里舒[Driesch]的说法,下文同),那么,

　　　形象地说,发展的不是脑形式的序列,而是一种不可理解的事物,"大脑"只是组成了其中的一个表达面相。①

第二,在史学中,人们必须要阐明这个表述的意义:"一个国家或教会在发展!""教会和国家"这类词语实际上掩盖了异常混乱的事实;而当我在运动中思考这些概念时,情况甚至更加混乱。根本而言,并不是事实在运动:事实总是不同的。更确切地说,随着新的条件和局限不断出现,总会有新的事实被确立。当我在一种时间序列中思考这些事实时,这一序列对我而言就是一种发展。事实上,

---

　　① H. Driesch, *Logische Studien über Entwicklung*, SHA, philos. - hist. Klasse, 1918, Nr. 3, S. 60.

这完全不是一种自在自足的发展,而是一种被我构建起来的关联,我从被称为"对应面"的宏大、不断向前涌动的生命激流的特定要点中将它塑造出来。作为一切被思考的历史对象的基础,这一"对应面"不断向前运动。人类心脏从生到死的跳动就是这种运动的起点之一,同时也是这一生命激流最为可感的起点。

由此可见,史学家描摹的单个发展是一种由他所思考并构想出来的发展。当他建立了 abcd 的顺序,这些尺度在"对应面"中就拥有了自己的对应物。这些尺度并不以孤立或与彼此直接联结的形式出现,而是带有与无数其他因素的关联。因此,诸如被史学家思考过的尺度 b 直接由 a"发展"而来,而 c 直接由 b"发展"而来等等之类的说法,都是欺骗性的表象。这并不是一种严格意义上的发展。

史学家总是能够在某种界定中塑造出这样一种历史的"发展"关联,而向前发展的生命激流绝不能作为整体进入一种历史关系总体。首先,只有这种生命激流——"客观意义上的历史"——最终到达终点,我们才有可能通过历史思考的精神战胜这种生命激流。其次,人类不可能"理解"这一生命激流,因为它作为整体是无法类比的一次性进程,正是由于无法类比,人类便不能理解它。最后,只要这一生命激流仍在涌动,只要我们还能够俯瞰其全貌,我们就会发现,其中绝对没有任何连续的要点能够成为一种历史关系总体的中心或"主题"——我在自己的校长就职演说中多次提及这些思想。①

同样,也不存在一种能够横跨所有时代和民族,且被一种连贯

---

① "Vom Sinn der Geschichte. Augustinus und die Moderne" (Jena 1930), s. 18 f.

思想统领的普遍历史。除了我在《教会史上的古代、中世纪与近代》中的论述,特洛尔奇也同样强调了这种普遍历史的不可能性:①

> 在任何情况下,"人类"都不会作为统一的历史对象而存在。因而,把握或践行一种作为整体的人类发展史思想是完全不可能……作为整体的人类没有精神的统一性,因而也没有统一的发展。人们对此已经阐明的一切都是虚构的小说,这些作品的形而上学童话讲述的是一个完全不存在的主体。

海姆的出发点与特洛尔奇不同,但同样严厉地拒绝了这种普遍历史:

> 世界史的每一幅图景都是一种建构,这些图景在一种更高的统一中寻求悬置冲突。它只是一种对视界的接收或从一种特定立场出发、由主体"我"的观点勾勒出的图像,在其中我们又通过投射接受他人的立场……真实历史是历史图像的战场。它产生于这样的事实:对立的历史建构互相争斗;世界史的诸多幻象被从不同的立场观看,同时也被互相质疑,每一种幻象都徒劳地尝试在自身的体系内排列出对立观看的次序。②

此外,在《不合时宜的沉思》第二篇中,尼采也否认了普遍历史。③

---

① Troeltsch, *Ges. Schriften III*, 1922, S. 706 f.

② Heim, *Glaube und Denken*, 1931, S. 262.

③ 参 Karl Heussi, "Altertum, Mittelalter und Neuzeit in der Kirchengeschichte", 1921, S. 37 f. (Taschenausgabe Bd. II, 1922, s. 172)。

与对普遍历史的批判相适应,也不存在一种通用的世界历史分期。我在自己 1921 年的书稿中尝试深化这一问题,而贝娄(G. v. Below)在其讲座《关于历史分期》(*Über historische Periodisierung*)[1]中向我发起的论战,一部分纯粹是对我观点的误解,一部分则在于贝娄没有看到根本问题。[2] 鉴于我已经做出了我认为必要的论述,我将不再处理这一问题。贝娄与我观点的主要区别在第611 页的第二部分显示得尤其清晰:于我而言,将"中世纪"和"近代"想象为统一尺度是对"世界之年"(尺度 A)的古老想象的美化和后续作用;而对于贝娄而言,这则是一种"关系总体"(根据我引入的描述,是尺度 B)。

贝娄并未与我建立起有效的对话,因为我所理解的尺度 A(即使以被修饰的形式展示)与一种"关系总体"有着不同的构建方式。关系总体首先要求一个表述清晰的特定主题;它的构建并不是仅仅通过事物、表达形式、宗教想象在特定时间范围内普遍而持续的存在,而它们在所描绘的历史形象中是背景还是前景则并不重要。贝娄在他的回复中完全没有涉及这些问题。他认为我之所以排除了"中世纪"和"近代"的概念,是因为我在事物中没有得到足够的普遍联系,他这是完全说反了。对我而言,正是因为太多的关系总体同时存在并相互交叉,所以才不可避免地必须打破由之前在历史洞见方面远落后于我们的时代所创造的原始而人工的"中世纪"和"近代"框架。

---

[1] G. v. Below, „Über historische Periodisierung", *Archiv für Politik und Geschichte* 1925, S. 1 ff. , 170 ff. .

[2] 参 Karl Heussi, "Zum Problem der historischen Periodisierung", *Archiv für Politik und Geschichte* 1925, S. 596-608 以及贝娄的答复 S. 609-613。

约阿希森(P. Joachimsen)给出了我与贝娄展开的讨论的概要,①他在所有关键点上都赞同我的看法;而如施奈德(Fedor Schneider)之"贝娄向我证明了普遍时期的存在"②或是史迈德勒(B. Schmeidler)的论证,都不能动摇我。③实际上,贝娄只是指出人们之前已经知晓的毫无争议的事实(如宗教改革时代是一个重大转折),但是关于我所说的"首要的错误问题",即事实上我们不可能解答路德究竟属于"中世纪"还是属于"近代"这一问题,贝娄并没有以任何方式作出反驳。

史学家之所以乐意相信分期构造的"客观性",有以下几点原因:第一,伟大历史转折的存在,正如宗教改革时期或法国大革命;第二,特定、稳固的现实情况的清晰序列。没有人会争论这两点。但是,首先,我们并不能简单从"对应面"中得出对单个"时代转折"和其时代总次序的重要性的估计,这种估计只会在历史判决的立场受限性中产生。其次,现实情况的次序,如语言史的阶段,在无数纷杂短暂的过渡时期中发生,我们并不能简单从客体中得到分期,而这样一种现状(如语言史)也并不能成为划定历史发展其余所有次序的标准。我们若相信,凭借中古高地德语就能证明"中世纪"的"存在",那就低估了分期问题的复杂性。④史学只能描述单个的而非整体的"发展"。

这个人们在1900年前后处理过的发展概念在部分情况下模糊不定,尽管如此,这个概念现在已经被一个经过深思熟虑并得到修正的新概念替代了。但这并不能说明,历史领域中的"进化论"已

---

① HZ 134, 1926, S. 369-373.

② Fedor Schneider, *Das spätere Mittelalter*, 1932: S. 3ff.

③ B. Schmeidler, *Das Späte Mittelalter*, 1929, S. 10.

④ 在这篇1921年的引用注释的文稿一开始,我就尝试深化分期问题。

经被战胜了。如果说发展概念严格来讲只能形象地应用于历史领域,那么毫无疑问,所有历史事物纷繁变化的事实会继续存在。万物变化的历史意义在过去的几十年中绝对没有被抹除,反而更加清晰。曼海姆有这样的论述:

> 如果一个更早时期的哲学家,比如柏拉图、奥古斯丁或者库萨,断定了与如今论题有关的事物,那么,细加观察会发现,他们指的其实是其他的事物,因为存在于他们体系和生活总体中的每一句话、每一种思考形式必然有一种不同的功能,而这一功能一定导向一种不同的意义。(页20)
>
> ……
>
> 只有词语描述的相对刚性可以遮蔽如下事实,即在这些词语描述的背后,其所指的意义永远发生着变化。更近一步,每一个词语的历史实现都是不同的。人们不能说,在每一个"时代",所有,或者几乎所有的"思想"都得到了保存:它们只是以不同的分组、重读和细微区别在不同的时代出现,总是寻求通过保持一种相对"常量"而限制发展思想。然而,这些"本质性问题"从不消失,它们总是带着新的内容、新的中心和新的功能性意义重新降临。(页35)①

此外,过去十年的史学家与前人相比,在更高的程度上学习了如何观察历史距离。尼采对于历史距离的感觉尤其敏锐,他将其描述为"最伟大的变化":

---

①   Mannheim S. 41. [s. o. S. 15^1].

万物的光亮和颜色都改变了！我们已经完全不能理解古人对日常最熟悉的事物的感知,例如白天从睡梦中醒来;因为古人相信梦境,清醒的生活便有不同的光线,于是整个生命都带上了死亡及其意义的反射:"死亡"成了一种完全不同的死亡。所有的经历都以不同的方式朗现,因为有一尊神从它们之中闪现。一切决断和对遥远未来的展望也是如此,因为人们拥有神谕和神秘的暗示,并相信预言。"真相"以不同的方式被感知,因为迷狂者曾是它的口舌——这使我们毛骨悚然或哈哈大笑。每一种不公正都以不同的方式影响感觉,因为人们不只惧怕公民的惩罚和侮辱,更害怕神的报复。

人们对魔鬼和引诱者的信仰,不是时代的欢乐又是什么！人们在近处看到魔鬼的潜伏,这是何等的激情！当质疑被认为是最危险的罪行,是对永恒之爱的亵渎和对一切美好、崇高、纯粹和仁慈事物的不信任,这是怎样的哲学！我们将万物重新着色,我们不断地在万物上涂抹勾画——但面对那些大师和古老人类的斑斓绚丽的色彩,我们又能做些什么呢！①

4. 内在与超越

凭借上述内容,我们是否已经可以测定历史思考的领域？或者说,史学家在此基础上能否以某种方式进入事物的"深度",并断定事物原本的内容、实体、本质、思想、形态和意义？他能否进入一种超越的、形而上的领域？如果这一切都可行,那么我们又应该在何

---

① Nietzsche, *Die fröhliche Wissenschaft*, Taschenausgabe, VI, 1922, S. 206.

种意义上讨论超越与形而上？由此，我们就来到了论述的最后一个要点。

对历史事物"本质"的发问早在 19 世纪就已经进入专业史学的视野——只要唯心主义哲学仍然占据统治地位，史学家对这个问题就不会陌生。这个时代的人们并不是在绝缘状态中从事单一科学学科的研究，而是希望在其与哲学问题的关联中表达它们。除了黑格尔之外，教会史学家鲍威尔最为强烈地肯定哲学与历史书写的紧密联系，在他眼中，历史与哲学的联系来自这一事实，即教会史可以在其历史发展中展示出基督教的本质。对于鲍威尔而言，历史就是杰出意义上的"批判"，是精神对其过去的思考行为。精神自身"从历史客观性返回到意识主观性中，通过意识到作为精神过程的外在历史过程（客观意义上的历史）"，它认识到"此过程中它自身的本质"：

> 在批判中，史学自身成了历史的哲学。①

从 19 世纪中叶开始，随着经验科学的出现和哲学冥想的消退，本质问题与其他来自唯心主义哲学的要点一起，在历史科学的内部消退了，但并没有完全消失——在历史主义危机恶化之前的时代，我们仍会遭遇这一对"本质"的发问。

教会历史书写的另一个例子是哈纳克（Adolf von Harnack）关于基督教本质（1900）的讲座。但 1900 年前后的时代特征却表明，事物的"本质"问题大多是一种"特殊任务"：这一任务在原本的史学工作之外，且并不能丰富原本的史学工作。人们在大多情况下认为，本质问题是一个系统性任务，它既不引起史学家的兴趣，也不阻

---

① 参见 *Theologische Jahrbücher IV*, 1845, S. 208。

碍他们的工作。此后,一种对于本质研究及其与史学的联结甚至统一的高涨情绪带来了巨大的变化,一种以"哲学"或"精神历史"为导向的史学出现了。

科学的主要倡议者是狄尔泰和特洛尔奇,前者带来的影响虽迟却十分强烈,后者则最为强劲地要克服在德国盛行的一种片面、非哲学的史学,这种史学的目标是对历史细节材料的准确加工和汇编。同时,诗人格奥尔格的圈子,尤其是贡多尔夫,艺术史学家德沃夏克(Dvorak)和斯特泽高斯基(Strzygowski),还有现代形态学家如斯宾格勒以及所有这些主要人物的后继者,都进入了我们的视域;我们在概述历史主义危机的症候时,已经考虑到了这一趋势的拓展,在这里,这种趋势的单一现象被视为众所周知的前提。总之,这里起到决定性作用的是史学与哲学及艺术倾向的联结。

尽管如此,我们面对的是难以概览的纷杂问题和更为纷杂的解决它们的尝试。如果这个总体的科学问题得到重视,那么针对这一历史哲学运动的每一位领导者,和每一个处于这场运动中的重要科学概念,我们都需要开展特别的研究。在本文所涉及的范围内,我们只确定这一问题:这一运动是否真正撼动或克服了在历史主义危机出现之前流行的历史书写? 为了解决这个问题,我们从以下的角度观察这一运动:

(1)按照它们的普遍倾向(历史与哲学的联系);

(2)按照它们的特殊方法(直觉);

(3)按照它们的特殊对象("形态""本质""理念""意义"等等)。

这里的批判性意见当然只涉及运动的部分领导者。

(1)普遍倾向。这种现代的、以历史哲学为导向的倾向,第一眼看上去仿佛与历史书写的先前阶段处于一种极端的对立中,新旧理论的拥护者自然清晰地意识到了这一对立。我们只需回忆布克哈特的判断:历史哲学是"半人半马,是一种矛盾",因为"[历史]是协调,是非哲学,哲学是从属,是非历史"。①众所周知,我们必须谨慎地评判"世界史观":

> 我们不能忘记,印刷文本是二手文本,而原始手稿有一种临时性质,因此,我们应当认为,作品的新全集并没有被印制出来。②

作为比布克哈特年轻的同代人,法国史学家古朗热(Fustel de Coulanges)常说:"存在一种哲学,存在一种历史,但不存在历史的哲学。"③这种 19 世纪的表达背后存在着一个与现代完全不同的精神世界。这两位学者都希望通过他们的前沿观点表达出真理,而要求史学拥有更强烈的哲学气质的现代倾向同样如此。

事实上,这种哲学气质不可避免,而且一直在史学中存在——即使是在反对哲学、看似纯粹的经验史学时代也是如此。丹纳(Hippolyte Taine)——他将自己视为一位准确且纯粹按照经验行事的史学家——在《艺术哲学》(*Philosophie der Kunst*)中对此有许多富有思想性的论断。我在前文已经论述,在我们的精神切入一切历史形象时,一种系统化的要点已经存在了;人们在历史主义危机恶化前极大地忽略了这一要点,而现代历史逻辑却清晰地证明了它的存在。这样一来,1900 年前后占据统治地位的历史书写与现代以

---

① Jakob Burckhardt, *Weltgeschichtliche Betrachtungen*, 1921, S. 2.

② 参见 Wöfflin, DLZ 1930 Sp. 12。

③ E. Fueter, *Geschichte der neueren Historiographie*, 1911, S. 562.

历史哲学为导向的(或者至少带有历史哲学感觉的)史学之间的对立,对于双方支持者的认知而言,就比实际上的更极端,只是这一区别并不明显。

人们可以争论哲学特征应该并可以拥有的长处。"哲学"一词是如此多义,我们关于这种哲学特征的讨论还没有完全展开。这完全不是在现代历史哲学倾向中产生影响的某种特定哲学,实际上,对历史材料产生深远影响的是当代哲学意见的丰富性与混乱性。此外,这种哲学特征在不同的史学家及其不同的著作中都呈现出不同的强度。如果把迈内克的《世界公民与民族国家》(*Weltbürgertum und Nationalstaat*)中的哲学元素与意大利人克罗齐的历史书写中的哲学元素相比较,我们就能马上看出区别:在迈内克那里,哲学元素是政治历史的一种思想史深化,它澄清了与其思想相适应的背景;而在克罗齐那里,哲学元素则是一种理论和一种历史实践,根据这一实践,哲学和历史思考是同时发生的。而在韦伯对历史"理想型"的加工方法①那里,这种哲学特征的种类和范围又有所不同。上述三个人都会对1900年"实证主义"或者以"实证主义"为立场的史学家感到诧异。

但我们讨论的并不是一种转瞬即逝的现象。谨慎地讲,这一探索史学和哲学之间的更紧密感觉的倾向,一定包含其合理性,正是这种强烈的合理性使该倾向自身得以实现。首先,史学家若不想仅仅成为一个技师,就必须熟悉历史逻辑(历史认识)问题;其次,一个人只有在其思考对象的广大关联和内部深度中观察对象,才能真正从历史角度思考这对象。这一倾向纠正了1900年前后看似在准

---

① 参见 Bernhard Pfister, *Die Entwicklung zum Idealtypus*, 1928;Werner Bienfait, *Max Webers Lehre vom geschichtlichen Erkennen*, 1930。

确事实领域内保持不变的片面、反哲学的史学,也已经完全处于一百多年前那些伟大的唯心主义历史理论家所追求的道路上。我只需提及洪堡,或者是之前已经提到的教会史学家鲍威尔,后者有这样一句名言:

> 如果没有哲学,历史对我来说就永远是死的、是沉默的。①

必须存在一种主要关注外在事实的历史书写,这当然无可争辩,这本应是历史书写的一种完全合理的分支。但在历史主义危机中,这种对于事实史的兴趣被削弱甚至成为背景,成了对强调"本质""形态"和"理念"的浪潮的补充。这种主要以事实和事实关联为目标的历史科学分支将会一直保持下去。即使被遏制,它也会在自身的存在中得到保存。

但另一方面,我们却不能以这种方式书写"世界历史"、文学史或教会历史等等,否则,我们就是把事实揉成一团,其结果也并不是实际的历史,而是经院哲学,是对书本知识的堆砌。将这些事实聚合和组织起来的,不是它们与一种主导思想的坚实而清晰的关系,而是对年代顺序和某些时空框架(如"德国"或"地中海")的移除。而就一种带有更强哲学特征的历史而言,科勒(Walther Köhler)以更有力的决断登场了。②

辛兹(Otto Hintze)也说道:

---

① Ferd. Christian Baur, *Symbolik und Mythologie*, I, 1924, Vorwort S. XI.

② 参见 Walther Köhler, *Historie und Metahistorie in der Kirchengeschichte*, 1930, bes. S. 20。

......正如专业哲学家一样，专业史学家可能并不缺少由哲学精神实现的历史观察。①

我并不承认格奥尔格圈子的所有作品都是真正"史学的"。我在上文已经做出必要阐述：在这些大多俏皮风趣的作品中，一种在完全的广度中以"对应面"为导向并严格与其联结的历史书写，与理念联想式的论证——"神话"或"传奇"等等——之间的界限消失了。此外，这些作品中对于真实史学的深思熟虑，大部分是违背了原本史学精神的统计性内容。即使不考虑其他的原因，我们也已经可以说，格奥尔格圈子所使用的方法并不会得到非常广泛的传播，因为这种方法只能应用于相对较少的"形象"，大多数的历史尺度与这种"神的授予"相距甚远。

关于现代的历史哲学倾向和这一倾向的合理性，我们就先说到这里。在这里，我并不打算更详尽地处理历史书写与艺术的关系，因为这一关系并不直接与上文所述的思想潮流有关，同时也已经得到了充分的论证。尽管在危机时代两个领域之间的界限常常被模糊，一种广泛而本质性的一致洞见仍占据统治地位：艺术倾向并不能伪造原本的历史书写，而美学要点的共振也完全合理。一种充满活力的美学要点就可能存在于一件严格哲学系统化的作品的构筑原理内部：它并不会带来危险，反而会增强表达本身的刺激、清晰和让人印象深刻。处于历史书写中的艺术要点绝不会被驱逐出历史书写，只是，我们不能混淆一种偏离为小说的历史书写与一种严格在科学判定之中保持自身的历史书写之

① Otto Hintze, HZ 135, 1927, S. 239.

间的界限。①

（2）而这种新倾向的许多拥护者使用的特殊方法又是怎样的呢？单个拥护者的方法之间当然存在细微差别，然而，我们同样无法归纳出一种普遍性特征。这种方法是直觉性的——我们可以用不同的方式把握并呈现直觉这一相当复杂的概念。②以下是一些暗示。就根本而言，直觉的概念非常重要，因此，人们近来对其意义的重新强调非常有益。它总让我们意识到，历史知识并不完全是一种对被感知事物的描摹，我们同样要意识到直觉的本质和界限。直觉在启迪层面有不可估量的价值，但我们必须对历史材料进行不间断的处理才能持续地控制直觉。直觉必须保持与这种处理工作的持续接触，但同时也不能被引入纯粹幻想的领域。③此外，要求人们通过直觉达到事物形而上的本质核心，通过"本质观"达到一种严格意义上的超历史性和形而上性，这样的思想必须予以明确拒绝。

（3）最后一个问题关涉这里所讨论的史学的特殊对象，即事物的"理念""本质""形态"或者"意义"，以及其他的常用表达。一般而言，这其中的每个概念在现代哲学性的历史思想家那里，都有一种非常精细的、带有个体化差异的用法。例如"形态"一词，它在柏拉图"理念"的意义上与浪漫主义一同出现，在亚里士多德"逻各斯"的意义上则被理解为"形式"等等。以相同的方式处理甚至否

---

① 参见 Ernst Bernheim, *Lehrbuch der historischen Methode und der Geschichtsphilosophie*, 5 · 6 1908, S. 145–157。

② 参见 Josef König, *Der Begriff der Intuition*, 1926（= *Philosophie und Geisteswissenschaften*, hrsg. von E. Rothacker, Buchreihe Bd. II）。

③ 参见 Hermann Kees, DLZ 1930, Sp. 405。他正确地觉察到，从狭窄的视域出发做出直觉性的判断并将其推广，这样的行为如今成了一种风尚。

决所有这些概念不啻一种强暴。然而，我们无须更细致地处理单个概念就可以回答一个问题：凭借对这些概念的运用，如"本质"，我们能否真正进入严格意义上的超越，并克服 1900 年的史学的根本内在性呢？

为了避免颠倒逻辑次序，我们应首先阐明史学的根本内在性这一概念。"内在"和"超越"是两个意义波动很大的概念。想要处理它们，必须准确赋予它们新的意义。当史学家的立场被解释为"奇迹报告"时，我们常常在历史论证内部观察到这两者。我在这里并不讨论这一问题——它虽一直在神学和神学史学内部起到重要作用，但与此处待论证的问题并不相同。这个"奇迹问题"是：超越性能否在事件的特定层面上延伸入内在？而对于可以通过普遍的人类经验手段得到判定的事物而言，它们的领域和关联在特定的位置上能否得到连续的思考？与上述问题相反，我们在这里希望回答的问题是：处于普遍人类经验的关联之上（über）或之后（hinter）的、"本质观"所能够进入的事物，能否被我们观察到？

即使在界定之后，"内在的"和"超越的"这两个概念仍不能判定为完全单义。仍存在一种内部的超越性：这一超越性存在于可能的人类经验领域内部，即在这一意义上存在于"内在性"内部；通过它，我们超越了纯粹的"自然"。从纯粹的外部"自然"即感官所感知的世界观察，在我们思维中发生的每一种过程都是"超越的"。

我在第二章描述了历史思考时发生在我们思维中的过程，这一过程相对于在"经验"角度下的历史来源材料是"超越的"。作为经验科学的史学的常规描述不能遮蔽这一事实。这一描述得到广泛传播也容易理解。在自然科学占据优势的时代，史学家将历史学科描述为一种经验科学以维护其合法性。在历史主义危机期间及之后，面对现代历史哲学倾向和其他现象，为了划清史学与诗学以及形而上学的界限，这一描述又得到了重视。

如今，我们不能因为上述浪潮已经过去就反对这一描述。如果我们想到康德对经验知识的描述——"源于经验，即在经验中拥有"，仅"通过经验才成为可能"，"通过感知确定一个客体"——①那么，历史科学就是一种经验科学，而绝不是纯粹推理或冥想的科学。但这也取决于严格表达的经验性事物在历史思考内部能够延展多远。史学是经验的，因为"感知确定客体"，但这绝不表示客体自身仿佛能够被经验性地感知。历史科学的对象恰恰不处于感官可感知的状态。历史科学只以经验性事物为前提，其来源——文本、图像、建筑、笔记等等，都是以经验性的方式存在的。

史学在这一经验性层面上甚至有——但也仅有一个——不可缺少的条件，因为对文本的阅读没有一次是在纯粹经验性、在感官可感知状态的纯粹接受的范围内进行的。严格意义上，纯粹经验性的阅读只能确定文本的字母。但即使我可以纯粹经验性地确定 ὁ δὲ δίκαιος ἐκ πίστεως ζήσεται[义人必因信得生]，以纯粹经验性的方式得以实现的事物也同时被穷尽了。我根本不能纯粹经验性地确定，ἐκ πίστεως[因信]与 δίκαιος[义人]还是 ζήσεται[得救]黏得更紧。严格的经验性和超经验性在历史思考中进入彼此。正如我超越了对当下文本字母的确定并尝试理解被传达的句子一样，当我要翻译《罗马书》一个完整的段落，或要给出使徒保罗的性格描写或者展示他的神学时，我就超越了在严格经验意义上可被证明的事物的界限。如果人们以常规的方式将史学描绘为一种经验科学，却没

---

① 参见 R. Eisler, *Kant-Lexikon*, 1930, S. 117。

有同时说明历史思路内部严格经验性处理方法的有效范围非常受限，那么，历史和唯物历史哲学之间的区别就会相当显著——比实际的情况更加显著。

表面上看，当我谈论宗教改革的"理念"或描述1521年沃尔姆斯帝国议会的进程时，我仿佛在两个不同的层面上运动——两者像是完全处于不同的层级。然而，深层的观察表明，两者的区别并不明显。在这两种情况下，在我们思维中究竟发生了什么？当我谈论沃尔姆斯帝国议会时，我塑造了一种特定的历史思想总体。正如磁铁吸引铁屑，"沃尔姆斯帝国议会"这一历史主题使得从属于它的历史元素都流动起来。这些被研究激发出来的历史元素在我的精神中出现，并作为"沃尔姆斯帝国议会"的历史思考形象贯穿了我的思考。同时，这些元素处于一种与"对应面"的特定逻辑关系中，并从中获得了针对错误塑造的修正。另一方面，当我谈论宗教改革的"理念"时，从形式上观察，在我精神中发生的是完全相同的事件：一种特定的历史思想总体形成并处于一种与"对应面"的特定关系中，并从中获得对错误塑造的修正。

在这两次思考中，我都通过涵盖性概念来把握"对应面"，只是概念有不同的范围——形象地说，不同的概念涵盖了对应面这一概念大小不同的"表面"。从一种处理方式向另一种处理方式的过渡，并不代表向另一种完全不同的类别的过渡；在这其中存在无数的中间形式，这些中间形式使得我们不能鲜明地区分这两种处理方式。因此，我们不能将"内在的"和"超越的"直接对应为这两种处理方式。我们不能说，"沃尔姆斯帝国议会"这一历史形象是"历史的"，而宗教改革的"理念"是"形而上的"，前者是"内在的"，后者是"超越的"。事实是，两者在一种意义上都是内在的，而在另一种意义上也都是超越的。

内在与超越在形式结构方面都由涵盖性概念组成,因而并不存在本质性区别。两个总体也并非形成于我们历史思考精神中的两个不同源头,而是均发源于使"对应面"成为历史描述的推动力,正如两者都在我们精神中出现,没有任何事物偏离这一过程。我们能够使"沃尔姆斯帝国议会"这一历史形象在我们思维中出现,并不令人惊异——这类似于日常实际生活中在我们思维中产生的相似的精神形象。而即使我们思考宗教改革的"理念"或"本质",也没有任何神秘的、启发性的事物在我们思维中产生。这种"理念"更多是在特定情况的强制下形成的。比如,我们可以发现,人们在教派战争的时代之后如何谈论基督教的"本质"。

对于上述其他的概念,如"意义""形态"等,也有相似的证据。所有这些概念与第一种历史形象一样,都不能使我们更加靠近"对应面"。但这些概念将我们带入一种"更伟大"的深度——在这种合理的形象化表达背后,我们其实是在说,对于我们而言,一种历史尺度的精神"内容"比对历史单个进程的描绘更有价值。但这一"深度"在严格意义上并不是形而上的。因此,"现代唯物主义历史哲学将我们引入形而上领域"的说法并不清晰,也应该加以规避。唯物主义历史哲学并不能完成这一任务。因此,对事物的思想史或精神史的处理,不能克服在1900年前后占据统治地位的历史书写或使其成为多余,与此相反,这一处理只能补充和充实后者。

结　语

我们刚刚论证的问题是:我们是否能够凭借对历史"理念"的塑造,向一种严格意义上的形而上领域推进? 这不等同于问:一种科学的形而上学是否可能？更不是在问：是否存在一种"形而上领域"？尝试进入严格意义上的形而上领域的冥想思考在近年得到了显著增强。我若要处理现代历史哲学，就必须处理近代神学家解答"上帝与历史"的问题①、解决基督教的历史形而上学问题或"基督教历史神学"问题②的努力，我也必须处理如俄国哲学家别尔嘉耶夫（Berdjajew）③关于历史意义的作品或斯坦纳式的人类学冥想。但这一切都在本文讨论的范围之外。

回顾全篇，需要总结以下几点。

第一，在1900年前后占据支配地位的对史学建构的把握，及其与思考历史的精神的关系，得到了极大纠正。对具有单义、已完成结构的"对应面"的想象，用舍勒的话说，④就是加密形而上学（Krypto metaphysik）。这一观点的持有者并没有意识到，该观点在本质上是对历史事物的一种神化，这种神化与在所谓的一元论或自然科学世界观中对"自然"的神化相似，前者是后者的一种当代史

---

① R. Jelke, "Die Aufgaben einer christlichen Geschichtsphilosophie" (*Neue kirchliche Zeitschrift* XXXV, 1924, S. 417–467). E. Hirsch, "Grundlegung einer christlichen Geschichtsphilosophie" (*Zeitschrift für syst. Theologie* III, 1925/26, S. 213–247). R. Seeberg, *Die Geschichte und Gott, Betrachtungen über Wesen und Sinn der Geschichte*, 1928. Erwin Reisner, *Die Geschichte als Sündenfall und Weg zum Gericht, Grundlegung einer christlichen Metaphysik der Geschichte*, 1929. H. W. Schmidt, *Die Christusfrage, Beitrag zu einer christlichen Geschichtsphilosophie*, 1929.

② Erich Seeberg, *Ideen zur Theologie der Geschichte des Christentums*, 1929.

③ Nikolaus Berdjajew, *Der Sinn der Geschichte. Versuch einer Philosophie des Menschengeschickes*, 1925.

④ M. Scheler, *Versuche zu einer Soziologie des Wissens*, 1924, S. 117. 舍勒在《知识社会学问题》中谈到了作为世界观和糟糕的加密形而上学的历史主义；这种历史主义带着对视界主义的洞见被永远根除了。

对照。神像被捣毁,不能再次拼合。历史事物的绝对表达("客观意义上的历史")被"流动的过去"所代替。于是,在历史主义危机恶化之前普遍适用的一大重要理论前提被撼动了。

第二,历史尺度在其关联中被前后一致地排列,相对主义在这一意义上得到保持和加强。

第三,历史发展观在其本质表达中是合理但受限的。但是,对时代区别以及对人类事物永恒流动及变化本质的认识保持下来,并在特定的方面得到深化。

第四,在"内在"领域及事实领域保持不变的史学得到了思想史、本质观和相似方法的补充。于是,"内在—超越"这组概念带来的问题得到精炼。一种存在于内在性内部的超越性被开拓出来,但这绝对不是对于史学的严格意义上的形而上领域的突破。

在这四个互相关联的要点中,第一点和第四点最为重要。与1900年的历史书写相关联的是世界观要点,而经由历史主义危机,这些要点部分被废除,部分得到了改造。但我们已经清楚地认识到,一种明确地与所有系统性思考分离的史学并不存在。史学与系统性思考并不处于敌对的二元论或无关紧要的对立关系中,事实上,如果没有互相的关联,我们根本无法思考这两者。一种决定性的新方向已经出现。

历史主义危机与魏玛共和的诞生

施密特(Gustav Schmid) 撰 史敏岳 译

德国历史主义与议会民主制的问题关系,主要来自梅尼克和特洛尔奇的著作。若要从政治史的角度来考察这一相当复杂的问题,需要种种历史的视角——本文即旨在勾勒这些视角。

在围绕着修正德国历史观念的论争中,人们指责兰克学派崇拜俾斯麦,信奉国家理性至上主义,从而阻碍了德国向议会民主制发展。无独有偶,这种态度鲜明的指责不乏同道,另一种批判论调称,20世纪早期德国学界的历史研究在政治和思想上加深了德国与欧洲历史整体潮流之间的隔阂,甚至加深了德国的异化程度。如今,我们需从某一特定视角来检验这些论点的正确性。

一 德国宪法的发展与自由保守主义者的英国观

与麦瑟施米特(M. Messerschmidt)的杰作《英国视角下的德国》(*Deutschland in englischer Sicht*)类似,我们将以德国史学家的英国观为例,展现史学在1890至1930年代经历了哪些变迁。显然,德英关系决定了这个时代的特征。我们研究了新兰克学派和英国政治体系领域一些重要专家的政治思想和活动,希望通过这种方式,尤其是通过分析这些学者对英国这个宪政国家典范的看法,发现德国的历史研究在评判议会民主制和西欧思想界时的确凿线索。研究英国史的时候,德国史学家往往会深入地讨论英国政治体系的特征,因此我们要研究的问题并不缺乏文献资料。此外,我们还可以断定,当代史的影响和对当下的兴趣也非常有助于细化这些史学家的史观。我们研究的重点是三位举足轻重的学者,他们很早就被视为威廉帝国时代具有批判性的代表人物,自 1945 年以来尤其如此。通过将这些学者所持英国观的发展与当代德国历史联系起来,我们试图回答这样一个问题:帝制德国向魏玛共和国议会民主制的过渡,究竟在多大程度上体现了这些德国史学家对英国宪法发展过程的兴趣?

我们的出发点是瓦格茨(A. Vags)①提出的问题。他在评论梅耶(A. O. Meyer)②《德国人与英国人——大历史中的本质与发展》(*Deutsche und Engländer-Wesen und Werden in großer Geschichte*,1939)时,③要求研究恨与爱(Haß-Liebe)的现象,并且要特别考虑自由保守主义市民阶层的宪法政治观念以及努力。自雷贝格(A. W. Rehberg)④和达勒曼(F. Ch. Dahlmann)⑤以来,德国的学者式政治家

① ［译注］Alfred Vagts(1892—1986),德国诗人、史学家、军事历史作家,1932 年流亡英国,一年后移民美国。

② ［译注］Arnold Oskar Meyer(1877—1944),德国史学家,主要研究英国宗教改革与反宗教改革。

③ 《美国历史评论》(*The American Historical Review*),Bd. 44。参见 Kollmann 和 Erdmann 对特洛尔奇 1914/1918 年间政治活动的评论,见 *Historische Zeitschrift*,S. 182,S. 291 f. 和 *Vierteljahreshefte für Zeitgeschichte*,III,S. 2。亦见梅尼克《德英联盟问题的历史 1890/1901》(*Geschichte des deutsch-englischen Bündnisproblems 1890/1901*)的结语。［译注］Karl Dietrich Erdmann(1910—1990),德国史学家,作品有《魏玛共和国》(*Die Weimarer Republik*,1999)等。

④ ［译注］August Wilhelm Rehberg(1757—1836),汉诺威政治家、哲学家、政治学者,曾任英国皇室弗雷德里克王子(The Prince Frederick,1763—1827)秘书。

⑤ ［译注］Friedrich Christoph Dahlmann(1785—1860),德国史学家、政治家,"哥廷根七君子"之一,曾参与起草《德意志帝国宪法》(1849)。

的政治思想始终贯穿着对英国国家秩序的惊叹,但同时期的宪政现实却日益表现出各种与之分离的趋势。这个现象说明,欣策(O. Hintze)有关国家和军队结构以及立宪君主国的研究,在史学和类型学上都有充分理由。①

许贝尔、特赖奇克、德尔布吕克和马尔克斯等人②的研究和时事论文在不同程度上说明,在德国学者对英国宪法的历史个性的肯定和他们自己的政治判断之间存在矛盾。这些学者的政治判断意味着德国与英国的发展差异更加深刻了。③ 对那些致力于改革德国宪法机构的政治思想家而言,作为欧陆强国的法国本来可以,也应该成为典范,但事实却非如此,相反,英国成了他们的样板。梅尼克和特洛尔奇也认为,法国的体制在德国无法生存,因为法国的理性主义和中央集权思想违背德意志的特性。法国的宪政现状和对外政策的矛盾构成了一道无形的高墙,把试图在法国更精准地寻找良方的想法挡在了外面。④

---

① 这些文章均已重印,见其 1962 年于柏林出版的论文集第一卷(Oesterreich 编,F. Hartung 撰导言)。对欣策的介绍,参见 Wartenberg 和 Ellwein 的博士论文 *Erbe der Monarchie*,页 103 及以下。

② [译注]许贝尔(Heinrich von Sybel)、特赖奇克(Heinrich von Treitschke)、德尔布吕克(Hans Delbrück)和马尔克斯(Erich Marcks)均为 19 世纪德国史学家。

③ R. Schmidt 的论文 *Volk und Staat* 是德国转向英国宪法模式这个主题的经典文献,见 *Recht und Staat*,I, 1929, S. 7, 14, bes. S. 28。魏玛共和国时期的其他例子,见 Glum,S. 157 ff。

④ 见梅尼克《近代史中的国家理性思想》(*Die Idee der Staatsraison in der neueren Geschichte*, 1925),页 540 及特洛尔奇《观察家书信》(*Spectatorbriefe, Aufsätze über die deutsche Revolution und die Weltpolitik* 1918/1922, 1925),页 190、272。尽管如此,Fraenkel 已经在多种论著中证明,法国的方案仍然对德国效仿英国的做法产生了很大影响,比这些推崇英国的政治思想家所意识到的还要大;亦见 Headlam-Morley,S. 27—32。

我们不在这里详述这些政治思想家的知识来源。他们都是自由思想家，能够从广博的阅读中生发出自己的一套理论，因而不适用于所谓的"影响研究"。只有当思想上的类似之处确实有助于澄清某些构想时，我们才会标注这些影响，但我们不会认为，这类由于文献来源和方法上的保留态度而可能存在的影响关系是必然和绝对的。进行思想来源的比较，与我们认为重要的内容恰好南辕北辙。由于前期工作缺失，且资料不充分，我们不得不放弃探究英国那些在地方自治和帝国改革问题语境下讨论改变议会制体系的思潮——如狄骥（A. W. Dicey）、洛（Sidney Low）和自由统一党人的观念，这些思潮之所以出现，是因为凭借当时的方式，联邦国家结构与议会主权之间不能协调，管理广大地区与国会议员繁琐而责任重大的监督权也无法统一。同样，我们也不得不放弃把试图改变议会体制的新构想和俾斯麦帝制改革的类似讨论进行对比。

国家结构确保了英国在国际政治上的成功，对德国学者而言，这种国家结构的制度性前提并不是秘密，但他们对于英国行政体系优势的肯定和了解仅限于认为，这种制度性前提条件只对英国本身有效。因此，他们用社会政策的结果去抵消英国治理方式的优劣，并认为德国在重要的国家问题上更胜一筹。除了说明英国的优势之外，他们还知道揭露英国这座国家大厦的阴暗面和漏洞，以此为俾斯麦所建立的德意志帝国辩护，说它是一种具有独特价值的现代国家类型。

如果这些学者的历史—政治研究还认为英国在某些方面维持着引领方向的地位，那么，其原因不外是他们认为，英国进行了大有希望的实验，试图让国家和人民、权力和自由/文化、政治和伦理协调一致（帝国主义权力的辉煌正是为此而建），使保守和自由的元素在国家和社会结构中保持平衡，而同样的计划在德国的政治中还只是被作为任务提出来。英国在一个更早的阶段就开始着手解决德国当下的问

题(作为现代工业国的民族统一国家的构建),并且在这条路上展现
了一些积极结果,在这个意义上,对德国而言,英国实乃历史的典范。
德国人可以为这种时间上的领先地位赋予指明方向的意义,但也能投
入大量积累,以参照前车之鉴,防范许多后果。

二　帝国宪法的民主化问题

在帝制德国的最后几年,一个现象使德国史学家对德英关系的
看法变得更加复杂。不断向前的民主化浪潮已然以特殊的方式席
卷了二元制(德国)和议会制(英国)君主立宪政体本身。在英国,
争取妇女参政权的斗争女性、爱尔兰人以及劳工的大规模宣传揭露
了英国宪政的可疑之处,自由党人和阻挠他们的上议院及保守党
(爱尔兰问题和预算问题)之间的斗争范围进一步扩大。而在德
国,除了"声名狼藉的帝国敌人",也有其他人关切地听取批评的声
音。联邦议会政府——特赖奇克和许贝尔称之为掩盖普鲁士统治
地位的遮羞布①——至少在议会本身的范围内暴露出未曾预料到
的后果,影响帝国立法(财政改革)以及政府与各党派之间关系。
政府将帝国的领导权和由不同机关组成的普鲁士国务部
(preußisches Staatsministerium)的职能集于一身,被宪法条文和国家

---

① Sybel, „Vorträge und Abhandlungen", S. 323/24; Treitschke, „Die Ver-
fassung des Norddeutschen Bundes" (1867); Meinecke, *Preußen und Deutschland
im 19. und 20. Jahrhundert*, *Historische und politische Aufsätze* 17/19, S. 512 ff. ,
S. 546 ff. , S. 540 ff. ; Meinecke, *Staat und Persönlichkeit*, Berlin 1933. S. 167,
S. 182 ff. , S. 188 f. ; Meinecke, *Politische Schriften und Reden*, hg. von G. Ko-
towski, Darmstadt 1958. S. 158 ff.

主体阶层赋予了强势政府的地位,却日益依赖帝国议会和普鲁士众议院中的各种导向,因而无法按照它本来能够符合的强势模式去引导国家事务。

如果说这些缺陷引起了对 1870/1871 年宪法的修正,那么,另一方面,保守主义者和普鲁士议会(preußischer Landtag)的核心就以拒绝损害联邦制结构为口号,极力反对一场民主的选举改革,反对政治体制的议会化,尽管两派在很大程度上都使得政府的领导取决于他们对政府的信任:虽然他们在其纲领中拒绝英国的议会制体系,但和英国一样,在严肃的时政问题上,一个不能确保得到他们支持和配合的政府几乎是不可想象的。自从民族自由党的议员数量减少,以类似方式和其他党派组合而建立联系的可能性就被排除了,因此,民主党派,即社民党(SPD)和自由人民党(FVP),或多或少都反对在普鲁士推行"片面的"实质的议会化。普鲁士似乎成了防止(帝国的)民意代表机构更大程度参与政治决策的堡垒。①

在这种程度还较弱的危机感的背景下,关心当下的兰克学派史学家们看到,自己正处于一种新的情形之中。② 由于战争年代的考验,在德国,关于应及时实现从专制国家到人民国家过渡的信念越

---

① 欣策一再反对关于普鲁士存在实质上的议会制体系的观点;相反的观点见 Thoma,*Hb. des dt. Staatsrechts*,I,页 80:"就总体方向而言,普鲁士—德国的治理是与普鲁士议会多数达成一致的";H. Rehm,*Das Politische Wesen der Monarchie*,页 86;Eschenburg,*Improvisierte Demokratie*,页 8:"觉得自己是国家核心的正是社会阶层意义上的保守派,而非某一政党",这一观点与欣策的看法一致。欣策认为,保守主义者凭借自身与国家及社会结构的同一性而充当了普鲁士实际的执政"党"。韦伯则以极端的表达方式捍卫 Werner Frauendienst 的观点。

② 梅尼克明确强调了新兰克学派的当下意识,见 Meinecke,*Erinnerungen*,II,S. 155。

来越得到共鸣。人们认为,议会民主的君主制是一个中间阶段,不能直接跳过——根据尼克尔森(H. Nicolson)的传记,①乔治五世的英国可以作为这方面的榜样。梅尼克、特洛尔奇(自 1917 年开始立场如一)和韦伯曾支持政治的民主化,并谈及英国的例子——但在英国,上文所述的发展已经开始,外国观察家可能将这种发展看作议会制的危机。这种复杂的宪政趋势对德国学者政治家的改革思想所产生的影响,值得我们关注。

通过对全欧范围内宪法危机(梅尼克、特洛尔奇和韦伯充分意识到了这一切)的观察,要回答后来埃申堡(Th. Eschenburg)提出的关于谁可以承载德国民主制的问题,就变得更加复杂了。和皮卡特(E. Pikart)一样,埃申堡对当时明显无需民主改革的形势做了深入分析,令人印象深刻。他指出,至少到 1917 年为止,民主改革运动在当时的情况下并无必要,同时他也慎重考虑了关乎改革方案实行的普遍状况。他认为,要实行临时的民主化,必须考虑一系列因素,包括德国缺乏有执政能力的政党,缺少能胜任军队最高领袖的人物等限制条件,而且在当时的条件下,军事斗争优先于议会斗争。②

在这一视角下,德国的民主制似乎就不仅仅是一种由于战败而不得不采取的权宜之计,作为一种现象,其现实和精神形态来自一种普遍的政治困境。德国的改革者和"民主派"之所以对西方民主

---

① ［译注］Harold Nicolsen(1886—1968),英国外交官、史学家、传记作家,著有传记《乔治五世》(*King George V*,1952)等。

② Eschenburg, S. 5。［译注］Theodor Eschenburg(1904—1999),德国政治学家、法学家,著有 *Die improvisierte Demokratie. Gesammelte Aufsätze zur Weimarer Republik*, 1963 等;Eberhard Pikard(1923—2017),著有 *Die Rolle der Parteien im deutschen konstitutionellen System vor* 1914(1962)等。

制持保留态度，与这种普遍的危机感不无关系。梅尼克、特洛尔奇和韦伯正代表了这样一种方向：俾斯麦下台之后，他们致力于争取一种更加民主的发展，但这种以民主演变为目标的政治意愿本身又内含了阻碍的因素。因此，我们虽然可以认为这些学者属于威廉帝国时代的民主力量，但他们同时又见证了1919年的民主制有意识地为君主制因素保留了位置。这说明，在史学家的思考当中，民主特征和君主制的特征总是在深层以某种方式构成一种整体，相互从属——至于究竟是以何种方式，正是我们研究的对象；同时也说明，民主制和君主制之间的延续性阻碍了我们把这些学者的思想解读为明确的和渐进发展的。同样，西方民主制宪政现实的多义性也说明，德国民主派虽有改革意愿，却找不到一个方向性的、明确的外部支点。难道德国民主派就因此而不得不被束缚在德国的特殊民主制形式框架之下吗？

显而易见，这些现实的困难很容易打消改革的意图；这种情形自然也使我们的工作更难推进。因为，当时复杂的时代状况不允许我们用某一种模型去度量梅尼克、特洛尔奇和韦伯的政治理念。如果我们把目光转向1917/1919年的德国状况，并注意到英国早已不再可能像19世纪那样是"世界的样板和工场"（马尔克斯语），那么结论就是，我们与那段历史之间的距离，尚不足以揭示这几位学者原本必然要追求的目标。试问谁又愿意放言他们本应追求什么，他们本可以为哪些理念赋予说服力呢？难道西方的宪政模式还值得效仿吗？舍此不论，至少有一则断言确凿无疑，那就是豪伊斯（Th. Heuss）在称赞瑙曼（F. Naumann）时所说：

但凡略通时务而不唯凭抽象的概念公式来评判政治的人，都不可能会认为一种人为的两党制体系可以从本质上改变

1919 到 1933 年之间德国历史的轨迹。因为德国状况的强制性来自紧迫的外交政策和世界经济局势的更迭,而没有任何一种德国两党制对此有所准备,而且即便在其他地方,这样的状况也会打破传统格局。①

从上述观察中可以得出结论:我们意在揭示各种问题,说明学者对利弊的权衡,研究一个转折时期杰出人物的思想世界。但如果人们不愿意承认这种工作能够间接地有助于我们理解这个时代,那么,我们的工作就不可能得出任何具体结果。埃申堡贴切地用"临时民主制"一词给一个时代贴上了标签,这个魏玛共和国的时代离我们最近,如果能够看到当时的代表人物和批判者如何与当时政治状况中存在的困难作斗争,我们就有可能更确切地指明这个时代的独特性。② 读者若认为上述考虑已经有些偏离"德国视野下的英

---

① Heuss, *Naumann*, S. 510。Piloty 于 1917 年发表的关于议会制体系的文章为了解当时状况提供了最好的材料;他在文章中(页 3-4)从宪政角度描述了改革和延续性的问题。[译注]Theodor Heuss(1884—1963),德国政治家,1949 至 1959 年联邦德国第一任总统;Friedrich Naumann(1860—1919),威廉帝国时期德国自由派政治家,德国民主党(Deutsche Demokratische Partei)创始人之一,一战后为魏玛国民议会成员;Robert Piloty(1863—1926),德国法学家,1917 年出版 *Das parlamentarische System*。

② 我们的研究方法以梅尼克的观念史为框架。观念史除了从历史角度之外,还试图从理论反思的角度把握政治发展中观念与现实之间的关系,而这种关系恰好镜像一般在反思中留下了痕迹。参见 Herzfeld, in: *Geschichte in Wissenschaf und Unterricht*, III, S. 581; Meinecke, *Preußen und Deutschland im 19. und 20. Jahrhundert, Historische und politische Aufsätze*, S. 153; Meinecke, *Die Idee der Staatsraison in der neueren Geschichte*, S. 25/27, S. 517, S. 365 ff. -Meinecke, *Staat und Persönlichkeit*, S. 137:"本来,学者从政(Gelehrtenpolitik)的本质在深层上与国家格格不入,但这种政治仍然在以一种一般的方式继续发展,这种方式跟德国市民对自身与国家关系的理解没有区别。"

国"这个主题的历史盘点,那么,我还有一个事实需要说明。

我们清楚地看到,精神负担——尤其是俾斯麦和德国民族自由党的国家意识形态对政治思想产生的巨大影响,是阐释魏玛民主制的精神来源的重要因素。因此,我们在研究过程中得出了如下结果:如果无视德国史学思想结构当中的前提,就无法澄清德国学者政治家梅尼克、特洛尔奇、韦伯与英国模式在1918/1919年德国历史传统废墟上的适用性问题之间的关系。

的确,施瓦尔兹(Schwarz)和施瓦布(Schwabe)的研究讨论了1890/1918年德国教授的活动和意义。但这两位研究者均未进一步关注史学家的观念是否能真正反映其所在时代的问题。施瓦尔兹仅仅指出,至少在和盎格鲁-撒克逊国家相比时,德国的舆论和教授从政之间存在分歧。然而,他给出的解释却几乎没有说明原因,因为这种分歧绝不仅仅植根于国家及社会与大学之间关系的发展。我们认为,分歧的根本原因在于这些教授的国家理性学说(政治伦理学)。虽然不能否认这些教授的学术和政治活动中充满了教育热情,但他们的学说没能在公共思想上赢得一席之地,从而在教育和政治组织方面发挥塑造能力。

接下来,我将整理各个分散的视角,将其集中于概述之中,以求阐明原初的问题如何扩大和深化。

三 历史主义的母国何以没有议会民主制理论?

历史研究曾一再就一个问题展开辩论:对英国宪政的欣赏究竟是否以及在何种程度上在德国(学者)政治家的政治思想和政治活动中产生了明显的结果?但最新的研究比较了两次大战期间德国

和英国议会民主制的宪政现实,说明了两国体系运作方式的差异;研究还强调德英在关于国家和政治的基本问题上有着不同的态度。魏玛共和国诞生之时,德国和英国的体制在那个时代的开创者和承载者的观念中相互拮抗。因此,里特尔(G. A. Ritter)提出了其中的精神因素问题。① 我们还将看到,梅尼克、特洛尔奇和韦伯都属于在 1918 年支持改革,在君主制体系崩溃前夕支持德意志帝国政治和社会状况民主化的那批人。如果他们在这个意义上必须算做魏玛民主制的奠基人,②则在其他视角下,亦可将他们归为另一类作者。有人不无理由地在背后议论梅尼克等学者,说他们用自己的历史研究和论述为德国与西欧/英国之间的疏离推波助澜。英美评论家和多克霍恩(K. Dockhorn)在这些学者的思想态度中看到了德国在文化—宪政上孤立的反照。

安德森(Eugene N. Anderson)对这个问题做了最好的概括。③在论述梅尼克历史主义的基本思想之后,他承认梅尼克关于德国和英美历史观之间差异的论点中肯地描述了事实。他指出,梅尼克的这种微妙的历史—政治态度包含一种基本假设,即价值相对主义和按国家理性行动。这种假设是否还能被视为对社会上真实存在的多元主义的回应,以及对强制性价值及目标设定问题的回答? 安德森预判,这个问题决定了梅尼克的历史—政治态度的延续。这无疑是一个夺 1945 年后修正主义之先声的论断。由此,安德森用一个

---

① G. A. Ritter, *Deutscher und Britischer Parlamentarismus*, S. 35 ff. ;要了解全貌,参见 Grum、Bredt、Gillessen 等关于魏玛共和国宪法精神及其开创者的论述。

② 梅尼克曾说,与他思想类似的人们不可避免要成为魏玛共和国的先驱(*Erinnerungen*, II, 279)。

③ Anderseon, *Meineckes Ideengeschichte*, S. 395.

简短的公式点明了"历史主义"作为德国政治的一个元素所具有的社会史意义。

也许可以认为,美国对外政策的现实主义派代表摩根索偏重德国的国家理性思想,这可视为对西方自由主义教条所作的一种修正,其出发点是美国世界政策所面临的困境。斯特林(Sterling)对梅尼克的理解,正如他在前言中所说,恰好可追溯到这个问题视角。①

事实上,只要重点没有放错,还可以找到一些支持上述论点的依据:为什么在一个被梅尼克和特洛尔奇称为历史主义母国的国家,却没有为议会民主制辩护的意识形态? 本来,议会民主制应该是对西方思想主流的一个补充——作为一种经验思维,西方思想与务实政治家的"日常哲学"(Alltagsphilosophie)有着更密切的关系,而与教授们的治国智慧离得更远。事实证明,这个观点的表达方式虽然极端,在考察魏玛宪法诞生的前史问题上,却是一个有益的假说。以此观之,魏玛宪法就像是历次宪法斗争链条上的一环。

在第一次世界大战期间,关于宪法的斗争日益受到关注,解决了人民主权原则和君主立宪原则之间的百年争斗。1870 年前后,人民主权原则第一次在西欧得到实际贯彻,而同一时期,俾斯麦却巩固了君主立宪原则的合法权利。我们还将说明,19 世纪德国的史学思想(达勒曼、许贝尔、兰克、特赖奇克等)如何把防止自下而

---

①　[译注] 参见 Richard W. Sterling, *Ethics In A World Of Power: The Political Ideas Of Friedrich Meinecke*, 1958。摩根索(Hans Morgenthau, 1904—1980),德国国际关系学家,后移居美国,1948 年的代表作《国家间政治》(*Politics Among Nations*)介绍了政治现实主义的概念,提出了现实主义的权力政治观。

上的颠覆看作自身的政治使命，尽管他们在细节上有明显差异。底层革命对他们而言就是人民主权的后果。① 因此，这些学者的历史意识和立宪君主国绑在一起。我们将看到，在 1914/1915 年，梅尼克和特洛尔奇又一次借用了德国历史思想的政论武库，意在通过一种由上而下的演进来遏止政治民主化那无法阻挡的进步。但到1917 年之后，为了趋近政治民主化，并修正兰克的一些观点，他们又或多或少做了更深入的尝试。

四　文化战争论点与宪法改革

第一次世界大战期间还出现了另一场战争。围绕着德国是否有权遵循所谓本国内政组织原则的争论，跟一战是一场文化战争的阐释发生了重合。梅尼克和特洛尔奇接受了西方反对军国主义论点的挑战，为民主制的德国形式辩护，借德国史学思想的伦理为自己的政治自卫斗争服务。

他们所用方法的基本设定是，"精神"（国家理性）和政治的宪法形式（社会秩序）之间密切的相互作用塑造了国家的状态；在文化战争时期，这成为一种观念得以形成的前提。这种观念突出英德两国政治生活主流的差异：在英国是清教—自然法的思想世界，在德国则是路德宗—历史主义的，两国宪政现实的不同特征被认为是

---

① Ranke, *Gesammelte Werke*, Bd. 50, S. 588/623, S. 610, S. 613; Sybel, *Das neue deutsche Reich* (1871); Dahlmann, *Politik*, S. 125 ff., S. 178; Treitschke. *Politik*, I, S. 131 ff. 关于 1918 年之后的变化，见 Meinecke, *Staat und Persönlichkeit*, S. 238:"国家主权曾经是一个革命的理念，如今却发展出一种保守的意义。"

塑造这些思想倾向的力量之一。①

必须注意,此处语境下的宪法概念远不只是用于调节各种政治关系的技术性安排,而是指某一特定时期内一个国家秩序的社会—文化—法律状态。德国人致力于凸显德国和西方状态在历史必然性上的不同,在意识形态上为这些差异辩护,从而在文化战争的对手面前保全自己。这种考察方式带来了宪法概念外延扩大化的后果。我们不可避免地要将两国的这些对立面精简为某些特征,并将其纳入某一体系之中。于是,德国人发明了一种有机生成的、个性发展的政治—社会理论,称之为德国历史的"创造性镜像"(schaffender Spiegel),②借此对抗以意志为导向的英国观念及其所属的表达形式——议会制的多数人统治。德国学者把德英各自的国家发展阶段体系化,导致德国陷入一种孤立的境地,因为这种体系化几乎没有给消弭两国在文化、经济和宪法形式上的差异留下任

---

① 梅尼克在根本上同意特洛尔奇的观点:Meinecke, *Schaffender Spiegel, Studien zur deutschen Geschichtsschreibung und Geistesgeschichte*, S. 217; Meinecke, *Die Idee der Staatsraison in der neueren Geschichte*, S. 433, S. 438 ff., S. 532 ff., *Zeitschrift für Politik*, VII, S. 197 ff. (1917)——多克霍恩的研究则致力于在实质上修正特洛尔奇的观点。因此,多克霍恩专注于特洛尔奇自身的研究领域,并且有了根本性的发现(比如他指出了黑格尔对"圆桌圈子"[Round-Table-Kreis]的影响,历史地论述了路德宗信仰与圣公宗信仰之间的关系)。[译注]"圆桌圈子"指成立于 1909 年的一个英国组织,旨在加强英国及其自治殖民地之间的联合。

② [译注]指梅尼克 1948 年的著作《创造镜像:德国历史书写和历史观念研究》(*Schaffender Spiegel. Studien zur deutschen Geschichtsschreibung und Geschichtsauffassung*)。"创造镜像"语出歌德《浮士德》,梅尼克在该书前言中指出,史学家"不应机械地,而应创造地反映过去的事实,将主观的和客观的事物融汇于一体,使得由此而获得的历史图象尽可能地忠实于过去,又渗透着研究者创造的个性"。

何余地——每一种单一措施都必然会触及整个体系的基础。

民主/自由主义和军国主义/美化强权之间的对立,主导着这场论辩,无论这种老生常谈如何空洞,仍然可以证明,梅尼克和特洛尔奇在一段时间内曾赋予这类论调以重要意义——至于是因为他们相信这些观点和现实一致,还是因为这些观点将为一种未来可期的行动提供先决条件,则无关紧要。① 在梅尼克看来,改革者优先考虑的措施与他们自身的见解似乎必然不一致,这个现象只有在文化战争观点的背景下才可以理解。他们改革思想上的负担表现为两点:

1. 要求德国民主化,必然意味着德国应当瓦解(因为西方议会民主制的信徒会把德意志民族的组织性和威权体制当成一回事,并加以批判),因此改革者不得不屈从于民主制的浪潮,但同时也给这种普遍趋势打上自己的烙印。德国应该建立什么样的兴登堡防线(Siegfriedstellung)?

2. 意识到德国受到战争束缚:军队的最高领导层也是旧权威的代表,并且作为胜利者似乎得到了人民的支持,故而对旧权威发起的冲锋不能太过分,否则可能会出现军事独裁或者削弱正面防线。这两者都必须首先加以避免。因此向人民国家的过渡只能是"阶段性的议会民主化"。②

我们已经从史学角度认识到国家观念与国家形式之间的关系,或者更确切地说,认识到德国历史主义及其君主立宪制和西方的、英国的自然法思想及其议会民主制之间的关系。但是,当国家的崩

---

① Meinecke, *Preußen und Deutschland im* 19. *und* 20. *Jahrhundert*, *Historische und politische Aufsätze*, S. 544 f., S. 548.

② Meinecke, *Staat und Persönlichkeit*, S. 215.

溃在德国使精神倾向和政治现实的综合失去真正的基础之时,当革命甚至带来以西方民主形式为导向的新秩序之时,这种国家观念和国家形式之间的关系又意味着什么呢?说得有针对性一点:史学家们至今仍相信自己是"时代良心",因而必须要求一种天然的也即非西方的国家宪法,那么他们以德国国家思想和德国宪法之间的紧密关系为出发点,如何能够支持当时的改革措施?

1914/1915 年,史学家们就以上文提到的论据表明了对改革问题的态度;1918 年,历史就对德国文化战争对手的政治宪法原则的利弊作出了抉择,史学家本身理解这个选择,并且强调了其积极意义。1918 年,许多事实说明,德国接受了西方民主制这一胜利的形式,出于内政外交的原因,德国政治家以在德国建立议会制的治理方式为目标。出于显而易见的原因(比如左派的民主制泛滥为苏维埃共和国的无政府主义),德国也许要固守过去时代所创造和使用的观念,比如 1918/1919 年的德国曾为对抗布尔什维克主义的国际性颠覆运动而呼吁国家义务感,尽管在帝国最后几年,保守派人士已经使国家的理念名声扫地,梅尼克和特洛尔奇也正是因此而反对这批人的。

在这样一个时代,作为历史主义者的梅尼克和特洛尔奇如何能够分析和阐释自己宿命般的政治—历史经历?在一连串事件的洪流中澄清并继续重新修正旧观念,正如他们对历史的基本信仰始终要求的那样,还有可能和必要吗?① 帝制原则的自由保守主义信徒也能给魏玛共和国的民主制提供足够的精神和人力支持吗?这些自由保守主义者的所有构想,难道不是已经在 1918 年一系列事件

---

① 见 Herzfeld, in: *Columbia-Festschrift*, S. 130/131, 及 Besson, in: *Vierteljahreshefte für Zeitgeschichte*, Ⅶ, S. 113 ff. 。

的打击之下失去了现实基础吗？十一月革命侵入了因帝制内部崩溃而产生的真空地带，使立宪君主制的虚弱暴露无遗。①

　　鉴于上述情况，我们的任务有两点。第一，研究历史知识和政治态度如何相互联系，查明带有历史包袱的洞见如何在不断变化的现实情况中经受考验。之所以会有这个问题，是因为梅尼克、特洛尔奇和韦伯都认识到俾斯麦宪法需要改革，并通过积极的出版活动参与了 1918/1919 年魏玛宪法的草创。第二，认识使得这些学者能够修正地介入不同政治现实的因素，找出贯穿于他们的政治态度和整个政治观念形成过程的红线，亦即挖掘根植于他们的历史世界观之中的主导观念。

五　作为参照系的英国——衡量改革意愿的尺度

　　德国如何走出文化战争时期的孤立状态，变成不断成长的共和国？为了确定梅尼克等学者怎样发现了这条出路，以及他们的改革意愿经历了哪些阶段，我们认为可以把他们与英国之间的精神联系当作一把标尺。因为众所周知，他们在 1914/1915 年还属于"1914 年德意志理念"的捍卫者。这也就意味着，他们认同德国专制政体，认为它即便在战后也至少是秩序的支柱。把帝国的社会现实和国家理念过度严格地联系在一起，就在实际上把德国引向了这个方向。他们有意识地认为，积极接受德国的状况，就是拒绝"西方"宣传的议会民主化。但当认识到德国内部阵营开始固化，尤其是发现

---

　　①　Meinecke, *Erinnerungen*, II, S. 174/176; Meinecke, *Nach der Revolution. Geschichtliche Betrachtungen über unsere Lage*, S. 42 ff.

保守主义者在精神和现实政治上开始对抗"西方"的时候,梅尼克和特洛尔奇就意识到了介入的必要性和紧迫性,他们要以自己的方式来改变事态。

泛德意志主义者诋毁谢德曼(Philipp Scheidemann)和平主张的追随者,①说他们是帝国和政府的敌人。泛德意志主义者将德意志国家理念据为己有,拒绝任何形式的西化,而西化就是指选举权和政治制度的民主化。保守主义的政治宣传在内外政策上造成的实际后果,引发了对国家理念与社会—政治领导层之间关系的重新思考。内政上的敌人如德意志祖国党(Vaterlandspartei)②将梅尼克与特洛尔奇可以接受的状况与民族理念等同起来,迫使二人严肃而批判地转向英德两国宪政现实的研究。他们自觉是德国国家思想的代表,试图通过指明真正的国家理性和指出体制弊端来纠正流行的偏见和意识形态(比如当时的政治宣传对事实的粉饰)。

从1917年开始,梅尼克和特洛尔奇(韦伯则是从1895年前后开始)认为,德国政治精神脱离战争状态,才是回归正常状态的前提。由于他们也参与了1914年德国理念的炮制,所以在当时宪法改革(1917/1919)的阶段,他们批判自身早年立场和考虑新视角的意愿,就是在精神上支持具体改革的第一步。说到这里,这些学者的一系列思想改造必然近似于放松对西方政治理念和操作技术的

---

① [译注]Philipp Scheidemann(1865—1939),德国社会民主党右翼首领之一,魏玛共和国第一届政府总理。一战期间,谢德曼支持战争贷款,但反对争取胜利和平的宣传鼓动,主张争取一种妥协式的和平,不兼并任何土地,维持领土现状,他的主张被称为"谢德曼和平"(Scheidemann-Frieden)。军国主义者和民族主义者认为他的言论是叛国行为。

② [译注]德意志祖国党,德国极右政党,活跃于一战末期,其意识形态包含保守主义、民族主义、反犹主义等元素。

抗拒态度。① 然而,这种富有远见的自我批判是回归更好的历史主义传统的结果。作为一种历史思想的形式,历史主义试图对自身的立场也进行相对化的阐释,并致力于负责地参与到自身所在当下的政治斗争中去。②

　　在这个意义上,梅尼克等学者追问:德国政治缺陷(如城内和平的崩溃)的原因何在?③ 哪里已经避免了类似的弊端? 我们日后如何避免这些弊端? 如果我们接受另外一种体系的优越制度(如连接政府意志和人民意志的议会制),会带来什么后果? 这种制度如何适应德国的现实? 当他们认识到这种弊端更深地植根于国民的政治行为方式之中的时候,要做的就不可能仅仅是提出技术性的改良建议了。换言之,国家生活的机构和制度“低效”,也是因为承载这套制度的人物缺乏西方政治家和公民所拥有的那种能力。对于一套行之有效的宪法形式的影响和条件的研究,最终会走向政治伦理

――――――――――――――

　　①　正如 Holldack 指出的,梅尼克和特洛尔奇也认识到了强权政治的过分,而且恰恰是在他们自知与强权政治绑在一起的地方;特洛尔奇的自白“我们并不比其他人坏,但实际上与他们不同”(Troeltsch, in: *Deutsche Idee von der Freiheit*)强化了保守的强权政治意识形态和党派政治,即便他本人并无此意。参见 Hochland,页 46、438。

　　②　梅尼克称之为勇敢地在政治和哲学中游泳(*Geschichte des deutsch-englischen Bündnisproblems* 1890/1901, S.8/9);参见特洛尔奇(Troeltsch, *Gesammelte Schriften*, III, S. 171/185, Meinecke, *Preußen und Deutschland im 19. und 20. Jahrhundert*, *Historische und politische Aufsätze*, S. 501 及 Meinecke, *Aphorismen und Skizzen zur Geschichte*, S. 35)。梅尼克在那里指出,致力于将历史的精神遗产和当下所必要的国家形式统一起来是兰克学派最好的传统。

　　③　[译注]城内和平(Burgfrieden)指中世纪德意志地区当一座城堡为多方势力共有时所订立的和平协定,旨在维持城内秩序安定,共同对抗外部威胁,违反者将受惩罚。一战时期指主张国内各党派、各阶级一致对外的政策。1914 年 8 月 4 日,德皇威廉二世召集国内各党派代表时要求各党派暂息纷争,以德国人的身份共同对外。

问题——对那种能够引导政治行动走向成功的推动力的研究。因此,若要未来的政治领导不走向失败,德国政府体制改革就必须伴随着全体公民对国家和社会的内心态度的转变。如果制度的效力取决于执政者与执政对象为制度设定的目标,那么在国家宪法改革中就要为政治—伦理的视角赋予核心的、控制的地位。

一个问题由此产生:当自身理想在德国的现实中遭遇失败之后,德国的历史主义者如何看待胜利的西方民主制?难道这些学者对接受英国宪法技术所持的保留态度(我们发现 1919 年之后仍然如此),还能继续用他们的历史主义(即一种富有历史意识的世界观,来自歌德时代及其精神的继承人)——当然还包括时代状况——来解释吗?是他们在 1918/1919 年的主导思想带有权宜之计的烙印,因为民主化变得不可避免,还是说他们对德国崩溃和重建的态度表达了一种产生于历史—政治智慧深处的政治家意识?

我们的这些问题实际上是由历史主义思想本身推导出来的。这些学者根据退化现象的原因和条件研究了德国政治生活的真正缺陷,努力寻找并务实地开辟一条适合历史和当下的理性道路。自从加入“自由与祖国民族同盟”(Volksbund für Freiheit und Vaterland,1917),他们实践的改革建议就考虑到议会民主化是对德国人民进行政治教育的一种手段。正是出于这个考虑,他们试图纠正认为个人自由和政治自由在君主立宪制当中才能得到最好保证的观念;他们认为必须要改变受权力支持的内在自由的理想以及其中所包含的政治上的无知;他们意图使市民阶层做好准备,把从专制国家到人民国家的过渡更牢固地掌握在手中。

在某种程度上,这个结论来自一系列经历,这些经历给我们留下的教训就是,立宪君主制的过渡形式虽然始终被梅尼克视作适合 1848 年革命之后时代的解决方案,但已经不再符合时代形势了。

一连串的状况推波助澜,最终使得向前的道路被堵死,而过渡形式变成了最后阶段:专制国家的根基毫无动摇,而人民国家的元素却没有得到任何逐渐融入国家职能并与之合为一体的机会。① 梅尼克甚至称,德意志帝国是一个由共同体来装点门面的集权国家,因为普鲁士(保守的军事力量)作为实际的统治者,以独立的联邦参议会压倒了民主的帝国议会。但他仍旧认为,帝国这座大厦上的裂隙是一种不断扩张的有机体的生长现象。② 其后果就是,公民个体的政治诉求为构成统一体的国家暴力让路,暂时被搁置在一旁,但这种暂时的搁置变成了最终状态,导致公民勇气(Zivilcourage)③的丧失。公民由于时势所迫而作出的牺牲后来未能得到弥补,国家并未对公民的政治活动作出让步。随着时间的推移,也由于公民未被利用的潜能逐渐萎缩,自治的意志变成了一种向上看的意识,也就是以国家权力为导向的意识。市民阶层失去了政治动力,退缩到一种社会保守主义的态度之中。这样的保守态度是一种有利于普鲁士—官僚主义的元素,但在左翼的立场(如韦伯)看来,必然类似于与改革为敌的阶级斗争。

---

① 梅尼克的《革命之后》(*Nach der Revolution. Geschichtliche Betrachtungen über unsere Lage*)中的论文均围绕着这一问题;关于特洛尔奇,见 Troeltsch, *Spectatorbriefe, Aufsätze über die deutsche Revolution und die Weltpolitik* 1918/1922, S. 5 ff., S. 298 f., S. 301 ff. 。

② Meinecke, *Preußen und Deutschland im 19. und 20. Jahrhundert, Historische und politische Aufsätze*, 页 513; 其批判性言论见 Meinecke, *Staat und Persönlichkeit*, S. 182 ff。

③ [译注]公民勇气(Zivilcourage)相对于军人在战场上的勇气而言,指普通公民在一般情形下发表正直言论的勇气。俾斯麦在 1864 年使用这个词指责一位亲属未能在普鲁士国会的辩论中为他仗义执言,缺乏公民应有的勇气。这个词也指为投身正义的事业而暂时放弃自身安逸和利益的勇气。

　　在一定程度上,更加强调梅尼克和特洛尔奇自由保守主义中的自由色彩,就意味着回到 1866 年之前德国历史思想的立场,因为现在的重点是民族国家(Nationalstaat),而之前(对梅尼克和特洛尔奇来说是 1917 年之前)的重点是国家民族(Staatsnation)。值得注意的是,正如赛尔(Helmut Seier)以许贝尔的政治学讲座为例所描述的那样,德国史学家的观念世界属于"自由的国家绝对主义"(liberaler Staatsabsolutismus)范畴,这个主导思想由"自由"和"国家绝对主义"两个部分构成,因此根据经历状况的不同,时而将重点放在"自由"上,时而将重点放在"国家绝对主义"上,恰是德国史学家的思想立场。

　　特赖奇克和许贝尔后来都转变为拥护俾斯麦式立宪君主制的教条主义者,实际上这一转变早已蕴含在他们仍信奉自由主义的早期。同样,相对于专制元素,梅尼克和特洛尔奇在 1917 年之后更加强调人民国家,这似乎不过是政府自由主义(gouvernementaler Liberalismus)的一个变体。此外,旨在探究这些转变现象的德国学者的从政史(从达勒曼到梅尼克)尚有待书写。还应注意,梅尼克在自己的宪法政治著作当中,从来没有做到过精确和贴近现实,而精确和实际却是作为评论家的特赖奇克和许贝尔在某些时候的特色。

　　然而,在有意树立代议民主制形式的国家宪法新秩序之前,[1]这些学者的研究必将揭示亟待克服的阻碍和仍须走过的道路。在本质上,他们还是市民—人文主义教养世界的杰出代表。[2] 对西方宪政理想的理解正在萌芽,却遭遇了内在的抵触,这种对抗的方式

---

　　[1]　参见梅尼克关于德国学者从政的论文,Meinecke, *Staat und Persönlichkeit*, S. 136/164。

　　[2]　Erdmann, in: *Vierteljahreshefte für Zeitgeschichte*, III, S. 8 ff., S. 12.

形象地刻画出当时的状况。魏玛民主制那种成问题的妥协特征就要到这种状况中去寻找。隐藏在这些学者认识之中的（要改革的）逻辑后果被其他观察和思考打消，使得他们原则上的改革意愿陷入了困境。

有人在1914/1915年的视野中有意识地保留德英之间的对立，而梅尼克与特洛尔奇则试图与这种立场保持距离。阐明了这一立场，要揭示他们思想工场中的复杂过程就变得轻松了一些。虽然他们同样发现了英德两国历史进程的差异和原因，但作为民主化的先驱，他们无奈地努力寻求与西方之间的某种平衡。梅尼克与特洛尔奇对西方议会制体系，以及对德国国家史和精神史的历史态度，都存在一条思想主线，如果我们想在这条主线上找出他们对魏玛时代前史的贡献，那么，将梅尼克等人与斯门德（R. Smend）[1]之流的片面体系作一比较，将有助于阐明梅尼克和特洛尔奇从1914到1918年走过的道路。但在此之前，我们必须尝试从另外的视角出发勾勒我们的问题。

我们认为应当再一次引述核心问题，那就是我们观察到，除了韦伯、普洛伊斯（Hugo Preuß）、瑙曼之外，[2]梅尼克和特洛尔奇也曾对帝国的改革十分积极，并要求采取民主化措施，而可以引起注意的是，这些人原本并非民主人士，他们的政治命运反映或者预示了魏玛共和国作为一个没有民主主义者的民主政体的政治命运。因

---

① ［译注］Rudolf Smend（1882—1975），德国法国学家，早先研究宪法，代表作为《宪法与宪法权利》（*Verfassung und Verfassungsrecht*,1928）。他在概述中发展出一种统合思想，认为国家的任务是将个人纳入政治过程，宪法则被视为这种融合过程的规范秩序。

② ［译注］Hugo Preuß（1860—1925），德国宪法学家、政治家，曾受托起草魏玛宪法。

为俾斯麦帝国的改革者(向左开放)到了魏玛时代还是改革者(向右开放)。① 要解释这种隐藏在上述无可置疑的事实背后的悖论，只有既注意时代历史背景，又留心那些造成并制约历史主义者政治态度的因素。

实际上，矛盾的根源在于这三位学者政治家(梅尼克、特洛尔奇、韦伯)虽自觉是一个革命化的国家的支柱，却厌恶革命。罗森贝格(Arthur Rosenberg)②曾首先为了达到解释魏玛共和国产生历史的特殊目的而将革命与民主制等量齐观，这种假说在某些时候颇有成效，但只有通过分析魏玛民主制参与者的政治观念，从而纠正这种假说，方可解开梅尼克等人对待民主制态度中的矛盾。于是我们发现，在民主制问题上，历史主义者看到自己面临着在领导层和执政对象之间建立一种新关系的任务。事实还将表明，魏玛民主制的信徒或某种意义上的先驱虽然可以将宪法看作对抗大众起义的救命稻草，但他们也认为自己的政府自由主义能与真正的民主制协调一致。③

六 1917/1919 过渡危机中历史主义者的改革措施

至目前为止，我们一直停留在指明精神问题领域的设问特征

---

① Fischenberg, *Deutscher Liberalismus*, S. 41, S. 91 u. a. O.

② ［译注］Arthur Rosenberg(1889—1943)，德国史学家、马克思主义政治家，代表作《德意志共和国的产生 1871—1918》(*Die Entstehung der deutschen Republik 1871–1918*, 1928)。

③ 特洛尔奇把没有领袖的民主制称为一种愚民的胡闹，但又担心领袖真的是民众的代言人。梅尼克和韦伯也有类似忧虑，但方式不同。参见个案研究(Troeltsch, *Spectatorbriefe*, *Aufsätze über die deutsche Revolution und die Weltpolitik 1918/1922*, S. 201 ff.)中的例证和论述。

上,现在则必须简要勾勒梅尼克、特洛尔奇和韦伯作为积极的学者政治家所迈出的脚步。在上文所论述的事实背景下,本文接下来将精确地描述我们的精神史研究应当涉及的各种视角。

在一系列历史—自我批判的思考当中,梅尼克曾试图界定他本人及其熟人圈子产生的政治影响力的意义。梅尼克的说法同时证明了他们的一种魏玛民主制之父的意识,①这种意识最清楚地体现在特洛尔奇的一批《观察家书信》(Spectator-Briefe)当中。美国史学家克尔曼(E. Kollmann)不无根据地将这些书信称为"谈论民主制与共和国的书信,写给鄙夷民主共和的有教养者"。梅尼克本人则认为,这些书信是其所在的友人圈子的思考产物,并将1917年这个圈子赖以形成的"自由与祖国民族同盟"称为"魏玛同盟"(Weimarer Koalition)的前身。②

汇聚在这个团体里的有教养的德国人虽然认为,人民共同体的思想是在世界大战中进行民族自卫的前提和手段,但他们也感到有义务向那些迄今为止被打上国家公敌烙印的阶层作出妥协。他们认为,现在真的应该给这些"帝国之敌"有意识地认同自身民族归属的机会。因此在这个社团的口号中,自由的位置还排在祖国的前面,但这两个概念实属一体两面,不可分割。既然祖国同盟的活动

---

①　Meinecke, in: *Historische Zeitschrift*, S. 135, S. 246 ff. (论及 Marianne Weber 的韦伯传记);亦见《观察家书信》的前言及"秋季谈话"(Herbstgespräch)。

②　*Erinnerungen*, II, S. 123, S. 279 ff.; Meinecke, *Die deutsche Katastrophe*, S. 48; *Erinnerungen*, II, S. 234. 由于方法和资料上的困难,目前仍未有关于该社团的研究(我本人无法进入存有该方面资料的波兹坦档案馆)。在梅尼克的遗稿当中,只有关于该社团的一些简报和口号……只有 Grabowski 在悼词中描述了特洛尔奇在民族同盟中的角色。晚期魏玛同盟的内部问题在多大程度上已经出现在了这些社团之中,这个问题应是进行相关研究的主要角度。

以追求一种与工人阶级妥协的政策为目标(为改革政策创造更广泛的基础),梅尼克和特洛尔奇——与韦伯不同——就试图按自己的方式对帝国领导层施加影响。

在帝制德国的最后阶段,梅尼克和德尔布吕克一样,实际上已然是巴登大公马克西米连(Max von Baden)①的私人政治顾问,作为史学家和政治家的梅尼克认同这位大公的宪政方案。② 1916/1918年,韦伯得以通过议员瑙曼和豪斯曼(Conrad Haußmann)传播自己的思想,其原因有待日后分析,而梅尼克则有机会为贝特曼-霍尔韦格(Theobald von Bethmann-Hollweg)和库勒曼(Richard von Kühlmann)出谋划策。③

这些事实当然不能说明他们对政治事件产生影响的程度,但却见证了这些学者政治家的活动,见证了他们用自己的知识和意愿为有志于改革的国务要员效劳。在论及学者政治家的时候,我们更关注的是这些学者为政治家们提供了哪些思想武器,而不是为了探察这些学者的影响力。如果要考察其影响力,那么,首先必须说明这些教授在舆论中的社会和政治态度,其次要研究那些有对宪政施加实际影响力的机会的人物,比如德尔布吕克(《普鲁士年鉴》,柏林周三社等)。

―――――――――――――

①　[译注]Maximilian von Baden(1867—1929),1918年10月3日至11月9日任德意志帝国第八任宰相。

②　Matthias/Morsey所撰的前言论述了巴登大公马克西米连的政治方案,并对此发表了看法(见 *Der Interfraktionelle Ausschuß* 1917/18 III, S. XXVII),我们也可以在梅尼克身上确证这些看法的存在。

③　[译注]Conrad Haußmann(1857—1922),德国政治家,魏玛共和国国会议员;Theobald von Bethmann-Hollweg(1856—1921),德国政治家,曾于1909年至1917年间任德意志帝国总理;Richard von Kühlmann(1873—1948),德国外交家、实业家,曾任德意志帝国外交国务秘书。

当然,这种学者参与的枢密政治的高峰发生在德意志共和国的头几个月,关于新宪法的工作,国务秘书索尔夫(Wilhelm Solf)①咨询梅尼克,艾伯特(Friedrich Ebert)②及普洛伊斯问计于韦伯,都在这段时间。凭借对帝国—普鲁士问题的历史及政治研究,梅尼克有资质负责宪法问题中最困难的部分;索尔夫请他审查保罗教堂宪法草案在当下的适用性。韦伯则凭其关于议会民主化的著作,以专家的身份参与了 1918 年 12 月的柏林宪法咨议会。另外,梅尼克与韦伯还通过研究报告影响了各党派政治家的观念形成,耶林内克(W. Jellinek)在概述中将他们归为那些意见能被当局听取的评论家。③

革命期间,韦伯曾供职于法兰克福报(Die Frankfurter Zeitung)。④特洛尔奇的政治事业也带有直接的政治影响力,他在巴登议会(Badische Kammer)中代表其大学的利益,并且从 1919 年起,以德国民主党(DDP)代表的身份参与普鲁士邦议会(Preußische Landesversammlung),任普鲁士文化部议会次长,尽管如此,他关于宪政的活动仍然仅仅局限于政教关系领域。

---

① ［译注］Wilhelm Solf(1862—1936),德国政治家、外交家,1918 年升任外交国务秘书。

② ［译注］Friedrich Ebert(1871—1925),德国政治家,1913 到 1919 年德国社民党主席,魏玛共和国第一任总统。

③ Jellinek, in: *Handbuch des deutschen Staatsrechts*, 1929, I, § 12.; Mommsen, „Max Weber", S. 340 ff.; Holborn, in: *Historische Zeitschriften*, S. 147; Erdmann, in: *Vierteljahreshefte für Zeitgeschichte*, III, S. 18 ff.; Besson, in: *Vierteljahreshefte für Zeitgeschichte*, VII, S. 129; Knoll, „Führungsauslese", S. 188 ff.; *Erinnerungen* II, S. 168 f., S. 235/236, S. 279 ff.; Meinecke, *Nach der Revolution. Geschichtliche Betrachtungen über unsere Lage*, S. 44 ff. ［译注］Walter Jellinek(1885—1955),德国宪法学家、国际法学家,生于奥地利。

④ Weber, *Gesammelte politische Schriften*, 1920[1], S. 481.

七　中间派的形成问题与议会妥协政治的理论

与 1918 年之前的和解派政治家以及年轻的共和国的领袖人物之间的合作,说明旧帝国的民主改革运动和 1919 年的新秩序之间存在一种内在联系,这种联系极其明显地表现于梅尼克、特洛尔奇和韦伯在两个[不同]阶段所看到的纲领上。到处都是资产阶级和工人阶级的联盟,要协调如何在技术层面上塑造惠及全社会的君主制和魏玛民主制。① 对于帝国宪法的某些具体规定而言,他们也许微不足道,但拥有梅尼克、特洛尔奇和韦伯等杰出代表的民主党决定着"帝国政府"的部分,这种情况允许我们得出这样的结论:梅尼克等人的论述在立宪形势严峻之时得到了赞同,特别是因为这些观点作为一系列改革计划的结果,最晚自 1917 年以来就公诸于世了。②

> 我们这个圈子的基本思想始终是保全德国,避免失败和革命……我们在一切事物上都赞同适度。我们为纯粹的、理解得更深刻的国家理性而斗争,反对好高骛远的原教旨的激情……

---

① Troeltsch, *Spectatorbriefe, Aufsätze über die deutsche Revolution und die Weltpolitik* 1918/1922(一般性论述), Meinecke, *Die deutsche Katastrophe*, S. 70 f.; *Erinnerungen*, II, S. 123, S. 279 ff. 及 Weber, *Gesammelte politische Schriften*, 1920[1], Tübingen1958, hg. von J. Winckelmann mit einer Einleitung von Th. Heuß, S. 470, S. 474。这些文献都称中间路线为魏玛共和制的生存法则。关于 1928/1930 年危机期间德国社民党与市民中间派之间联盟的真实情况,参见 Conze, in: *Historische Zeitschriften*, S. 178, S. 47 ff. 。

② Haußmann, in: Eduard Heilfron, *Deutsche Rechtsgeschichte* VII, S. 346; Bredt, „Geist der Reichsverfassung", S. 31/36.

而我们的斗争却徒劳无功。后世将如我们所希望的那样敬仰我们的努力,但也许会给我们写下一句话,说我们想走的中间路线是行不通的,因为历史发展的各种力量……无论在内部还是外部,都太不可抗拒、太刚直、太不可调和,不能通过妥协而相安无事……然而,即便在革命之后,我们仍然不愿停止,也不能停止,我们必须寻找一条中间道路。①

历史主义者清清楚楚地承认自己信奉妥协原则和可贵的中间道路政策,这再次将我们带回到话题的中心。但是,对这种态度的解读充满矛盾。因为支持中间道路一方面意味着德国历史主义者有意识地表明自己认同自由保守主义,也就是赞成国家理性和"国家"作为历史个体的理想,这种构思的产生是有意识的,带有对抗西方议会制的防波堤的色彩;而另一方面,妥协政策和国家中间党派的构建却也算是英国议会民主制的公理。②

德国的特殊状况是这种中间派政治的唯一根源吗? 类似的英国观念只能是不同条件下的一种平行现象,并由于德国问题的本土性而失去了指明方向的力量吗? 也就是说,难道是英国解决类似困难的方法和道路不适用于德国的情况,因而催生了德国的中间派政治? 至少上面的引文符合这种假设。梅尼克曾多次论述,历史的发展拒绝使德国产生那种西方民族国家所具备的国家与人民之间的和谐关系。因此,德国政治家和理论家不得不承担起在国家与人民之间斡旋的任务,将自由(迎合社会)和保守(把国家的赋予国家)

---

① Meinecke, *Die geschichtlichen Ursachen der deutschen Revolution*, S. 44/45.

② 英国的杰出宪法史家和宪法理论家 Jennings 及 Barker 的一切著作都证明了这一点。

统一起来。

在这个意义上,德国的政治必然是国家理性之下一个永恒的妥协过程,这是一条铁律,因为只有在实践成功的情况下,自由和保守原则的积极特征才能进入政治现实。由于社会—政治结构的历史发展,无论是自由的还是保守的原则,只要仍旧作为片面的教条和狭隘的政治行动派,就不可能在德国立足。任何形式的教条化,若非导致无政府的混乱,则必走向反动。俾斯麦成功地完成了这种达致均衡的任务,①这一事实对梅尼克和特洛尔奇的观念产生了极大的吸引力。他们尽管意识到俾斯麦体系的缺陷,却仍然以一切形式固守着均衡调和的基本原则,因而难以对英国那种在少数与多数之间变换的游戏产生好感。

历史主义的政治观点对于面对西方宪法模式的态度有何意义?在对待西方宪法模式态度的问题上表现出来的误解,又一次出现在一个类似的层面上,而且与这个问题关系更深。我们要追溯拉德布鲁赫(G. Radbruch)②在魏玛共和国时期设计的现代民主制理论,因为该理论与历史主义的基本设想很相似。拉德布鲁赫学说的出发点是,现代民主制必须考虑到一种相对主义,因为在现代民主制的社会条件下,任何行动都不可能有绝对可证实的方针可依。也就是说,在观念斗争中,必须赋予每一个人争取有决定权的大多数的权利。但每个国家公民都有义务加入某一党派,以避免盲目地表达

①　罗森贝格、福斯勒(O. Voßler)、卡尔·施米特认为,俾斯麦帝国宪法没有生命力,但他们对俾斯麦帝国宪法的批判忽视了一个事实,那就是俾斯麦宪法的生存之道恰恰就在于维持均衡的思想。除此以外,他们的研究确实提出了所存在的不同问题。

②　[译注]Gustav Radbruch(1878—1949),德国政治家、法学家,魏玛共和国时期曾任司法部部长。

自己的实际态度。

拉德布鲁赫还认为,决策之中相对主义(妥协能力)与道德判断之间的统一,只有在现实的"行动"中才有可能,因为只有在行动中,这两种在逻辑上分歧的立场才不必相互排斥。在政治行动中调和意见相对化与伦理决断之间的关系,恰好也是我们在历史思考中遇见的问题——关于因果与评价、决断与妥协、横向与纵向的历史思考,对具体时代局势的适应,以及与纯粹机会主义的对抗等问题。① 为此,梅尼克发现了将承认"一切都是流动的"和"给我一个坚实支点"的口号统一起来的要道。

这些关于魏玛共和国具体问题的思考一致地表现在不同的活动领域中,对照布拉赫(K. D. Bracher)所详细论述的权力衰落史来看,其意义便彰显出来:

> 在魏玛共和国广阔的公共意见领域,从来不会有人认识到,一种乐于接受妥协的相对主义和各种政治观念之间的平衡是必要的,这便是魏玛共和国的特点。但是,一个议会民主制的政体也正是通过这种相对主义与平衡,才得以适应政治现实这条变动不居的河流。②

---

① Troeltsch, *Gesammelte Schriften*, III, S. 171/185, S. 220/223;参见梅尼克的论文"Geschichte und Gegenwart"、"Kausalitäten und Werte";另见 Troeltsch, *Christian Thought. Its History and Application*. S. 91 ff. , S. 171/179。

② Bracher, „Die Auflösung der Weimarer Republik …" S. 42; Randbruch, *Handbuch des deutschen Staatsrechts*, I, S. 289 ff. , 以及 in: *Die Gesellschaft*, Bd. VI, S. 98 ff. –Vgl. Kelsen, „Wesen und Wert der Demokratie", S. 100/104, 以及 ders. „Staatsform und Weltanschauung", S. 25/30.

布拉赫与拉德布鲁赫认为,承认一种乐于妥协的相对主义乃是一个成功运作的代议民主制体系的原则。在他们看来,不同政治观念之间的平衡形成于多数与少数之间的讨论之中,这是议会制的特征,是对政治动态的适应。正如我们将要阐释的,历史主义的立场同样以一种辩证的平衡思想为特征,但作为这一思想世界的代表人物,梅尼克和特洛尔奇至少有时对议会制表现出极其冷淡的态度。这种悖论不是也给历史主义的相对主义问题提供了一个新视角吗?如果把上文提过的那些相对主义概念进行对照,就能说明这一新视角。

那么,这究竟只是一个定义上的误会,还是说在术语理解的偏差背后隐藏着原则性的对立?如果说梅尼克和特洛尔奇接受与相对主义这个关键词相连的各种观念(承认价值的变化和妥协的必要,认可因一种缺乏准则的现实观念而产生的宽容),那么我们不禁要问,他们为何不愿向这种政治力量之间的游戏委以国家职能(在英国的理论当中,以上提到的几点都说明了议会制的合理性),而非要在这个层面之上设置一个良心的权威(Gewissensinstanz)来充当君主制的替代品呢?根据固定的政治—伦理观念(即国家理性)行动并承担着重大责任的人物,就是这个良心的权威,他的特殊角色就是引导社会运动的方向,指挥社会运动的开展。

然而,如果我们从他们一些言论的逻辑暗示去看他们思想的发展,就会发现即便在这里,各种立场也模糊不清。于是我们便可以简明扼要地说,梅尼克仍然停留在之前观点的基础上,而特洛尔奇则在一篇演说的某处试图克服德国对妥协思想的先入之见。值得注意的是,这篇演说于1923年在英国发表,其标题被德国出版人译为"历史主义及其克服"。这个做法令人迷惑,而且其中关于德国人对折中思想有偏见的部分也被删去了。① 德国人对于一般能听出妥协之意的话语都断然拒绝，单纯鉴于这种态度会带来的政治后果，特洛尔奇也要对之加以抨击；德国有修养的市民阶层存在一种个体化的内在倾向，这种内在倾向对党派一无所知，又受到权力的保护，并且塑造了一种理想化的政治体系。在与这种政治体系打交道的过程中，特洛尔奇逐渐成了愿意妥协的政党民主制的信徒，这也是他对德国人发出抨击的原因。

尽管如此，特洛尔奇对这种理性共和主义（Vernunftrepublikanismus）的认同还是成问题的：在同样的思路中，他认同拉斯基（H. Laski）的说法，他也发现议会制政府，即作为国家政治原则的英国式的妥协，对于履行现代政府的义务而言远远不够。同时，他还强调，妥协必须以真正的理想为导向，也就是说，妥协是实用主义的让步，而不应等同于机会主义。他转而倾向于梅尼克的国家理性方案，原因可能就隐藏在这个观点之中。

与斯门德、许贝尔、特赖奇克一样，梅尼克和特洛尔奇有时也同样无条件地强调国家在道德上的本体价值，并以国家作为"道德能量"的观念去对抗国家作为政党工具的西方学说。无疑，他们在这里以兰克—黑格尔学派的思想遗产作为支撑；但另一方面，他们在1918/1919年也援引兰克的传统来为自己转向魏玛民主制辩护。这说明，历史主义和议会民主制之间的相互关系绝不是一幅非黑即白的图象，它允许存在多重色调，与历史主义的自我阐释相关。

----

① Troeltsch, *Christian Thought. Its History and Application*, S. 171/179 bes. S. 178/79; Kollmann, S. 318 f.

八 历史主义的危机——议会民主制的危机

此前,德国国家宪法和国家思想的综合被认为是成功的,但我们可以观察到,历史的进程促使梅尼克和特洛尔奇开始怀疑这种综合,受议会制管理的胜利的西方国家对此不无作用。因此,兰克学派所致力于实现的立宪君主制就渗透到了历史主义的危机之中。梅尼克曾说,1918 年之后历史主义的危机其实表现为对旧理念感到迷惑,并不安地探寻新理念。这场危机意味着从幻想和狭隘中解放出来,但是,谁如果能在平静的审视中经受住这场风暴的考验,他就能看到历史主义的基本思想熠熠生辉。①

从历史的角度来看,梅尼克和特洛尔奇个人政治信仰的危机构成了时代危机的一个缩影。我们的思考最后汇入一个问题:一方面,史学家们经常证实历史主义危机的存在,并觉得自己受到了危机的影响,比如德希奥(Ludwig Dehio),②另一方面,议会制的危机同时出现,也受到梅尼克、特洛尔奇和韦伯的推动,那么历史主义危机和议会制危机之间究竟有何关联——无论是一种因果上的关联,抑或是两者都在反思另外一个问题?③

---

① Meinecke,*Aphorismen*,S. 94 ff. ;政治方面的内容见 Meinecke,*Staat und Persönlichkeit*, S. 165 u. 226 ff. 。

② [译注]Ludwig Dehio(1888—1963),德国史学家,主要研究 19 世纪的德意志—普鲁士历史。

③ Meinecke,*Politische Schriften und Reden*,S. 378ff. – Hellpach/Dohna, „Krise"; Bracher, in: *Die Auflösung der Weimarer Republik*, S. 150 ff. ; M. J. Bonn, „Die Krise der modernen Demokratie"; A. L. Lowell, in: *Revue du Droit Public* 45, (1928); Herzfeld, in: *Columbia–Festschrift*, S. 134.

显然,世界大战也对这场民主制的危机,尤其是议会民主制的危机负有责任,因为战争有利于威权世界观的滋生。进一步说,危机的积累能够堵死德国向议会君主制及民主制过渡的道路,从而使这种政府体系仍然不能在历史主义母国的政治思想中扎根吗?或者,德国建立西方式政府的意愿很低,是否因为在某一点上,原先条件完全不同的历史主义危机和议会制危机合流,使得历史主义和议会制这两种元素的共同作用无法继续?德国之所以没有议会制理论,是因为议会制体系本身受到了威胁或者被认为受到了威胁(议会制危机),而议会制的精神对手(历史主义曾经参与抵制议会制在德国的渗透)——历史主义虽然在政治基础上被动摇(历史主义危机),但却仍有能力遏制议会制?

如果确实如此,那么就意味着,历史主义在凭借自身力量克服危机的时候制造出了一种新的政治方案,考虑到了新的要求,但没有太多地顾及它的对手——议会制。当立宪君主制失去吸引力之后,梅尼克与特洛尔奇的确试图为历史主义奠定一个新的基础,创建民主制的德国形式。但在他们为应对历史主义和议会制危机而提出的纲领之间,还出现了许多有意思的变体。

受制于内容,以上论述不得不如此抽象,但如果关注为梅尼克和特洛尔奇的思想提供启发和素材的那些事件,上文的抽象论述就会变得容易理解。

因为在一定程度上,议会制体系的引入是1918/1919年德国国家结构转变的唯一可见的表达方式,而我们这些学者政治家的改革意愿可以代表"从俾斯麦到魏玛"的过渡阶段中市民阶层观念的形成,因而他们对待当时政府的态度具有实践意义。毕竟,梅尼克和特洛尔奇的思想应该能让我们了解1871年向1933年过渡时期的那些意图和动机。如果把这些学者的思想工作与因果论的阐释方式混杂在一起,在进行思想史分析时就很容易产生一种带倾向性的历史书写的危险。为了避免这种危险,我们尽力揭示梅尼克等学者的论述中真实存在的复杂性,并探寻这种复杂性的动因。我们的关注点还包括这些学者如何在精神上处理他们时代的情况。但是,至于他们的思想是否推动了后来的一系列发展,我们认为不能下定论,因为我们感兴趣的是他们如何驾驭君主制崩溃的困境,以及如何摆脱文化战争论点的束缚——这两方面的内容都直接涉及魏玛民主制的出发点和他们对纳粹主义的态度。

但议会制的引入也遭遇着障碍,梅尼克在其历史研究中认识到,议会制的障碍是德国历史的命运历程。由于社会—政治的特殊状况,德国政治家比其他人更有必要解决一个困难,那就是有针对性地为国家赋予一个新目标,而不是仅仅根据经验来革新实际的国家状态。①

梅尼克对思想史的兴趣恰好遭遇了这种现象。德国政治家相信,悄无声息地改变宪法将过渡到议会制的治理方式。他们把这个信念带入了十一月革命。然而,在这个过程中发展起来的各种政治形式却不能使他们满意:由于内阁的构成与帝国议会主席团没有任何区别(即按照多数党的比例代表制而产生),且对政策方针负主要责任的总理在选择部长上不具备建议权,这种政治形式缺乏对负责领导的明确规定。正如巴登大公马克西米连抱怨

---

① Meinecke, *Die Idee der Staatsraison in der neueren Geschichte*, S. 465, S. 365; Meinecke, *Preußen und Deutschland im* 19. *und* 20. *Jahrhundert*, *Historische und politische Aufsätze*, S. 153. -Vgl. Erdmann, *Vierteljahreshefte für Zeitgeschichte*, III, S. 8, u. Bracher, „Die Auflösung der Weimarer Republik", S. 150 ff., zur Problematik.

的那样,这群部长就是政府部门里各派别的代表和看门狗。① 政府与议会之间出现了新的不平衡,鉴于对这一具体事实的认识,早先反对议会统治的观念(如1914/1915)又占了上风,各种现实考量几乎毫无差别地强化了自由保守主义立宪派在伦理上对议会制的保留态度。

在关于巴克尔(E. Barker)②和斯门德分别代表的英国和德国政治思想的介绍中,我们已经表明,转向党派国家曾经可能意味着一条出路,可以摆脱兰克—黑格尔传统的非政治的国家和社会学说造成的困境。但是,所谓"议会党团比例制内阁"不是恰恰刺激了人们对党派民主制的反感,强化了产生一个国家威权政府的愿望吗?改革打算摆脱专制国家,但既要修正宪法现实中已经初现端倪的走向议会制的趋势,又要克服专制国家的缺陷。如果不以国家意义的理念和国家理性的学说为支柱,这种纠偏之举又能建立在什么基础之上呢?就对国家理性而言,当务之急是找到一种新的带民主色彩的作用形式,既要清楚俾斯麦政治艺术的模式,又愿意因时革新。

九　理性主义/非理性主义:信任独裁/民主制

改革计划当中不同倾向的重叠来源于改革出发点的矛盾,稍

---

① 韦伯的友人豪斯曼对这个现象的抱怨相当典型,参见 *Der Interfraktionelle Ausschuß* 1917/18, II, S. 770 ff. 。

② [译注]Ernest Barker(1874—1960),英国政治学家,作品有《从斯宾塞到当代的英国政治思想:1848—1914》(*Political Thought in England from Herbert Spencer to the Present Day:1848–1914*,1915)等。

后,我们必须重视这个现象的细节,因为只有从这里出发,才能明白历史主义者为何不得不从国家理性出发,也即从国家作为超个体(Überindividuum)的概念出发进行功能的划界,而在西方民主制当中,这个过程是在社会学事实知识的基础上完成的。不过,这种前后矛盾的态度以及改革的中途停滞,绝不仅仅只发生在德国君主制的末期,而是在改革初期就已出现。安舒茨(G. Anschütz)和皮洛提(R. Piloty)①指责韦伯及梅尼克,说他们试图逃避自身洞见的一贯性,通过向事实的规范性让步,也即向专制国家的权力立场妥协,削弱了自身要求民主化措施的驱动力。实际上,梅尼克暗示,代表国家的保守阶层的经验也是不可或缺的,并且他把对民主力量(社民党和自民党)的妥协和这一暗示联系起来。我们将用下面的例子说明,为什么延缓改革计划的不仅仅是现实政治的考虑,还有历史主义的方案。

1917 年,梅尼克分析了德国的局势并提出,为了明确责任,德国所要追求的要么是议会民主,要么是军事独裁。然而,通过展示一种德国形式的民主制,梅尼克绕开了这个二择一的问题,尽管他知道这种德式民主成功的机会很难把握。他认为,无论如何,德国不得不冒这条中间道路的风险,因为唯有这条路符合德国政治历史的本质。② 另外,把现实理解为一种根据观察者的视角而不断变化的理性(国家理性)和非理性(民主制作为大众统治的形式)的状况,这也表明了历史主义施加于民主概念的负担。

---

① Anschütz, „Preußische Wahlreform", S. 23/24; Piloty, S. 1/2;类似的判断见 Epstein, *Historische Zeitschrift*, Bd. 191, S. 581/584。

② Meinecke, *Staat und Persönlichkeit*, S. 214.

对我们要探讨的问题而言,重要的是梅尼克和特洛尔奇看到,"心灵生活"中理性和非理性力量之间以及理智和欲念之间的关系是决定历史的元素。现代的发展已经不允许理性和意志之间存在一种和谐的关系,因此让理性占据优势地位就很重要,但为了长期维持这种状态,理性必须接近情感和气质的力量。正是在这里,梅尼克及特洛尔奇一派与斯门德及许贝尔一派的观点分道扬镳:梅尼克和特洛尔奇虽然确保超越个体的伦理共同体和共同体的理性占主导地位,但没有绝对化地将共同体的道德能量和漫无目的的个体意志对立起来。相反,他们将个体意志看作积极的财富,将其纳入整体意志之中。由此,个体意志就是拥有独立的共同决定权的影响因素,不能被否认,因为它必然毫无疑问地属于共同体。对和国家理性行动一致的专制国家来说,非理性—民主的力量不但不再是一种附加之物,而且有权参与国家共同意志的构建。

梅尼克把各种"对立"引入主导思想之中,使得一种内在的二元论成为其历史概念世界的核心(比如在梅尼克看来,国家理性是伦理和强力的紧张关系,民主制的德国形式是一种临时的信任独裁,由遵从国家理性的政治家和人民代表的参政权共同构成)。梅尼克认为,文明和技术等外部条件正在让理性的和非理性的元素之间达致平衡变得更加困难,而把这些对立放到中心位置,是达到两者之间平衡的唯一可能路径。

> 每一种单个的心灵力量的片面发展,无论是理性的,还是非理性的,都将有可能毁掉整体,并最终导致个体的灾难,也导致各民族整体的灾难。

这是精神—心理学上的成见。① 显然，由此而产生的要求说明，梅尼克政治理论的根本关切是在极点之间调和，并承认各种对立是现实存在的必要事实。在政治思想上，把历史看作理性与非理性之关系的观点，对制度的落实产生了影响，在领导治理（国家理性）和共同参与权（作为权力代表而决定选举，向有领导权的政治家施加权力）之间进行职权划分，为政治的责任伦理和拒绝纯粹的民主制（大众的统治）确立了制度。②

这一解决方案的情况有其特殊性。艾德曼（K. D. Erdmann）、克尔曼、雅斯贝尔斯和博登斯坦（W. Bodenstein）③就曾站在完全不同的出发点上讨论过这个问题：在历史主义者断片式的毕生事业（梅尼克也许是个例外）和魏玛共和国的临时民主制之间，是否存在一种本质上的联系？梅尼克、特洛尔奇和韦伯等学者无意在此提出一种固定的学说，他们恒定而密集地提出问题，就已经说明了其观点的不系统。他们公开反对任何一种简单的体系，是因为在他们看来，现实是一种异质的连续体（Kontinuum），无论以什么形式对事实加以片面的界定，都是脱离现实的。

在某种程度上，拒绝体系化同样也是魏玛宪法草创者的特征，因此我们可以将特洛尔奇的《观察家书信》理解为历史主义的政治实践和对 1918/1919 年基本心态的反映。无论是政治实践，还是基

---

① Meinecke, *Die deutsche Katastrophe*, S. 56/57. Troeltsch, *Christian Thought. Its History and Application*, S. 173/179.

② *Erinnerungen*, II, S. 279 ff. ; Meinecke, *Die geschichtlichen Ursachen der deutschen Revolution*, S. 44 ff. ;典型例证见 Meinecke, *Politische Schriften und Reden*, S. 235, S. 164, S. 311/312；关于韦伯的定位，见 Meinecke, *Staat und Persönlichkeit*, S. 154。

③ ［译注］应指 Walter Bodenstein, *Neige des Historismus：Ernst Troeltschs Entwicklungsgang*, 1959。

本心态的反映,有一点是相同的:相对主义是指对理性和非理性力量的协调存在同等的可能性,而这些学者把克服相对主义的任务交付给重要人士,以便相应地尽可能避免将其在制度性问题上固定下来。一方面要允许负责的政治家作出理性行为,另一方面又要不损害事务性的一般行政机制的基础,如何在两者之间找到一条正确的中间道路?

这是首先要考虑的问题。这种形式制度和自由行动构成的二元论,反映了梅尼克等学者对行为准则的不信任,而表现在政治层面,就是对宪法模式的不信任。在知识学当中,应当如何分辨形式和质料的历史哲学(特洛尔奇),事实的研究和伦理的投入(韦伯),因果的考虑和价值的权衡(梅尼克),并在一定程度上既使之相互分离,又不至于相互排除呢? 同理,在政治上,各机关的事务性职权与根本决断的领域也必须分开,但一方不能否定另一方,而是必须构成其必要的补充。此处涉及的是领导层和专业人员之间的关系,也是良知决断和依规的技术性执行(与个人声望无关的行动)之间的关系。在这种关系中,宪法权相关的问题是开放的,这正是英美研究者批判历史主义及其忽视程序问题的依据之一。

十　自由主义的危机和临时的魏玛民主制

尽管历史主义者所认为的公理以及现实层面的事件(德国议会民主制的流产)造成了固守兰克学派历史立场的局面(正如梅尼克等在 1914/1915 年所遇见的那样),但梅尼克和特洛尔奇还是感到有义务克服历史主义,更确切地说,是要瓦解历史主义中政治元素与君主制国家形式之间的联合,从而获得历史主义主导

思想的精神纯洁性。要摆脱历史主义危机和议会制危机,出路是
否只有努力发展一种德国形式的民主制,通过预防性的改革措
施,同时消除在德国尚未完全形成的议会制和已然过时的君主立
宪制的危机?

　　换言之,改革建立在立宪君主制的残余之上,试图将其进一
步发展为宪政民主制——那么,是否要为了这样一场改革而放弃
完善德国议会民主制的雏形?这些困难的具体问题还有待探讨,
但这里也必须预先指出,梅尼克和特洛尔奇始终以工业社会中的
社会变化为依据,去谈论西方议会制宪政国家的自由主义教条有
修正的必要。他们的论证在许多地方与后来卡尔·施米特(C.
Schmitt)对西方议会民主制的尖锐抨击如出一辙,也即存在被归
为 1933 年巨变的始作俑者之列的危险。要看到他们意义上的议
会制的德国形式,我们需要进入特定的视角,而为了揭示这些视
角,我们请读者注意魏玛宪法的批判者——尤其是外国批判者的
问题视野和判断。

　　韦尔梅伊(E. Vermeil)、海德勒姆-莫利(J. Headlam-Morley)、
索尔斯克(C. E. Schorske)指出①了魏玛共和国的问题,但普洛伊
斯和瑙曼早已意识到了这些问题。在工业资本主义的时代,要实现

---

　　① 在这里,罗森贝格的观点(见其《魏玛民主制的诞生》)与其他研究者
的观点产生了交集,包括:Eschenburg; Bracher, „ Die Auflösung der Weimarer
Republik“, S. 24 ff.:以及 Conze、Erdmann、Schieder、Kollmann 等的研究。[译
注] Edmond Vermeil (1878—1964),法国日耳曼学家;James Headlam-Morley
(1863—1929),英国学院派史学家,著有《俾斯麦和德意志帝国的建立》(*Bis-
marck and the Foundation of the German Empire*, 1899)等;Carl Emil Schorske
(1915— 2015),美国文化史学家。

自由宪政国家及其权利和民族国家意识形态,①或者,在一个由社
会主义倾向所决定的时代,要让源于自由—民主理念的思想成为立
宪的基础,乃是解决这些问题的困难所在。他们论证说,议会制体
系产生于一个首先需要在国家面前保障个体自由的时代;但到了
20 世纪,各种社会力量所形成的局势要求每个公民将自身的一部
分赋予作为整体的国家。那么,在 1918 年还将议会民主化当作口
号是否还有意义?因为人们毕竟还在试图贯彻一种无所更易的旧
纲领。如果说这个问题是由上述意识形态的视角提出的,那么在很
大程度上,这个问题也是由历史进程提出的。

　　历史的进程几乎没有给德国政治家在独立政府的雏形当中积
累经验的任何机会。尽管如此,1918/1919 年的梅尼克、特洛尔奇、
韦伯以及普洛伊斯和瑙曼之所以要求一种议会民主化(各人概念中
的民主化程度各有不同),首先是因为他们对 1918 年之前专制体系
中参政市民的灾难性失败印象深刻,因而寄希望于议会民主体系自
身的可调适性。幸亏排除了一些阻力,帝国制度发展的大树上形成
的错枝才得以清除。② 意识形态的论点否认议会制政府的现实政

---

①　Preuß, in: Eduard Heilfron, *Deutsche Rechtsgeschichte*, VII, S. 377 ff.,
S. 350 ff.; Naumann, ebda., Bd. I, S. 123 ff., S. 128 ff. 关于特洛尔奇,见
Troeltsch, *Spectatorbriefe, Aufsätze über die deutsche Revolution und die Weltpolitik
1918/1922*, S. 5 ff.; 关于韦伯,见 Weber, *Gesammelte politische Schriften*, 1920¹,
S. 60/64;关于梅尼克,见 Meinecke, *Politische Schriften und Reden*, S. 345 ff.;
Meinecke, *Preußisch-deutsche Gestalten und Probleme*, S. 170 ff. 。

②　Mommsen 和 Heuß 在关于"德意志共和国十年"的文章中描述了俾斯
麦宪法的议会民主化,和后来的 Hartung、Frauendienst、Zmarzlik 等人一样。其
实,英国从议会民主制到临时的内阁信任独裁的转变,并没有逃过梅尼克和韦
伯的眼睛,而且他们还以特殊的方式(将当时的状况)与英国的这种转变联系
起来。

治方案,并且借口说革命在宪政上催生了一种新状况,使当下的情形无法继续早先的改革;而议会制的捍卫者则很容易忽视,由于政治、社会和思想史的传统,对于1917到1919年的德国而言,不加批判地接受自由主义宪政国家的宪法程序,不一定值得推荐。

梅尼克、特洛尔奇和韦伯试图以自己的方式找到一种德国形式的民主制,并避免上述观点的片面性。他们的反思带来一个结果:一种既顾及德国历史,又避免使议会责任受排挤的宪法形式;一种国家思想,既坚守国家理性优先,又保障作为社会一体化机关的各党派参与国家意志的构建。

十一　延续性问题

在结束之时,我们还必须进一步讨论一再被提起的延续性问题。对于历史研究来说,这个问题已经日益明显地成为阐释魏玛时代的标准。上述学者政治家们本身就意识到了延续性问题,如果分析他们形形色色的考量,就可以厘清德国国家危机中的两个问题:其一是君主制的遗产,其二是俾斯麦对1918年之后党派统治的巨大影响。同时,这也可以说明他们的个人发展问题,以及他们时代的历史问题。[①] 对梅尼克和特洛尔奇而言,延续性是一个模棱两可的切身问题:作为从俾斯麦帝制到魏玛民主制逐渐过渡的支持者,

---

① 参见 *Erinnerungen*, II, S. 244 f. 。关于这方面更深入的讨论,见 Herzfeld, in: *Geschichte in Wissenschaft und Unterricht*, III, S. 579 f. –*Aphorismen*, S. 94 ff.; Meinecke, *Preußen und Deutschland im 19. und 20. Jahrhundert*, *Historische und politische Aufsätze*, S. 543; Meinecke, *Staat und Persönlichkeit*, S. 66, 165 u. 227。

他们为这一任务倾注了个人的信念和能力。

我们以延续性问题为研究标的，这在方法论上意味着两点。

1. 我们必须尝试去发现梅尼克等学者政治态度的定向网和主线。尽管其结果是把丰富的细节压缩到一个特殊的阐释框架中，把基本概念从他们的策略性和历史性语境中抽象出来，但在我们看来，这种片面的设问是必要的，因为只有描述他们政治思想中不变的元素（他们的政治思想与他们所在当下的基本特征处于相互作用之中，但我们只将这些基本特征作为资料，不予详述），才能为认识相对主义和价值判断之间的关系提供启示。

这种被归咎于历史主义的关系人尽皆知，却又声名狼藉。我们认为自己能够展示他们作品的伦理基础，正是这种伦理基础，使得他们让自己的基本态度去接受事实的考验，并在政治领域完成从内心的君主制拥护者到理性的共和主义者的过渡。这一转变是发自内心的、必要的，也是可信的。他们在德国政治上的活动和对德国政治的理解蕴含着机遇，也存在边界，这些机遇和边界都来源于这种"模式"。因此，无论是他们的价值态度的延续性，还是他们对不同现实境况的适应能力，都处于他们对议会民主制的态度的背景下；他们的这种基本思想考虑了现实存在的欧洲以及德国国家宪法的民主化趋势，这必定也是决定 1914/1915 和 1917/1919 年之间他们的自由—保守主义理想变化的因素之一。

2. 我们要探讨历史主义者的延续性信条对魏玛时代政治史的隐含意义，尤其是梅尼克（在三位学者中，唯有他经历了魏玛时代的终结）。贝松（W. Besson）①完全正确地强调了梅尼克与民主制及

---

① Besson, *Vierteljahreshefte für Zeitgeschichte*, VII, S. 126/127. [译注] Waldemar Besson（1929—1971），德国史学家、政治学家。

议会制关系的倒退,并且在 1919/1933 年时代历史事件的语境下强调他参与了内部和外部的修正主义行动。这才指明了这位学者政治家发展的延续性当中存在的真正问题。

从思想史的角度看,这种延续性无疑是伟大的。虽然我们还必须在个别地方进一步描述细微的差别,尤其是要证明,这种"折返"在根本上已经存在于梅尼克作为 1917/1918 年改革者的立场之中了,但是,魏玛共和国处在与时代各种权力因素的相互作用之中,在这种条件下,宣称延续性思想是魏玛共和国的生存法则,最终就导致无论在量上还是在质上,新与旧之间的均衡都可能意味着对旧事物过度强调而对新事物认识不清的危险——这种说法在原则上是正确的。由于积极地支持传统,造成了新事物的层层堆积,有利于旧习而不利于新政,延误了新旧之间的平衡。

新政虽然在 1918/1919 年占据了新产生的真空地带,但却不够稳固,站在历史的距离之下可以观察到,新政不能长期保住自己的位置。由此,艾德曼和贝松发问:历史主义试图克服自身,遭到失败,魏玛民主制要协调传统矛盾,也没有成功,这两种失败之间是否存在本质问题上的联系?

梅尼克和特洛尔奇曾信奉被认为是民主制对立面的君主立宪原则,这使形式上的民主制如何实现为真正民主制的问题变得更加复杂。民主制和君主立宪制在内容上是固定的;对形式民主制的认可究竟只是一个托辞,还是说其中蕴藏着赋予民主制以内容的可能性?显然,这种内容不同于 1914 年的德国理念(或者说,德国社会主义的理念)。对此,我们想在此强调,人们经常指责梅尼克和特洛尔奇摇摆不定,缺乏稳固的立场,但如果进一步考察他们的政治思想,就会发现没有稳固立场只是一种假象。我们甚至会发现,他们有着过于坚定的立场,以至于在各种变化之中不能充分地考虑到新事物。他们的主导思想在 1918 年的局势中仍然维持着约束力。我们可以认为,柯灵伍德(1889—1943)的说法,即历史主义在根本上是一种规范性的态度,更多触及了政治的历史主义,[①]而没有回应格雷默尔(Herbert Gremmels)关于历史主义者摇摆和没有目标的指责。

在国家理性以及文化综合的理念之中,理想与现实之间的关系包含着一种明显的主观元素,在不断变化的外部局势与时代精神之间调适,但同时又保证其意愿的延续性。在这两种情形当中,都要使传统的规范性和当务之急相互协调。历史主义的独特性在于,它始终要把控并约束自身在世界观和历史方面的先决条件。这一方面铺平了历史主义参与当下问题的道路,另一方面也使之具备了一个特点:历史主义对其世界观真正力量的源头抱着一种历史的态度(Rothfels)。[②] 怀着这种历史意识,在当下的决定中找到自身定位,并致力于有益地加以应用,从而凸显这种历史态度,遂成为历史主义的特征。[③] 当下意识、自我批判、满载着过往的知识和愿望结合在一起,刻画了历史主义者延续性思想的特点。在他们的政治思想进程中,我们还将不断地遇见这样的结合。

[①]　参见 Robin Collingwood, *The Idea of History*, S. XVI/XVII。

[②]　[译注]Hans Rothfels(1891—1976),德国保守派史学家。

[③]　Troeltsch, *Gesammelte Schriften*, S. 220/223; S. 170/185, S. 709 ff. - Meinecke, „Geschichte und Gegenwart"。

图书在版编目(CIP)数据

克服历史主义 / (德)特洛尔奇(Ernst Troeltsch)等著;刘小枫选编;陈湛等译. --北京:华夏出版社有限公司,2021.7

(西方传统:经典与解释)

ISBN 978-7-5222-0090-3

Ⅰ.①克… Ⅱ.①特… ②刘… ③陈… Ⅲ.①西方哲学－文集 Ⅳ.①B5-53

中国版本图书馆 CIP 数据核字(2020)第 264304 号

克服历史主义

作 者	[德]特洛尔奇 等	
选 编	刘小枫	
译 者	陈 湛 等	
责任编辑	李安琴	
特邀编辑	朱绿和	
责任印制	刘 洋	
出版发行	华夏出版社有限公司	
经 销	新华书店	
印 装	北京汇林印务有限公司	
版 次	2021 年 7 月北京第 1 版	
	2021 年 7 月北京第 1 次印刷	
开 本	880 ×1230 1/32	
印 张	11	
字 数	254 千字	
定 价	85.00 元	

华夏出版社有限公司 地址:北京市东直门外香河园北里 4 号 邮编:100028
网址:www.hxph.com.cn 电话:(010)64663331(转)

若发现本版图书有印装质量问题,请与我社营销中心联系调换。

经典与解释辑刊